南昌航空大学学术文库
南昌航空大学科研成果专项资助基金资助出版

经济管理学术文库 • 管理类

创新元高度、网络交互度对区域创新能力的影响研究

The Research on the Influence of Innovation Element Height and Network Interaction Degree on Regional Innovation Capability

胡志伟／著

经济管理出版社
ECONOMY & MANAGEMENT PUBLISHING HOUSE

图书在版编目（CIP）数据

创新元高度、网络交互度对区域创新能力的影响研究/胡志伟著．—北京：经济管理出版社，2019.8

ISBN 978-7-5096-6759-0

Ⅰ.①创…　Ⅱ.①胡…　Ⅲ.①区域经济发展—研究—中国　Ⅳ.①F127

中国版本图书馆 CIP 数据核字(2019)第 145308 号

组稿编辑：何　蒂
责任编辑：何　蒂
责任印制：黄章平
责任校对：王纪慧

出版发行：经济管理出版社
（北京市海淀区北蜂窝 8 号中雅大厦 A 座 11 层　100038）
网　　址：www. E-mp. com. cn
电　　话：(010) 51915602
印　　刷：三河市延风印装有限公司
经　　销：新华书店
开　　本：720mm×1000mm/16
印　　张：11.75
字　　数：224 千字
版　　次：2019 年 10 月第 1 版　　2019 年 10 月第 1 次印刷
书　　号：ISBN 978-7-5096-6759-0
定　　价：58.00 元

联系地址：北京阜外月坛北小街 2 号
电话：(010) 68022974　　邮编：100836

前　言

当前，我国经济发展已进入新常态，投资驱动的粗放式增长已触碰到国际贸易壁垒、内需不足、环境与资源危机等天花板。为适应于引领我国经济发展新常态、实现高质量发展，我国将创新视为引领发展的第一动力，并把它摆在了国家发展全局的核心位置。

在上述背景下，提升区域创新能力以推动创新驱动发展，是各地现阶段的关键战略，这需要优化区域创新网络特征。本书提出的新概念"创新元高度"，为区域创新网络特征范畴增添了新的维度；提出的创新元高度、网络交互度对区域创新能力影响机理的分析框架以及相应建议，为各地优化网络特征以提升区域创新能力提供了理论新视点与实践新支点。

本书的基本思路是：先研究创新元高度、网络交互度影响区域创新能力的机理，再基于相关变量得分对机理进行实证检验，最后提出相应建议。本书在结构上共分为七章，其中第一章为导论，第二章为相关理论与文献综述，第三章为创新元高度、网络交互度对区域创新能力的影响机理，第四章为创新元高度、网络交互度、区域创新能力的测度与分析，第五章为创新元高度、网络交互度对区域创新能力影响的实证分析，第六章为基于创新元高度、网络交互度提升区域创新能力的路径，第七章为结论与展望。

本书首先对创新元高度、网络交互度、双翼齐飞模型等关键概念进行界定。在概述创新元高度、网络交互度与区域创新能力的关系之后，基于双翼齐飞模型，研究创新元高度、网络交互度对区域创新能力的影响机理。①在创新元高度影响区域创新能力的机理方面，先分别探讨创新元高度分量——学研高度 U、产业高度 I、产权活力 P、创新倾向 R 的影响机理，再将上述分机理进行综合，推论创新元高度综量 G 的影响机理。②在网络交互度影响区域创新能力的机理方面，先分别探讨网络交互度分量——开放度 W、竞争度 J、耦合度 H 的影响机理，再将上述分机理进行综合，推论网络交互度综量 D 的影响机理。③关于创新元高度在网络交互度与区域创新能力间的中介效应机理方面，先探讨创新元高度分别在开放度 W、耦合度 H、竞争度 J 与区域创新能力间的中介机理，再将上述分机理进行综合，推论创新元高度在网络交互度综量 D 与区域创新能力间的中介机理。

然后，基于时序全局因子分析法，对创新元高度综量 G，创新元高度分量 U、I、P、R，网络交互度综量 D，网络交互度分量 W、J、H，区域创新能力等进行测度与分析。

在此基础上，实证检验创新元高度、网络交互度对区域创新能力的影响。首先，计量检验创新元高度综量 G 影响、网络交互度综量 D 影响、G 中介效应。检验结果表明，无论在全国层面，还是在东部、中部、西部地区层面上，创新元高度综量 G 显著正向影响区域创新能力，网络交互度综量 D 显著正向影响区域创新能力，创新元高度综量 G 在网络交互度综量 D 与区域创新能力间起中介作用。并且创新元高度综量 G 对区域创新能力的影响大幅高于网络交互度综量 D 的影响。其次，计量检验创新元高度分量学研高度 U、产业高度 I、产权活力 P、创新倾向 R 对区域创新能力的影响，发现在全国层面上，U、I、P、R 的影响通过了检验。在东部、中部、西部地区层面上，U、I 的影响在三地区都通过检验；P 的影响在中部、西部地区通过检验，R 的影响在东部、中部地区通过检验。再次，计量检验网络交互度分量开放度 W、竞争度 J、耦合度 H 对区域创新能力的影响，发现在全国层面上，W、J、H 的影响都通过了检验，在东部、中部、西部地区层面上，W、J 的影响在三地区都通过了检验，H 的影响在中部、西部地区通过了检验。最后，计量检验 G 中介效应分量 W×G、J×G、H×G 效应，发现无论在全国层面上，还是在东部、中部、西部层面上，G 在 W、J、H 与区域创新能力间的中介效应都通过了检验。

通过上述研究，基于创新元高度、网络交互度，对区域创新能力的提升路径进行相关思考。以提升创新元高度为主线，体现开放、竞争、耦合的原则，从而提出：①为提升学研高度，可力推“大院名校汇流”。指出嵌入型大院名校具有的吸引子效应，探讨“深苏锡”汇流大院名校的特点，分析汇流双边逆向选择问题的规避，研究汇流中技术前景不确定性的处理，及提出汇流相关制度变迁的系统性策略，并对技术先发与后发地区汇流策略做出区分。②为提升产业高度，可创新驱动式发展战略性新兴产业。指出战略性新兴产业是高新技术产业的升级版，分析创新驱动式发展战略性新兴产业的必要性，揭示战略性新兴产业的投资驱动陷阱，给出战略性新兴产业创新驱动发展的系统性路径，并对技术先发与后发地区新兴产业战略做出区分。③为提升产权活力，可大力发展民营科技企业。指出发展民营企业的关键是民营科技企业，揭示民营科技企业发展中存在的问题，提出发展民营科技企业的对策，并对技术先发与后发地区发展民营科技企业的对策做出区分。④为提升创新元的创新倾向，需要培育良好的创新环境与提供足够的创新支持，这就需要塑造“创新企业家政府”，它也是其他三项举措的保障。指出创新企业家政府的内涵与特点、分析创新企业家政府的“金三角”支点，提出创新企业家政府的塑造战略，并对技术先发与后发地区 IEG 塑造战略做出区分。

本书得到了南昌航空大学科研成果专项基金的资助。

胡志伟

2019 年 7 月 1 日

目　录

第一章 导 论

第一节 研究背景与研究意义

一、研究背景

我国经济正处于增长速度换挡期、结构调整阵痛期、前期刺激政策消化期等“三期叠加”阶段，经济发展已进入新常态，投资驱动的粗放式增长已触碰到天花板，到了必须下决心真正走科技创新驱动之路的时刻了。①天花板之一是国际贸易壁垒。世界第二的GDP、世界第一的国际市场份额，使我国承受着大国政经博弈的巨大国际压力，加上世界各国深陷长波衰退而纷纷奉行贸易保护主义，这些使我国传统产品日益遭遇国际贸易壁垒，据中国海关总署2016年1月数据显示，2015年中国外贸下降7%，按美元计出口和进口分别同比下降1.4%和7.6%。只有切实转入科技创新驱动的轨道，我国产品才能以更优异的新功能、以科技引致的更低成本，维持甚至扩大国际市场份额。②天花板之二是内需不足。以科技创造新需求、降低成本以拓展新需求，有助于问题的缓解，这要求我们走科技创新驱动之路。③天花板之三是以PM2.5频频爆表为冰山一角的环境危机与以地下水超采导致地陷、石油战争蛰伏等为代表的资源危机。这也急切召唤我们走科技创新驱动之路，以化解我国生态危机乃至生存危机。为适应与引领我国经济发展新常态，实现“十三五”时期发展目标，党的十八届五中全会提出了“创新”“协调”“绿色”“开放”“共享”五大发展理念，将创新视为引领发展的第一动力，并把它摆在了国家发展全局的核心位置。

各地发展模式若要从投资驱动转型为创新驱动，就需要培养强大的区域创新能力。要提升区域创新能力，就需要优化区域创新网络。近年来，各地产学研协作逐渐增多，而且地方政府、金融机构、服务与中介机构等更多组织日益深度融入推进创新的队伍。它们相互作用、逐渐集结与演化，日益形成区域创新网络。区域创新网络对区域创新能力的促进作用正日渐凸显。

各地在区域创新网络优化方面，做了一些有益的尝试，一般多是强调产学研合作或网络更多节点（政府、金融机构、服务机构、企业、高校与研究机构等）的合作。但是，不同地区的创新成效很不一样：许多地区对网络互动进行了优化，但这对区域创新能力提升的效果平平或不及预期；与此形成对照的是，一些地区在优化网络互动特征之外特别注重提升企业、高校与研究机构的质量与机能，因而取得了亮丽的创新成绩，其中原本科教资源相对匮乏的深圳、苏州、无锡等地，在 2015 年发明专利授权量排行榜中位列前十强，同时在福布斯 2015 年“中国大陆创新力最强城市”排行榜中也位列前十名。通过扫描创新先锋地区的创新相关行动，可以发现深圳、苏州、无锡等一些地区的创新行动具有鲜明特色：

第一，它们都特别强调大力吸引域外高水平高校与研究机构。深圳汇聚了含中科院、清华、北大、香港大学、香港中文大学等 53 所知名院校；苏州汇聚了中科院、清华、浙大、武大、南大、西交大、中科大、川大、同济、东南大学、新加坡国立大学等十几所知名院校；无锡汇聚了清华、上海交大、电子科大、南大、东南大学等十多所知名院校。

第二，它们都重点发展高新技术产业。2015 年，深圳高新技术产业产值 1.73 万亿元，同比增长 11.2%，高新技术企业已达 5524 家；苏州高新技术产业产值 1.40 万亿元，占规模以上工业总产值比重的 45.9%，无锡高技术产业产值 2411 亿元，占规模以上工业总产值比重的 42.3%，IC、光伏、软件业渐成它的新支柱产业，无锡高新技术产业一大亮点是 2010 年国务院将物联网“感知中国中心”设在无锡。

第三，它们都真抓实干地促成民营经济的发达。深圳著名的“四个 90%”所立足的就是民营企业——如华为、朗科、比亚迪、海王等；无锡民营经济总量占全市 GDP 比重的 64.5%；苏州 2004 年起力推民营经济腾飞，在 2015 年中国民营企业 500 强中苏州有 18 家企业上榜，超越无锡。

第四，它们的企业、高校、研究机构为科技创新做出高投入，并与当地政府协同推进大力度的创新相关制度变迁。2015 年，在研发投入占 GDP 比重方面，深圳达到 4.05%，无锡为 2.8%，苏州为 2.68%，已达到或超过发达国家水平（2013 年德国为 2.94%、法国为 2.23%、英国为 1.63%、日本为 3.49%、美国为 2.79%）。并且，三地企业、高校、研究机构与当地政府一起为科技创新相关制度的变迁而不断努力，这些年来三地持续出台了一系列很大力度的支持科技创新的地方性政策。

这些地区创新的群体性成功现象与它们创新特色之间的重要关联，非常值得深思：

第一，“都特别强调大力吸引域外高水平高校与研究机构”是因为：域外高水平高校与研究机构的到来，可以优化当地高校与研究机构的知识基础、能力池与创新资源库，从而提升当地学研机构的水平，这为当地区域创新能力的提升带来巨大的直接推动力；而且，嵌入的高水平高校与研究机构通过对当地企业的研发支持，可以对区域创新能力形成巨大的间接推动效应。深圳、苏州、无锡等创新先锋地区“都特别强调大力吸引域外高水平高校与研究机构”，这说明它们认识到——当地高校与研究机构先进程度的提高，会促进区域创新能力的提升。

第二，“都重点发展高新技术产业”是因为：高新技术产业为区域创新能力的提升，提供了空间广阔、快速扩张、创新窗口频开的极佳科技创新实验场，提供了丰富的创新资源库，并因其高附加值而提供了充足的创新资本。深圳、苏州、无锡等创新先锋地区“都重点发展高新技术产业”，这说明它们认识到——当地高新技术产业的发展，会促进区域创新能力的提升。

第三，“都真抓实干地促成民营经济的发达”（包括苏州在这方面的后发先至）是因为：①民营企业没有国企式债务软约束（及其在部分行业的垄断），会在生存压力下致力于科技创新，同时民营企业也没有外企“母公司承担主要创新任务而无意成为我国本土创新主力”问题与“严控技术本土溢出”问题，因而会积极进行本土创新。所以民营企业具有充沛的创新动力。②民营企业没有国企式委托代理问题、领导人任用机制问题，从而在进行科技创新时具有强大的制度活力，当条件具备时就会有较高的创新效率。总之，具有充沛创新动力与强大制度活力的民营企业，具备成为创新主力军的潜能。所以，发达的民营经济可为区域创新提供动力充足、充满活力的企业基础。深圳、苏州、无锡等创新先锋地区“都真抓实干地促成民营经济的发达”，这说明它们认识到——当地民营经济的发展，会促进区域创新能力的提升。

第四，“它们的企业、高校、研究机构为科技创新做出高投入，并与当地政府协同推进大力度的创新相关制度变迁”，是因为这些地区的企业、高校、研究机构对科技创新的渴望与努力程度很高。渴望与努力程度越高，它们就越会为科技创新扫清内部制度障碍、加大资源注入，并且联合地方政府为区域创新大力推动区域制度变迁与资源汇集。深圳、苏州、无锡等创新先锋地区的“企业、高校、研究机构为科技创新做出高投入，并与当地政府协同推进大力度的创新相关制度变迁”，这说明它们认识到——当地企业、高校与研究机构对科技创新的渴望与努力程度的提高，会促进区域创新能力的提升。

综上所述，这些地区的创新特色集中体现在对它们企业、高校、研究机构的机能与质量（包括高校与研究机构的先进程度、高新技术产业的发达程度、民营经济的发达程度、“企业、高校与研究机构”对科技创新的渴望与努力程度四个方面）的大力提升上——因为，企业、高校、研究机构的机能与质量对区域创新能力的提升有着重要的影响。

包括深圳、苏州、无锡在内的一些科技创新先锋地区，它们提升区域创新能力的成功实践，呼唤区域创新网络理论研究进一步深化。区域创新网络特征的既往研究，集中在网络单元的互动特征方面。网络单元的互动特征显然是很重要的，但区域创新能力的提升离不开企业、高校与研究机构本身的机能与质量。企业、高校与研究机构等网络节点的机能与质量，理应是区域创新网络特征的一部分，但是这在创新网络特征的有关研究中，却尚未被列入网络特征范畴，更未在区域创新网络特征框架中系统地给予展现。区域创新实践在进步，前沿实践与现有理论间似乎拉开了一个这样的缺口。所以，需要一个新的特征概念来概括这一新现象，以充实与完善区域创新网络理论。

所以，本书在此提出值得深入思考、将在后文给予研究的三个问题：①区域创新网络特征范畴应引入什么新的特征概念？②纳入了新特征的区域创新网络特征体系如何作用于区域创新能力？③基于纳入新特征的区域创新网络特征体系，提升区域创新能力可有什么样的新路径？

二、研究意义

本书具有较强的理论与现实意义。

（一）理论意义

（1）在区域创新网络特征范畴中，本书提出“创新元高度”这一新概念（含四个子概念：学研高度、产业高度、产权活力、创新倾向），并分析与检验了其相关机理。这拓展了区域创新网络特征范畴，使创新网络理论对前沿实践具有更强的解释能力。

（2）有别于以往较多关注微观网络的研究，本书关注中观层面的区域创新网络，以外向度、竞争度、耦合度综合提炼出“网络交互度”的概念，并分析与检验了其相关机理。这在一定程度上丰富了区域创新网络理论的研究。

（3）基于由产业链、价值链、创新链、技术轨道等理论整合而成的“双翼齐飞”模型，本书提出并检验了创新元高度、网络交互度作用于区域创新能力的机理分析框架：创新元高度、网络交互度分别直接作用于区域创新能力，并且创新元高度在网络交互度对区域创新能力的影响中起着中介作用。这在一定程度上深化了区域创新网络相关理论的研究。

（二）实践意义

（1）在优化区域创新网络特征以提升区域创新能力时，本书提出的“创新元高度”概念与理念为各级地方政府指出了新的发展着力点。

（2）基于“以提升创新元高度为主线，体现开放、竞争、耦合原则”的方针给出了区域创新能力提升的四大建议，这可为各地系统性提升创新能力提供参考。

第二节 关键概念的界定

一、创新元高度

区域创新网络的参与者包含企业、高校与研究机构、地方政府、服务与中介机构、金融机构等网络单元。其中作为创新主体、直接从事科技创新活动的网络单元，只有企业、高校与研究机构（以下简称“学研机构”），而地方政府、服务与中介机构、金融机构等网络单元不直接从事创新活动，只是作为企业、学研机构创新活动的辅助单元而存在。因此，本书将企业、高校与研究机构合称为“创新元”，以区别于其他创新辅助单元。

在本书研究背景的阐述中，通过对包括深圳、苏州、无锡在内的一些科技创新先锋地区成功实践的分析可知：企业、学研机构的机能与质量对区域创新能力的提升有着重要影响。本书对此高度关注，并将“创新元高度”定义为区域创新网络中企业、学研机构的机能、质量的优秀程度。从而，本书把“创新元高度”作为网络特征的一个新的特征概念，纳入了区域创新网络的一般特征体系。

在本书研究背景的阐述中，通过有关分析也可知，学研机构先进程度、高新技术产业发达程度、民营经济发达程度、创新元对科技创新的渴望与努力程度等，分别是创新元高度的一个侧面。有鉴于此，本书从学研机构高度（以下简称“学研高度”）、产业高度、产权活力、创新倾向四个方面界定创新元高度（见图1-1）。学研高度（U），是指地区高校与研究机构的先进程度；产业高度（I），是指当地高新技术产业的发达程度；产权活力（P），是指当地民营经济的发达程度；创新倾向（R），是指当地企业、高校与研究机构对科技创新的渴望与努力程度。

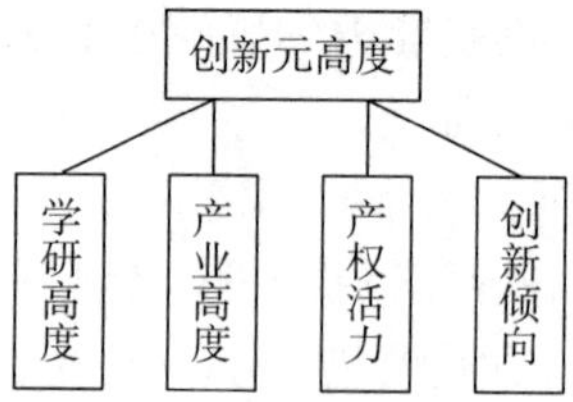

图 1-1　创新元高度的构成

在提升区域创新能力的过程中，很多地区要么忽视学研高度的提升而让企业孤军奋战，要么忽视产业高度的提升而沉迷于传统产业，要么忽视产权活力而任由国企与外资延缓区域创新进程，要么创新内驱力与努力严重缺失而无法实现创新制度变迁、创新资源有效整合。这些现象在大多数地区都或多或少地存在，从而使很多地区在提升创新能力的过程中，掉入种种陷阱而难以自拔。这些方面，就需要区域创新网络特征的新概念——“创新元高度”来提供综合概念与细化侧面，以描述、度量各地在这些方面的状况，并便于各地据此找到改进的方向与对策。

二、网络交互度

区域创新网络单元之间、单元与网络外部之间总是在不断交互。交互是区域创新的必要条件与催化剂。本书的“网络交互度”，是指区域创新网络单元之间互动、单元与网络外部之间互动的质与量的表现。当交互频繁、良好时，网络交互度大；反之，网络交互度小。本书认为区域创新网络的网络交互度，主要包括开放度、竞争度、耦合度三个侧面（见图 1-2）。开放度（W），是指网络单元与网络外界在知识、信息、资金、物质等方面交流的程度，它促进了网络的新陈代谢。竞争度（J），是指网络单元基于获利目的之争胜行为的激烈程度，它为单元功能升级提供强大、持续的压力与动力，从而保证网络持续的活力。耦合度（H），是指区域网络内的各类单元在知识、信息、资金、物质等方面交流、互助的程度，它为网络单元形成知识、信息、资金、物质的整合效应。

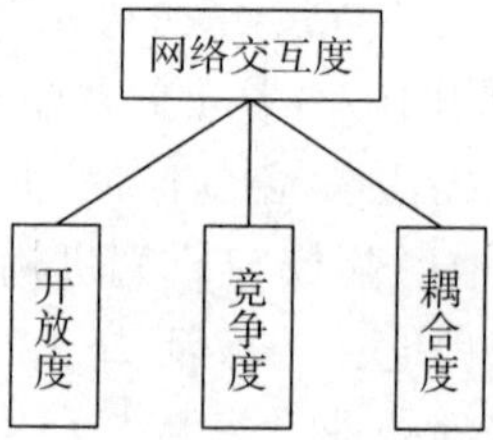

图 1-2　网络交互度的构成

三、区域创新能力

国内外学者对区域创新能力的内涵进行了探讨。Furman 等（2002）将区域创新能力定义为在长期内区域产出全新技术并使其商业化的能力[1]。Riddlel 和 Schwer（2003）认为它是区域不断产生与商业相关的创新的潜力[2]。Tura 和 Harmaakorpi（2005）认为，它是指地区在区域创新网络中开发与更新既有资源配置，通过创新活动在不断变化的环境里获得的可持续竞争优势[3]。González Pernía 等（2012）认为，它是产生新知识与商机的隐性能力，该能力在地区间异质且不能复制[4]。

柳卸林、胡志坚（2002）认为区域创新能力是某地区将知识转化为新的产品、工艺与服务之能力[5]。黄鲁成（2000）将它定义为以区域内技术能力为基础的、实施产品创新和工艺创新的能力[6]。吴林海（2001）认为它是指在市场机制作用下，众多不同的创新主体广泛参与并互动，创造性集成创新资源，培养有竞争力的高新技术产业的能力[7]。邵云飞、谭劲松（2006）将它界定为：在一定区域范围内为增强区域经济增长原动力，发挥技术创新相关组织的创新积极性，高效配置创新资源，从而将技术创新构想转化为新的产品、工艺与服务的综合能力系统[8]。

概括来看，上述定义都涉及两个本质要点：（科技）知识创造与产业化。实现这两点的条件是资源整合，推动这两点的结果是形成区域竞争力。参考以上分析，本书给出自己的定义：区域创新能力，是指一定区域基于创新相关单元间的互动，整合与利用创新资源，从而实现知识创造并使科技创新产业化的能力。

四、双翼齐飞模型

本书提出的双翼齐飞模型，是指区域创新能力的双翼齐飞模型。所谓“双翼”，是指“产业价值链”与“创新轨链”，它们分别是区域创新能力发展、腾飞必须借助的“价值翼”与“知识翼”。将这两个链条与区域创新能力纳入一个图，就可得到区域创新能力的“双翼齐飞模型”（见图 1－3）：飞鸟的身体就是区域创新能力，双翼就是产业价值链与创新轨链，特定区域就是通过扇动双翼来实现区域创新能力的腾飞。后文创新元高度、网络交互度（相当于“风”）对区域创新能力（身体）的影响，就将由此两翼来实现。下面对两翼分别介绍：

图1-3 区域创新能力的双翼齐飞模型

（一）产业价值链（价值翼）

产业价值链是本书提出的产业链与价值链的概念组合体（见图1-4）。其中，产业链（如α产业）从纵向看，由上、中、下游链节串成，即X→Y→Z；从横向看，由N个子产业链组成［为方便说明，设N=2，即子产业链Ⅰ（虚线Ⅰ）与子产业链Ⅱ（虚线Ⅱ）］。产业链具有较宽视野，可助地方政府选择关键产业链节（X或Y或Z）与子产业链（Ⅰ或Ⅱ），但是它没有区分生产、销售、服务等经营活动价值的高低。价值链，则是指为满足顾客需求而串联生产、销售、服务等基本活动与辅助活动的环环相扣的价值创造链式集合，在图1-4上对应X、Y、Z上的三个U形。它可帮助地方政府找到高价值活动环节，但其视野却限于某局部产业链节X或Y或Z。因此，本书将产业链与价值链整合成产业价值链，这样就既具产业链的大视野，又具价值链的针对性，可同时考虑子产业链、产业链节、价值环节，从而提供了产业分析的更为全面的新框架。

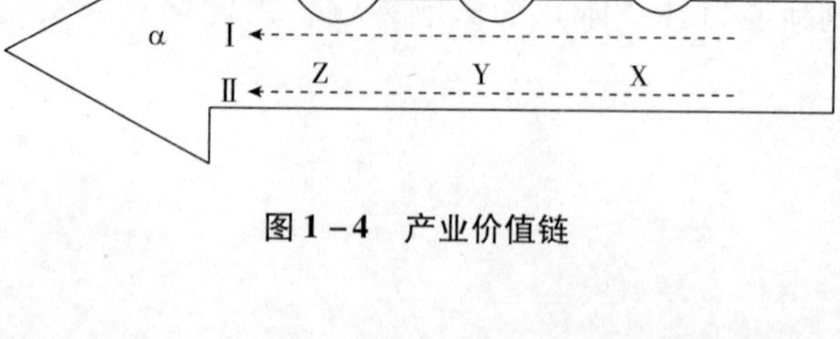

图1-4 产业价值链

（二）创新轨链（知识翼）

创新链轨是本书提出的对技术轨道与技术创新链进行综合的概念。

在“技术轨道”方面，多西（1982）在库恩（1962）“科学范式”的启发下，率先提出“技术范式”概念，将它界定为“解决选择技术问题的一类模型或者模式”，它决定着研发领域、研发问题、研发程序与研发任务，新旧技术间的更替是新旧技术范式间转换的过程，这近似于科学范式间的交替；当新技术范式兴起，它会逐步减弱旧范式的影响。关于技术轨道，多西受“自然轨道”启发，将“技术轨道”定义为技术演进的路径，由技术范式隐含的对技术方向取舍的规定性来决定，技术轨道的边界由技术范式性质所决定。柳卸林将技术轨道界定为在某产业技术发展中一组解决某问题的、相互关联的方法。傅家骥将产业技术轨道定义为：在技术创新过程中，业界难以拒绝、具有一致性的技术选择的方法、核心的技术路线、技术的整合方式、主导的产品设计模式、主流的制造流程、技术标准。技术轨道，为区域创新提供方向导航，并在技术转轨时提供技术范式选择的战略空间；但是，它却无法为一项技术微观创新过程的实现提供相应参考。

在“技术创新链”方面，它是指包括基础研究→应用研究→技术开发→产品/工艺设计→生产→销售服务等创新相关环节的链式集合，反映了科研成果商业化过程。而且在一个技术轨道中，存在着相关联的技术创新链组成的技术创新束。技术创新链为技术创新过程的实现提供了具体参考，但是无法为区域创新提供方向导航或在技术转轨时提供技术范式选择的战略空间。

本书将技术创新链与技术轨道组合起来，就可以得到“创新轨链”（见图1-5）：范式（轨道）A、B、C是依次更替但在一定时期内可能并存的不同范式（轨道），而每个轨道（范式）上的N条带箭头的虚线（为便于说明，设N=3）代表技术创新链X_1，X_2，X_3（X=A或B或C），X_1，X_2，X_3组成特定范式下的技术创新束。创新轨链既可为区域创新提供方向导航，并在技术转轨时提供技术范式选择的战略空间，又可以为微观技术创新过程的实现提供具体参考。

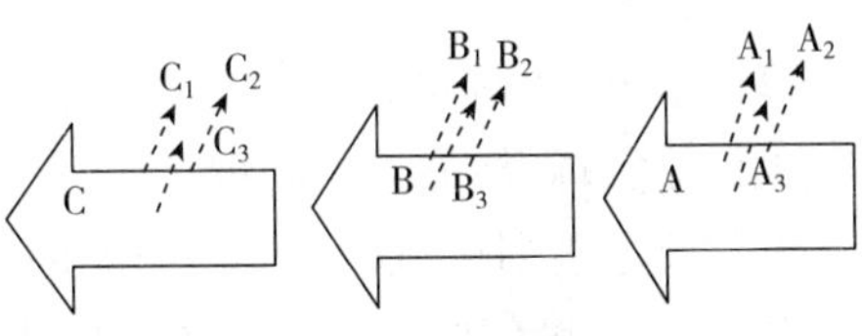

图1-5 创新轨链

第三节　研究内容与结构

本书在结构上共分为七章，其中第一章为导论，第二章为相关理论与文献综述，第三章为创新元高度、网络交互度对区域创新能力的影响机理，第四章为创新元高度、网络交互度、区域创新能力的测度与分析，第五章为创新元高度、网络交互度对区域创新能力影响的实证分析，第六章为基于创新元高度、网络交互度提升区域创新能力的路径，第七章为结论与展望。研究内容具体简介如下：

第一章导论。阐述本书的研究背景、研究意义、关键概念、研究内容与结构、研究方法、技术路线、创新之处等。

第二章相关理论与文献综述。介绍相关理论，并对区域创新能力、区域创新网络、创新网络特征对科技创新的影响等相关研究进行综述，然后进行文献简评。

第三章创新元高度、网络交互度对区域创新能力的影响机理。在概述创新元高度、网络交互度与区域创新能力的关系之后，基于区域创新能力的双翼齐飞模型进行以下研究：①在创新元高度影响区域创新能力的机理方面，先分别探讨创新元高度分量——学研高度 U、产业高度 I、产权活力 P、创新倾向 R 的影响机理，再将上述分机理进行综合，推论创新元高度综量 G 的影响机理。②在网络交互度影响区域创新能力的机理方面，先分别探讨网络交互度分量——开放度 W、竞争度 J、耦合度 H 的影响机理，再将上述分机理进行综合，推论网络交互度综量 D 的影响机理。③关于创新元高度在网络交互度与区域创新能力间的中介效应机理方面，先探讨创新元高度分别在开放度 W、耦合度 H、竞争度 J 与区域创新能力间的中介机理，再将上述分机理进行综合，推论创新元高度在网络交互度综量 D 与区域创新能力间的中介机理。

第四章创新元高度、网络交互度、区域创新能力的测度与分析。基于时序全局因子分析法，对创新元高度综量 G，创新元高度分量（学研高度 U、产业高度 I、产权活力 P、创新倾向 R），网络交互度综量 D，网络交互度分量（开放度 W、竞争度 J、耦合度 H），区域创新能力等进行测度与分析。从而全面掌握我国各省区创新元高度、网络交互度、区域创新能力的状况。

第五章创新元高度、网络交互度对区域创新能力影响的实证分析。先计量检验创新元高度综量 G 影响、网络交互度综量 D 影响、G 中介效应。接着，计量检验创新元高度分量学研高度 U、产业高度 I、产权活力 P、创新倾向 R 对区域创新能力的影响。然后，计量检验网络交互度分量开放度 W、竞争度 J、耦合度 H 对区域创新能力的影响。最后，计量检验 G 中介效应分量 W × G、J × G、H × G 效应。

第六章基于创新元高度、网络交互度提升区域创新能力的路径。以提升创新元高度为主线，体现开放、竞争、耦合的原则，从而提出：力推“大院名校汇流”；创新驱动式发展战略性新兴产业；大力发展民营科技企业；塑造“创新企业家政府”。

第七章结论与展望。提炼本书的主要研究结论，并提出研究展望。

第四节 研究方法与技术路线

一、研究方法

（一）时序全局因子分析法

为避免传统因子分析法的静态局限性，在创新元高度、网络交互度的有关测度中，采用时序全局因子分析法进行了测度。

（二）系统聚类

为把握创新元高度、网络交互度、区域创新能力的地区分级特征，用 SPSS 进行了系统聚类分析。

（三）面板数据回归

在计量检验创新元高度综量 G 影响、网络交互度综量 D 影响、G 中介效应时，在计量检验创新元高度分量学研高度 U、产业高度 I、产权活力 P、创新倾向 R 对区域创新能力的影响时，在计量检验网络交互度分量开放度 W、竞争度 J、耦合度 H 对区域创新能力的影响时，在计量检验 G 中介效应分量 W × G、J × G、H × G 效应时，通过 EVIEWS 进行了面板数据回归分析。

（四）系统动力学方法

在区域创新能力提升路径研究中，通过系统动力学基模分析，建立了本土学研机构创新能力的成长上限模型、新兴产业投资驱动的舍本逐末模型、低技术民营企业发展的成长上限模型。

（五）案例研究法

在“塑造创新企业家政府”“力推大院名校汇流”等对策建议部分以及“研究背景”等章节，对深圳、苏州、无锡等地区进行了案例分析。

（六）文献研究法

对区域创新能力、区域创新网络、创新网络特征对科技创新影响三类文献进行分析、归纳、简评。

（七）演绎推理法

基于产业链、价值链、技术轨道、创新链等演绎出区域创新能力的双翼齐飞模型；基于区域创新网络特征、双翼齐飞模型等概念、原理演绎推理了创新元高度影响区域创新能力、网络交互度影响区域创新能力、创新元高度在网络交互度与区域创新能力间起中介作用等系列机理。

二、技术路线

依照“提出问题、分析问题、解决问题”的逻辑，本书先基于现实与理论背景提出要研究的问题，然后分析创新元高度、网络交互度影响区域创新能力的机理，再基于相关变量得分对机理进行实证分析，最后提出相应四大建议。技术路线如图 1－6 所示。

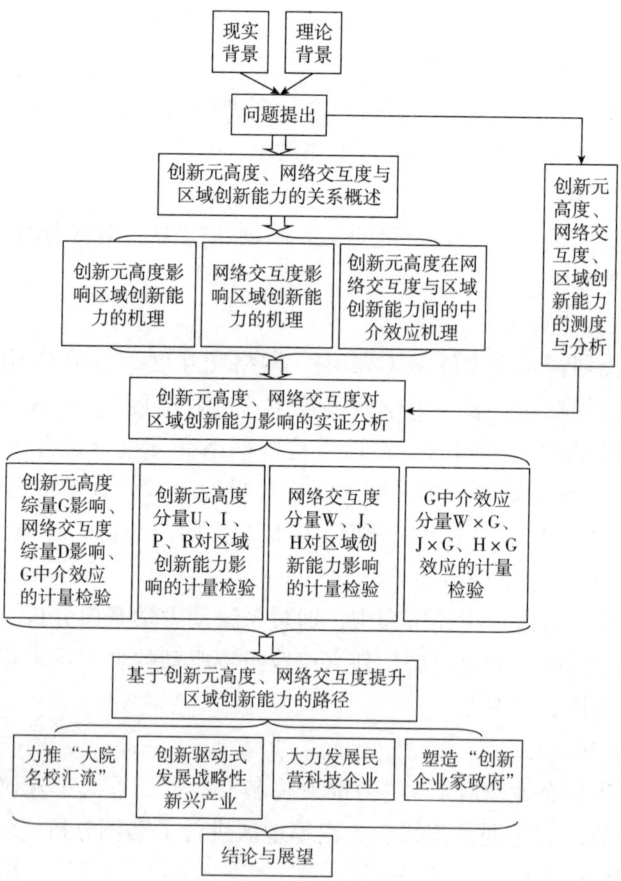

图 1－6　本书技术路线

第五节 创新之处

本书创新之处有以下几点：

（1）本书提出了具有一定理论内涵和政策含义的新概念“创新元高度”（含四个子概念：学研高度、产业高度、产权活力、创新倾向），这为区域创新网络特征范畴增添了新维度，使创新网络理论对前沿实践具有更强的解释能力；分析与检验了创新元高度的相关机理，从而为各地提升创新能力提供了理论新视点与实践新支点。

（2）本书在省级行政区域的中观层面上，选择外向度、竞争度、耦合度综合提炼出“网络交互度”概念，并分析与检验了其相关机理。这有别于以往较多关注微观层面上创新网络特征的研究，在一定程度上拓展了新的研究视角。

（3）建立并检验了创新元高度、网络交互度对区域创新能力影响机理的分析框架（见图1－7），它包括创新元高度、网络交互度分别影响区域创新能力的机理，以及创新元高度在网络交互度对区域创新能力的影响中起中介作用的机理。这在一定程度上深化了区域创新网络相关理论的研究。

（4）基于创新元高度、网络交互度、区域创新能力三者的关系，本书为提升区域创新能力提出了一些有一定新意的对策思路，其中包括：力推“大院名校汇流”；塑造“创新企业家政府”；大力发展本书特别强调的关键创新群体——“民营科技企业”。

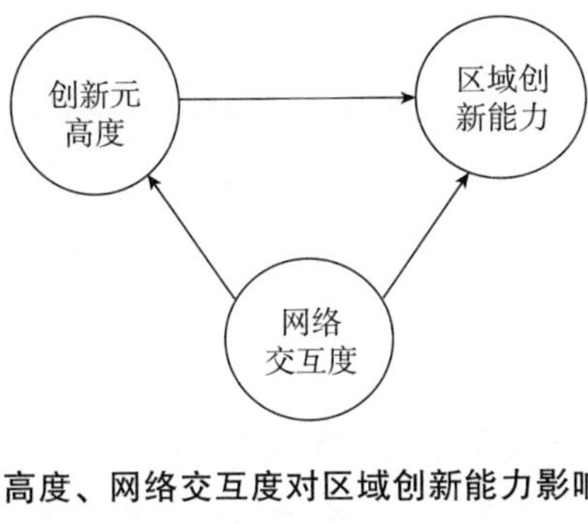

图1－7 创新元高度、网络交互度对区域创新能力影响机理的分析框架

第二章　相关理论与文献综述

本章对创新理论、网络理论、区域发展理论等相关理论进行介绍，并对区域创新能力、区域创新网络、创新网络特征对科技创新的影响三类文献进行综述。

第一节　相关理论

一、创新理论

熊彼特（J. A. Schumpeter）在1912年首次提出创新理论，为世界创新研究奠定了基石。熊彼特将创新定义为“企业家对生产要素的新组合”，指出创新在资本主义发展中起主导作用，“创新”千差万别，其经济影响有大有小、有长有短，从而形成经济发展周期性的波动。随着20世纪50年代第三次科技浪潮的兴起，技术创新理论得以大发展，演变至今有以下四个学派：

（一）新古典学派

技术创新的新古典学派分解了技术创新对经济增长的贡献率，并将创新纳入增长模型。以索洛为代表人物的该学派认为创新是增长的内生变量与基本因素；技术创新存在公共物品、外部性等市场失灵问题，因而政府恰当的干预会显著促进技术创新。

（二）新熊彼特学派

新熊彼特学派继承了熊彼特传统，强调技术创新对经济发展的关键作用，着重考察企业组织行为、市场结构等对于技术创新的影响，构建了创新扩散、创新周期等模型。在企业规模与技术创新的关系方面，1965年，谢勒尔（Scherer. F.）研究发现创新与企业规模并非呈正比关系。不同规模的企业都可以有良好的创新表现，该学派提出最有利于技术创新的市场结构类型，阿罗认为完全竞争比垄断更利于创新，而卡米恩、施瓦茨则认为垄断竞争市场最利于创新。

（三）制度创新学派

技术创新的制度创新学派，以一般静态与比较静态均衡法对技术创新环境进行制度分析，认为制度创新决定技术创新。戴维斯与诺斯认为制度创新的影响因素包括规模经济性、技术经济性、预期收益刚性。他们把制度创新过程分成第一、第二行动集团的形成等五阶段。当然他们也不否认技术创新对制度创新的影响。

（四）国家创新系统学派

该学派认为技术创新不仅归功于企业家或企业，而且应归功于国家创新系统。国家创新系统由企业、高校与研究机构、政府、中介机构等构成。在国家创新系统中，创新主体在国家制度安排中，协同推动知识创造、引进、扩散和应用，带来国家技术创新绩效。代表人物弗里曼等相继衍生了区域创新、产业集群创新等相关概念与理论。

二、网络理论

网络一词在各学科使用广泛，大体可分为三类：实体网络（如电网、路网等）、虚拟网络（如企业网络、产业网络、社会网络等）、计算机网络。本书关注的是虚拟网络，即组织、管理、关系角度的网络。网络定义有广义和狭义之分。广义的网络是指与网络个体行为相关的所有关系与全部信息单元所构成的 N 维向量空间，它是网络个体生存、发展的基础；狭义的网络是指企业和市场互动与互替而成的企业契约关系与制度安排，是一种介于市场交易和层级组织间的组织形态。

网络概念提出的时代背景是：20 世纪 70 年代以来，经济全球化和区域经济一体化，分工更加细密，市场不确定性增强，信息技术爆发性成长。这些变化对组织形式产生了深远而巨大的影响。因此，20 世纪 80 年代后，网络作为新的组织形式日益受到关注。

在网络功能方面，网络可以降低成本、降低环境不确定性、获取资源、获得声誉和位势、促进学习与创新，从而增进网络个体绩效。网络具有的特点，包括可渗透性、共生性、外部性、动态性、系统性、复杂性、创造性。其中，可渗透性是指边界可穿透性；共生性是指网络成员间的相互依存性；外部性是指当同样行为的成员数增长时该行为净价值增加（梅特卡夫法则指出网络价值正比于用户数平方）。

社会网络成为网络治理的基础网络。社会网络理论起源于 20 世纪 30 年代，是社会学研究的一种新范式。它最早由英国 R. 布朗提出。Wellman（1988）将社会网络界定为“由个体间社会关系组成的相对稳定系统”。时至今日，社会网络早已不局限于人际范畴，网络行动者包括实体组织（如企业、政府、高校等)。社会网络与网络资源获取关系密切。网络成员拥有异质性资源,网络关系的数量、密度、方向、力度和网络位置等会影响网络资源流动。

社会网络理论关注两大要素:关系要素与结构要素。其中,关系要素通过社会联结的规模、强度、密度、对称性等来阐释行为;结构要素则关注成员的网络位置、社会结构。两者对知识、信息流动都有重要影响。相应地,强弱联结理论、社会资本理论、结构洞理论是社会网络的三个关键理论。

(一)强弱联结理论

联结是网络分析的基本单位。弱联结,有利于获得无冗余知识,但资源未必总能由此获取。强联结,意味着信任、合作、稳定且易传递高质量、复杂、隐性的知识,但强联结若过于封闭,将限制新知识输入、抑制网络外部新信息搜索。

(二)社会资本理论

法国社会学家 Bourdieu 先提出社会资本概念。社会资本,是指个体拥有的、表现为社会结构性关系资源的资本,存在于社会关系网中。个人、企业以及其他组织都有社会资本。个体参与社会团体越多,社会资本越高;个体参加社会网络规模越大、异质性越强,社会资本越高。社会资本越高,个体获取资源的能力越强。社会资本高低决定个体的网络结构地位。

(三)结构洞理论

Burr 在 1992 年首先提出结构洞概念。在社会网络里,某个体与部分个体有着直接联系,但是与其他个体并无直接联系,这种关系中断或缺少直接联系的现象,看似网络结构出现洞穴,称为“结构洞”。结构洞和社会资本密切有关,社会资本由个体中介机会而生。个体拥有结构洞越多,其社会资本越高。

三、区域发展理论

区域发展理论,从农业区位理论到新经济地理学,经历了百余年历史。为分析空间对经济影响的问题,产生了区位理论。区位理论研究企业选择何处生产才能使运输成本最低化(古典区位理论)或利润最大化(新古典区位理论)。杜能(1826)的农业区位理论得出农作物组合的最合理分界线,划分为六个同心圆农业圈。韦伯(1909)的工业区位理论认为企业理想区位是在生产分配过程中运输距离最短与货物重量最小的位置,并将(运输费用、劳动费用、聚集因素等决定的)成本最低视为企业最佳区位标准。霍特林(Hotelling,1929)提出了线性市场的企业区位竞争理论。然而,韦伯以后的学者,超越成本视角提出基于“利润最大化,以市场规模为中心”的区位理论。克里斯泰勒(1936)的中心地理论认为,生产与流通的高效空间结构,是一个以城市为中心、多级市场区组成的网络体系;类似的理论还有廖什(1938)的市场区位理论。区位理论忽略了市场不确定性、企业周边经济互动、制度、技术创新以及经济政策等的作用，因而存在一定局限性。

随着区域与城市问题的涌现，许多学者开始研究区域经济增长的影响因素与区域增速的巨大差异。缪尔达尔（1957）的累积因果理论认为，一旦区域间出现了发展条件与水平的差距，快速发展地区会在发展过程中为自己持续累积有利因素，并抑制慢速发展地区的发展，使后者处境日益恶化。赫希曼（1958）认为，一旦某些增长点形成，则它们会因累积性聚集而不断强化自身发展，拉大区际差距，涓滴效应虽可缩小差距，但此效应若要起作用需很长时间。

20 世纪 80 年代以来，区域发展理论分化出不同流派。①新经济地理学派。该学派（以克鲁格曼、藤田等为代表）以不完全竞争模型研究“中心—外围”形成均衡的条件。他们的理论基于三个命题：收益递增、不完全竞争、运输成本。在此基础上，该学派构建了中心—外围模型。②新制度学派。该学派将制度因素引入区域分析，分析政府、体制和政策对区域经济发展的影响，研究的中心是区域发展政策。③区域管理学派。它是融合区域经济学与管理学的一个学派，主要涉及区域经济管理、区域人口管理、区域环境管理等。

当前，区域创新理论与区域竞争理论，成为区域发展的热点理论。①区域竞争理论。随着经济全球化，世界各国竞争日益激烈。因而各地日益重视竞争，并着力培养自身的竞争优势。波特（1990）提出钻石模型，认为国家或地区的优势决定于四个相互作用的因素，这包括需求条件、要素条件，企业战略、结构与竞争，相关与支持产业。地区竞争优势还受到机会、政府等两因素的影响。他还强调产业集群有助于提升区域竞争优势。②区域创新理论。在全球范围内，科技发展一日千里，高新技术产业突飞猛进，同时全球创新资源正日益向部分国家与地区集聚，从而形成了推动国家与区域发展的创新空间。区域创新正成为区域发展研究的热点。

第二节 区域创新能力的相关研究

一、区域创新能力的内涵

国内外学者对区域创新能力的内涵进行了探讨。Furman 等（2002）认为它是在长期内某区域创造全新技术并使之商业化的能力[1]。Riddlel 和 Schwer（2003）认为它是区域不断产生与商业相关的创新的潜力[2]。Tura 和 Harmaakorpi

（2005）认为，它是指地区在区域创新网络中开发与更新既有资源配置，通过创新活动在不断变化的环境里获得的可持续竞争优势[3]。González Pernía 等（2012）认为它是产生新知识与商机的隐性能力，该能力在地区间异质且不能复制[4]。柳卸林、胡志坚（2002）认为，区域创新能力是某地区将知识转化为新的产品、工艺与服务之能力[5]。黄鲁成（2000）将它定义为以区域内技术能力为基础的、实施产品创新和工艺创新的能力[6]。吴林海（2001）认为它是指在市场机制作用下，众多不同的创新主体广泛参与并互动，创造性集成创新资源，培养有竞争力的高新技术产业的能力[7]。邵云飞、谭劲松（2006）将它界定为：在一定区域范围内为增强区域经济增长原动力，发挥技术创新相关组织的创新积极性，高效配置创新资源，从而将技术创新构想转化为新的产品、工艺与服务的综合能力系统[8]。综合来看，国内外学者的定义都涉及区域创新能力的两个本质要点：（科技）知识创造与产业化。实现这两点的条件是资源整合，推动这两点的结果是形成区域竞争力。

二、区域创新能力的影响因素

国外学者从多方面探讨了区域创新能力的影响因素。Braczyk 等（1998）认为区域创新能力与教育、研究、技术转移等制度相关，并受到区域决策力、政策取向与经费资源等影响[9]。Camagni（1991）发现在区域内的非正式社会关系，可决定内部效率、归属感，并且经由合作和集体学习来提高当地的创新能力[10]。Cooke（2001）认为企业、高校、研究机构互动、大小企业间互动、区域内的资源、文化、社会资本的结合等，这些可有利于提升区域创新能力[11]。Sakakibara（1997）认为合作创新的优势在于节约交易成本、独占知识技术和能力“异质性”[12]。Kogut 和 Zander（1992）认为企业的知识转移能力是影响企业生存的因素[13]。

国内研究从多方面展开。有不少研究集中探讨 FDI 对区域创新能力的影响。宋大勇（2009）利用 1992～2003 年累计实际利用 FDI 数据，发现 FDI 对我国区域创新能力的提升效应较明显[14]。李晓娣、赵健（2010）认为跨国公司在华研发投资对我国经济中的影响，很重要地表现在对区域创新能力的影响，以多元线性回归建立了双对数线性的知识生产函数，从 R&D 投入与产出角度，探讨了跨国公司在华研发投资对于区域创新能力的影响[15]。庞莹、刘志迎（2010）以长三角与中部六省 1995～2007 年面板数据，据相关理论构建了创新能力和 FDI 多元线性函数，以实证与比较分析方法分别从专利申请量指标、高技术产业指标对长三角与中部六省 FDI 对区域创新能力的影响进行回归分析。研究显示，在两个不同指标下 FDI 都促进了区域创新能力，但不同区域影响效果不同。并根据回归结果差异，分析了原因，提出了相关建议[16]。桑瑞聪、岳中刚（2011）以1999～2008年省际数据，研究发现FDI技术溢出对自主创新能力有显著正向效应，但这种效应主要在外观设计与实用新型专利的授权量上，对发明专利授权量影响并不显著[17]。王三兴、熊凌（2007）以1999～2004年各省市面板数据，探讨外商投资对区域创新能力的影响。研究发现FDI有着技术溢出效应，提升了区域创新能力，东部、中部、西部分组研究显示，FDI技术溢出效应与区域经济技术水平呈负相关[18]。冉光和等（2013）以29个省级单位1993～2009年的面板数据建立面板门槛模型，把金融发展水平作为门槛变量，就FDI对区域创新能力的影响进行实证研究。发现金融发展结构与效率会促进区域创新能力，金融发展规模的促进作用不明显，FDI对创新能力的影响有着基于金融发展水平的显著双门槛效应，仅当区域金融发展水平超越门槛FDI促进作用才会更加明显，且各省级单位间有着较大差异[19]。鲁钊阳、廖杉杉（2012）基于动态面板门槛回归模型的研究显示，仅当跨越知识产权保护水平的门槛，FDI的技术溢出才会有效提升区域创新能力[20]。陈劲等（2007）以各地数据分析FDI对区域创新能力的影响。研究表明，FDI流入对企业技术外溢效应并不显著，FDI对区域创新能力作用有限，对自主创新能力与原创性科技能力影响不显著[21]。侯润秀、官建成（2006）以1998～2003年省级区域面板数据，实证分析外商直接投资对区域创新能力之影响，以专利申请量为创新能力指标，分析了FDI对所有专利申请，FDI对发明、实用新型、外观设计三种专利的溢出效应。研究发现FDI对专利申请量产生显著正向影响，将各省级区域按创新能力高低分为高创新能力、中等创新能力和低创新能力地区，以此分析了FDI对具有不同创新能力的地区的溢出效应差异[22]。徐磊、黄凌云（2009）分析1985～2005年的省际面板数据，发现FDI技术溢出存在着创新能力的显著双门槛效应；1987年以来，大部分省份已成为中等创新能力区域，FDI流入对它们的正溢出效应显著，但是因为由于还未成为高创新能力区域，它们对溢出效应吸收还不充分[23]。曹广喜（2009）以1993～2006年省际面板数据，研究发现FDI对创新能力存在不很显著的正向溢出，中部溢出较显著，东部、西部溢出不显著[24]。

在智力资本对区域创新能力的影响方面，陈武等（2011）建立智力资本影响区域创新能力的理论模型，以268个地级市为样本，采用结构方程对模型进行验证。得出了区域智力资本影响区域创新能力的模型，并且得出区域智力资本及其要素影响区域创新能力的效应系数[25]。王学军、陈武（2008）基于湖北1995～2006年的数据，基于因子分析评估了湖北12年的区域智力资本水平与区域创新能力，得出了湖北区域智力资本各要素构成和区域创新能力之间的定量关系[26]。

部分研究关注研发投入对于区域创新能力的影响。陈广汉、蓝宝江（2007）

以三种专利申请量来表征技术创新能力，并研究各省区 1998～2005 年的技术创新状况。基于 1998～2004 年各省区面板数据的计量分析，发现各地区 R&D 经费内部支出、规模以上工业企业个数（表征竞争程度）对发明申请数都产生正向影响[27]。侯鹏、刘思明（2013）以扩展知识生产函数研究发现：R&D 投入对创新能力产生正向的影响，但是区域知识溢出效应并不显著[28]。

部分研究关注服务与中介对区域创新能力的影响。高丽娜、卫平（2011）指出科技中介机构对提升区域创新能力至关重要。探讨科技中介机构对区域创新能力的作用机理，并基于北京、上海、深圳与武汉的数据分析科技中介机构异质性对区域创新能力产生的影响，研究显示完善科技中介体系是提升区域创新能力的有效途径[29]。张振刚等（2013）基于 2000～2011 年珠三角空间面板数据发现：科技服务业的规模、水平与信息化程度等，对区域创新能力有着不同的正向影响，服务水平影响最大；地理区位特征、经济特征，都会对区域创新能力与其空间相关性形成影响，地理区位特征影响更大；科技服务业不仅能显著提升本地创新能力，而且还能由空间溢出促进相邻甚至不相邻的地区的创新能力；科技服务业的影响，具有动态演化特征[30]。

部分文献探讨了创新环境对于区域创新能力的影响。党文娟等（2008）指出我国经济不平衡使得各地市场化进程与政府干预度有着很大差异，因而区域环境很不平衡。基于全国数据发现政府对区域创新能力的影响尚不明显，然而对发明专利却有着正向作用。各地市场化程度，对区域创新能力的促进作用非常明显，区域环境的影响作用非常重要[31]。岳鹄、张宗益（2008）以 1997～2006 年各省级地区的创新产出面板数据，研究 R&D 投入与区域创新环境如何影响以专利为表征的创新产出效率。研究发现 30 个省市创新能力差异不只因为各地 R&D 投入的差异，创新环境作用不容忽视。并基于此提出改善区域创新环境以提升区域创新能力的建议[32]。

有些文献探讨“聚集”对于区域创新能力的影响。张钢、徐乾（2006）基于社会认知视角的理论框架，探讨了知识集聚内涵、形成机制与其对区域创新能力的作用[33]。齐亚伟、陶长琪（2014）指出要素集聚可提高区域创新能力，以各省市为样本，以 GWR 模型分析了物质资本集聚、能源足迹强度、人力资本集聚、环境规制水平等对区域创新能力影响的空间分异规律。研究显示，物质资本集聚导致的资本深化，并未促进技术深化，未促进区域创新能力；人力资本集聚，通过溢出效应，强化了知识创造与知识获取的能力，明显促进了区域创新能力。人力资本集聚对区域创新能力影响的强度空间异质性较大[34]。刘军等（2010）以 1999～2007 年省级面板数据分析发现产业聚集对区域创新具有显著促进作用。高技术产业、传统产业聚集促进区域创新；多数资源依赖型产业聚集抑制区域创新[35]。

其他典型的文献还涉及研发合作、企业技术创新的主体性程度、知识转移等方面：侯健敏、党兴华（2010）通过文献计量，指出区域创新能力的两个重要影响因素是：研发合作和技术转移。研究显示：研发合作对企业技术创新能力、知识获取能力、知识创新能力具有显著作用，而技术转移对创新环境与创新绩效的作用显著[36]。杨伟等（2008）从投入、执行、产出、应用四方面，以描述统计与聚类方法对30个省区2005年数据进行分析发现：我国企业技术创新的主体性程度之区域差异显著，体现于总体水平与结构两方面。进而通过回归发现，此差异对区域创新能力影响显著[37]。李淑、夏宇（2012）以产学研合作、引进FDI等六种知识转移方式为指标，分析知识转移不同方式对区域创新能力的影响[38]。

部分文献综合地分析了诸多因素对区域创新能力的影响。王家庭、贾晨蕊（2009）通过Moran显著性水平图描绘了近年较稳定的区域创新格局：我国主要以环渤海、长江中下游为高创新能力的聚集区，以新疆、西藏、青海为低创新能力的聚集区。通过SEM实证研究发现，R&D资金投入对区域创新能力具有显著影响，但是影响力增速却渐缓，区域人力资本量与城市化率影响不显著，区域间的创新溢出受抑制[39]。魏守华等（2010）通过Furman国家创新能力的分析框架，以1998~2007年省级数据分析发现：区域创新能力受区域创新效率影响，而创新效率取决于区域的特定因素（含产业集群环境、对区外技术溢出的吸收能力、产学研联系的质量）[40]。王锐淇、张宗益（2010）根据实地调研资料，考虑到不同地域的科技创新的时空异质性特点，运用省际空间面板数据和面板分析方法对影响我国东、西部科技创新能力的因素进行了实证研究，并提出了有关建议[41]。石沛、蒲勇健（2011）研究发现：我国的区域创新能力对空间的依赖性日渐强化，空间集聚明显；研发投入、市场化程度等对区域创新能力的促进作用显著；人力资本与知识流动能力等对区域创新能力作用不显著；金融规模对区域创新能力的促进存在滞后期，而对外开放对区域创新能力有显著的负面影响[42]。邵云飞等（2011）根据内生经济增长模型，基于30省级区域的九年面板数据，以固定效用模型研究区域创新能力的内生影响因素。研究发现：惯性对于创新有着巨大的影响，说明创新与区域文化积累关系密切；我国高新技术产业的就业人数对区域创新活动是显著影响因素；专利弹性系数相比高技术产业就业人数的弹性系数更高，可见专利存量是新专利重要来源[43]。

三、区域创新能力的测度

诸多学者以各自的指标体系对区域创新能力进行了评价。陈广汉、蓝宝江（2007）以三种专利申请量来表征技术创新能力，并研究各省区1998~2005年的技术创新状况。由统计数据可知，各个省区的专利申请量大多增长态势良好，但是外观设计专利仍占绝大比重，发明专利所占比重最低，但这个比重在迅速提升。特别关注到，专利申请位居前茅的是北京、广东、上海、浙江，广东发明专利申请量在稳步上升并逐步超过其他省市[27]。甄峰等（2000）以因子分析法测度比较了沿海十个主要省级区域的创新能力[44]。柳卸林、胡志坚（2002）设计了创新能力指标体系对我国区域创新能力做出基本分析与判断，并对区域创新能力成因进行了分析[5]。中国科技发展战略研究小组（2003）依据区域创新体系框架设计区域创新能力指标体系。基于详细的数据对省级区域的创新能力进行分析[45]。周立、吴玉鸣（2006）采用因素分析和聚类分析结合的评估方法，对31个省级地区的创新能力进行评估与比较。研究表明，区域创新能力差别明显[46]。侯风华、赵国杰（2008）将区域创新能力划分成“当前”和“潜在”的创新能力，设计了区域创新能力测度体系，对东部10个省市创新能力展开了评价[47]。谢玲等（2010）吸收群决策与Bagging方法的思想提出新的评价方法——CIE方法，将各单一方法的评价结果综合集成，并提出具体步骤。并以2009年西部12个省级区域为例进行实证。研究结果显示，CIE法评价结果比主成分法、灰色关联、Topsis等六种单一方法的结果更科学[48]。

四、区域创新能力的分布与趋势

魏守华等（2011）由塞尔指数与区域基尼系数发现，我国区域创新能力有着明显的空间集聚特征，尤其向经济发达的东部集聚；以σ收敛与β收敛发现，区域创新能力总体呈现发散性，但东部、中部呈现收敛性[49]。曹勇、秦以旭（2012）以发明专利的申请量与大中型工业企业的新产品产值，测度区域创新能力，依据Theil系数模型，测度1990～2008年我国此两指标的区域差异变动。研究表明：发明专利申请量的区域差异变动，为S形曲线；大中型工业企业的新产品产值的区域差异变动，近似倒U形；区间差异与东部内部差异，在总差异里占主要地位。在此基础上，进而提出缩小区域创新能力差异的建议[50]。赵希男等（2009）为规避区域创新能力现有测评方法的不足，以基于个性优势特征的民主评价法用于31个省级区域的创新能力分析，从而为各地制定决策提供支持[51]。孙建（2010）基于区域经济收敛，采用参数和非参数方法，利用我国1996～2006年省际面板数据，分析区域创新能力的收敛性与收敛俱乐部特性。以区域万名科技人员拥有专利申请量表示区域创新能力，研究显示：区域创新能力有着条件收敛的特性；以区域每百平方公里的科学家、工程师人数约93人为门槛，我国的区域创新能力有着两大俱乐部的收敛现象；俱乐部内部的基尼系数、经典俱乐部收敛面板模型、面板数据非参密度估计，进一步验证了俱乐部收敛的存在[52]。魏守华等（2010）基于1998～2007年省级面板数据发现：我国的创新能力地区差距明显，且呈现出扩大化的趋势[40]。李习保（2007）指出我国区域间创新能力差别日益明显，以发明专利量衡量的创新产出，呈现出日趋空间集聚的现象。基于各省级地区1998～2005年面板数据的分析表明，区域创新能力差异日益扩大的动因，主要是地区间创新效率差异扩大，创新效率的影响因素有政府支持、创新主体构成、工业结构有关的创新环境。因为企业创新能力呈现区域集聚，伴随各地研发投入向以企业为主体转变，区域总体创新能力日趋空间集中。所以，创新主体构成的变化和企业创新能力地区差异，是导致我国区域绩效的集聚加剧的根源[53]。苏屹、李柏洲（2009）在分析国内外的研究基础上，从动态研究的视角，对区域创新能力的影响因素（“系统内在规律”“人、财、政策”“区域创新环境”）进行分析，发现区域创新能力不断增强，且呈现动态波动性。并构建了区域创新能力波动的测度模型[54]。

第三节　区域创新网络的相关研究

一、区域创新网络的内涵

区域创新网络，是由企业、高校、科研机构、政府、金融机构、服务与中介机构等主体协同创新的一种组织形式。建设优质的区域创新网络，将会极大地促进我国各地的技术进步与产业升级。

1912年，熊彼特在《经济发展理论》中首先提出“创新理论”。熊彼特的企业内创新，关注的是发明、开发、设计、中试、生产、销售等一系列过程的线性组合，这是狭义的创新概念。戴维斯（1971）扩展了创新的内涵，将经营管理、经济组织方式的变革也纳入创新的范畴[55]。德鲁克（1989）指出创新就是利用资源创造财富的行为，不仅包括技术创新，而且包括社会创新[56]。

Rothwell（1994）指出伴随着研发组织演进、创新企业战略一体化、创新过程电子化等趋势，创新日益网络化[57]。Camagini（1991）指出企业外部网络对企业发展与创新、区域经济发展具有重要作用[58]。Freeman（1991）将创新网络定义为服务于系统性创新的制度安排，信息技术的兴起激发了社会经济系统巨变从而催生了创新网络[59]。Freeman和Luc Soete（2009）认为新产品、过程、系统、服务的初次商业化是创新的内涵[60]。Economides（1996）指出创新网络的特征包括以创新为目的、多主体参与、多种资源流动、横向联系为主、具有开放性[61]。Rothwell 指出，网络创新模式是技术推动、需求拉动、交互模式、综合模式之后的新一代创新模式，是创新潮流的主导方向[62]。Cooke（1996）指出，创新网络基本关系包括互惠与互信、学习、伙伴关系与分权，互惠与互信是合作基础，学习是合作的过程，伙伴关系与分权是合作结果[63]。

对创新网络的研究，初见国家创新系统的研究，后延伸到区域创新网络。区域创新网络有着巨大的意义。盖文启、王缉慈（1999）指出在新技术革命与经济全球化大背景中，获取和保持区域竞争优势的关键在于区域的持续创新能力[64]。刘健（2006）认为区域创新网络是兼具市场和组织优势的中间性体制，既可解决外部的“市场失效”，又可以克服内部的“系统失效”。从方法论看，区域创新网络是当今经济中政府调控和自由放任的有机融合，是缩小区域差距、促进统筹发展的组织框架[65]。

区域创新网络，具有互动性、邻近性、根植性、开放性等特征，相关研究如下：

（一）网络互动性与邻近性

Lundvall（1992）认为，在区域创新网络中，创新是生产者与客户之间互动的过程，地理邻近、文化相近、共同语言等会有助于互动[66]。地理邻近性，是指组织间在地理距离上接近的程度，表征着企业所处地理位置关系（Whlttington et al.，2009）[67]。Almeida 和 Kogut（1999）基于美国半导体产业的数据发现，地理邻近对高新技术企业之间知识流动的作用显著[68]；但是，Darr 和 Kurtzberg（2000）指出地理集中的组织，可能有着相似的业务、战略、运营模式、社会文化，从而有着较为重合的知识，因而缺乏创造新知识的潜力[69]。Asheim 和 Jsaksen（2002）认为过度地理邻近性将使网络知识锁定，而融入外部世界、吸收外部新知，是解锁的有效方式[70]。Scott（2002）通过对好莱坞电影娱乐业的研究发现，非本地联系对创新具有正向作用[71]。Jaffe 等（1998）认为基于创新的高度分工与专业化的高水平协作，可以促进知识溢出，而且频繁地面对面交流与地理邻近，有利于合作关系的建立、维护[72]。Capello（1999）认为域内行为主体在互动中不断共同学习，可促进区域持续发展[73]。Cooke 指出区域创新网络内的互动可不断提升域内企业创新绩效[74]。

（二）根植性

Granovettor（1985）指出经济行为根植于社会网络与制度[75]。Harrison（1992）认为，企业创新网络的本土根植性对技术扩散至关重要，创新网络外部联结只有根植于当地才能利于区域发展[76]。Gulati 和 Nohria（2000）研究发现根植性可使隐性知识转化为域外对手难以复制的、编码化的知识优势，从而提升域内创新能力[77]。

（三）开放性

Cristina 和 Jan（2008）认为若局限于区域内则可能难以获得新知，高度创新的企业常与全球网络链接，在跨地域边界交流复杂知识[78]。Fiorenza 等（2010）认为开放式创新超越了企业边界、地域边界，显著提升了企业创新能力[79]。

二、区域创新网络的演进

创新网络的演化已经成为一个新的重要研究方向。演化动因方面，Glückler（2007）以达尔文进化论研究创新网络演进规律，认为演化受两种机制影响：①累积机制。它与网络历史有关，受初始环境与后继事件影响。②选择机制。在网络结构当前限制条件下，它与网络成员为获取网络收益的行为策略有关[80]。Hoekman等（2009）基于对欧洲 29 国知识溢出的研究显示，知识流动常发生于地理较近的节点之间，距离邻近是网络演进的第一因子[81]。Balland（2011）认为地理、组织和制度的邻近性促进创新网络演进，但是认知邻近性却有阻碍作用。国外研究也涉及演化形态方面[82]，Gay 和 Dousset（2005）考察了法国生物科技产业，发现其创新网络的演进，随技术发展分为若干阶段，每阶段都呈现出不同网络结构[83]。Knight 和 Pye（2005）发现创新网络将逐步演化为少数核心组织控制整个网络的格局[84]。

国内学者也做出了有价值的研究。易将能等（2005）研究区域创新网络（RIN）的演化阶段性，先分析 RIN 影响因素的阶段性，再提出 RIN 演化的阶段模式，并且分析了 RIN 演化每一阶段之内涵与任务[85]。王灏（2013）指出光电子产业具有多技术融合与产品用途广泛的特征，这决定了该产业的创新网络化。他基于德国柏林州—勃兰登堡州的光电子产业区域创新网络案例，借助复杂网络方法，阐述了丰富历史积淀、强大原生科研力量、中介组织对网络建构的作用。该研究发现，光电子产业创新网络的建构取决于产业特征与技术特征，网络密度在增长后趋稳。网络演化动力，由最初“织网人”撮合逐步转化成创新主体主动合作[86]。蔡绍洪等（2007）指出区域产业集群是一个复杂非线性系统，基于复杂系统自组织视角，以耗散结构和协同学理论，研究区域企业群落形成、企业群落向产业集群演化、区域创新网络形成等过程中的自组织机理与条件。认为在一定产业生态位下形成的产业集聚核，对于产业聚集和企业群落的生成起关键作用；非线性相互作用与支配原理，主导着企业群落向产业集群的进化；集群内子系统间非线性互动与激烈竞合达到协同，这种自组织机制，催生了高效、有序的区域创新网络[87]。韩志丽（2006）将非线性、动态性、不可逆的区域创新网络通过复杂性科学分析得出高新区发展区域创新网络的启示[88]。庞瑞芝等（2013）对比环渤海、长三角的区域创新网络，揭示出我国区域创新网络的一些问题[89]。

陈莉平、黄海云（2007）认为区域创新网络的效力发挥，与网络形成过程有关，并且受网络运行过程影响。构建了创新网络运行模型以描述传统产业和高新技术产业的区域创新网络的运行过程[90]。

三、网络成员

（一）对网络里中小企业的研究

盖文启、王缉慈（1999）指出高新技术产业的中小企业具有如下优势：持续技术创新、推动高新技术的产业化进程、易获范围经济等。但它们在发展过程中，面临融资难、企业合作薄弱、市场不公等难题，只有大力建构与优化区域创新网络，实现区域内主体紧密合作创新，才能提升中小企业创新能力，从而助推区域经济快速发展[91]。张玉明、王英姿（2009）指出在动态复杂的环境中，区域创新网络对中小科技企业获得发展资源、增强竞争力的重要意义。以部分山东中小科技企业为研究对象，基于调查问卷数据资料，分析了政府、高校与科研机构、金融机构、中介机构及科技企业之间的合作程度对科技企业发展的影响，指出在生命周期的不同阶段，应强化科技企业与外界不同节点的联系，从而推动中小科技企业顺利成长[92]。关士续（2002）指出高新技术产业在形成期与发展期的技术创新的重要特征之一就是：技术创新往往以大批科技小企业创业的形式来出现，这也是硅谷创新的特征之一。他把技术创新视作“创造性建构”过程，分析了创新企业在创业进程中创新主体角色的转移[93]。李森森、刘德胜（2014）基于山东科技小微企业问卷调查，探究区域创新网络、企业集群与科技小微企业发展的关系。研究发现，区域创新网络对中小科技企业的规模、生存状态、成长潜力、盈利能力、营运能力等有着显著影响，但是，不同区域创新网络因子对于科技小微企业发展的贡献有着一定的差异，企业集群起了催化剂的效用[94]。钟敏（2009）认为中小企业是区域创新的主体，提高它们的自主创新能力为当务之急。根据中小企业创新的现状及主要问题，从区域创新网络视角可以设计出合适的创新动态联盟，这是中小企业自主创新的有效路径[95]。

（二）对孵化器的研究

葛传斌等（2003）分析孵化器如何催生出区域创新网络，并提出强化科技孵化器催生区域创新网络功能的对策[96]。阎明宇（2014）指出孵化器对新创企业具有重要作用，创新集群可为新创企业提供所需外部资源。从入孵企业视角分析创新集群创业网络与孵化器绩效的关系。以大连高技术产业园孵化器为对象，用问卷调查、结构方程法等获取并分析数据，发现创业网络对入孵企业的创业绩效具有正向影响，知识转移与孵化环境在此两者关系里起到中介和调节作用[97]。马鹤丹、邱国栋（2010）认为区域创新网络为孵化器、科技企业、风投构成的孵化体系提供了外部资源，并且从关系性嵌入、结构性嵌入这两方面，研究孵化体系在区域创新网络中的嵌入[98]。

（三）对网络中政府的研究

王子龙、谭清美（2003）从政府作为区域政策创新主体的节点的定位入手，对网络中政府职能进行了初步分析[99]。巨文忠（2004）认为行政边界、区域创新体系间，既对应又不对应，地方政府应积极推进本地创新体系建设，而且要建设跨区创新网络。在地理邻近性与经济关联性等基础上，可建构起“中心城市、都市圈、大区域”的三级区域创新体系[100]。

四、相关因素

（一）关于知识溢出的研究

王子龙、谭清美（2004）认为在区域创新网络内，存在正式或非正式互动学习，这使网络内各成员的研发活动形成知识溢出的效应。建立知识溢出模型后，发现区域创新网络的知识溢出呈螺旋上升的态势，知识溢出带来集聚经济、规模经济，但是也导致域内产品雷同、网内企业竞争加剧。问题的解决之道，是使溢出效应外部性变为内在化。内在化的过程，就是使厂商成本等同于社会成本的过程，也是借助外力调整企业生产函数的过程，具体而言有政府进行干预、产权制度安排、进行道德约束等[99]。桂黄宝（2008）研究区域创新网络的内部知识溢出效应，关注知识溢出的市场调节。指出在一定制度中，市场会调节知识溢出并达均衡状态，这将推动区域创新网络螺旋发展，并在此基础上剖析了知识溢出与知识吸收循环过程[101]。马鹤丹、韩晓琳（2014）指出在区域创新网络中，企业可利用知识溢出从外部进行知识获取，从而推动知识持续创新。在对知识溢出来源和渠道进行总结的基础上，以演化博弈对知识溢出平衡机理进行分析，提出完善与商业秘密相关法规、建立防范机制来维持知识溢出均衡等建议[102]。

（二）关于网络中社会资本的研究

施建刚、唐代中（2007）鉴于区域创新社会化特征日益突出，分析了区域社会资本特征和区域创新网络运作机制，并剖析了社会资本和区域创新之间的关系：积累区域社会资本会增进良好的区域创新氛围，从而推动区域创新网络的建设[103]。

（三）关于主体互动的研究

徐艳梅、于佳丽（2010）指出作为区域创新网络典型形式的科技园，其创新呈现非线性特征，提升创新能力的关键是各主体互动与网络织就。网络内各种作用机制联结起各离散个体，此作用机制的非线性导致园区创新非线性。区域创新网络可分为核心层、次核心层、辅助支撑层，各层级相互作用，共同推动了园区创新[104]。

五、网络建设路径

许辉（2013）分析了区域创新网络的协同创新机制与保障机制，提出网络构建的建议：探索校地合作、创新网络合作治理、推进建设创新服务平台、创新金融服务、搭建多层次资本体系、优化风投体系、完善法规制度、培育创新文化氛围、打造网络软环境[105]。夏辉、夏光（2008）指出“三区联动”是大学校区、科技园区与公共社区三者紧密结合、互动发展的区域创新网络，分析“三区联动”区域创新网络在城市创新系统中的地位和作用，最后分析如何将之与城市创新系统进行高效对接，以提高“三区联动”区域创新网络以及城市创新系统的创新能力[106]。曹群（2005）针对我国创新网络关系中企业与大学、政府间互动较弱的现状，基于产业群提出了构建区域创新网络的设想[107]。汪少华、汪佳蕾（2007）指出我国产业集群中的众多企业依托集群的网络平台纷纷嵌入全球价值链，因而获得了成功，但是也出现一些问题。针对浙江传统的特色产业群，从区域网络角度分析了集群高级化路径与问题，并基于实证与案例研究设计了以产业集群为立足点的区域创新网络发展模式[108]。曹瑄玮（2007）在描述区域创新网络构成、目标、任务之后，揭示出区域创新网络实现路径创造的两种基本途径[109]。刘健（2006）深入分析了区域创新网络之现实效应，并探讨了建设区域创新网络的路径选择[110]。

第四节　创新网络特征对科技创新影响的相关研究

一、联系强度与科技创新

联系强度，是各网络单元互相联系的强弱程度。Granovetter（1973）将其定义为在单元互动中时间情感投入度、信任度与互惠度等的混合体。

联系强度对于创新绩效的正向效应，得到多数研究者的认同。Uzzi（1996，1997）基于纽约服装业案例认为，强联系衍生的信任促进创新绩效；Hsu（1997）考察新竹高新技术产业后，认为强联系促进单元深度互动从而利于创新；Rosenkopf 和 Almeida（2003）从半导体业发现，与异地伙伴的强联系帮助自身扩大本来局限于本地的视野，因而有利于创新。Ritte 等（2003）对德国样本测度企业技术协作的联系强度，认为联系强度对企业技术创新具有正向作用；Bengtsson 等（2004）研究瑞典制造业企业样本后发现，在产业链中企业前向强联系利于企业创新，后向强联系也如此；Tiwana（2008）认为强联系促进知识整合，因而促进企业创新。Fabrizio（2009）分析生物制药行业数据后发现，与高校之间的强联系促进企业创新。Eisingerich、Bell 和 Tracey（2010）考察了加拿大、奥地利的部分产业，发现联系强度增进集群创新绩效。曾德明等（2015）以元分析法对近年国内外网络强度和企业创新关系之研究进行再统计，发现网络强度对企业创新有着显著的正向影响。进而分析了不同类型的网络强度分别对创新的影响：商业网络强度、技术网络强度都对创新呈现显著的正向影响，且技术网络强度的影响要大于商业网络强度。此外还发现在东方文化背景下，或在传统制造业，或在服务业中，或在发达地区，网络强度对创新影响更为显著[111]。蒋天颖等（2013）基于浙江五产业集群研究发现网络强度对集群创新绩效的正向影响[112]。王燕妮等（2012）发现汽车企业的垂直创新网络对创新起重要作用[113]。

当然，部分学者发现过强的联系反而可能不利于创新。Molina - morales 等（2009）考察西班牙巴伦西亚的企业后发现，群内互动与信任对创新产生倒 U 形效应，也即达到拐点之前，联系强度与创新正相关，但在拐点之后，却呈现出负相关的特征。Uzzi（1997）考察美国纽约服装企业的结果也支持这个结论。

与强联系相比，弱联系也会有它的优势。Liao 和 Welsch（2000）基于美国中小企业数据发现：弱联系使非技术型企业易得适度的知识、信息，且维护关系的成本较低，因而有利于企业创新。Rowley 等（2000）发现强联系有利于渐进创新，因而钢铁产业的强联系有利于绩效，而半导体产业弱联系有利于企业绩效，因为弱联系更有利于突破性创新。Kraatz（1998）认为弱联系可增强组织灵活性，强联系易产生网络锁定效应。蔡宁、潘松挺（2008）搭建了网络关系影响技术创新的机理框架，并通过对海正药业 50 年创新历程实证研究发现：关系强度与创新模式有着耦合性，弱关系因低成本与低信息冗余度特点，能提供丰富异质信息，可促进探索式创新；强关系经由企业间信任而传递复杂的知识，有助于利用式创新。从动态来看，企业网络关系强度与技术创新模式间协同演化，强度动态变化将影响创新模式，技术创新模式的选择需根据关系强度相应转变[114]。李浩和胡海青（2014）对 157 家企业进行实证研究发现：关系强度与渐进式创新的关系呈正相关，而与突破式创新的关系呈现弱负相关。技术不确定性，能强化关系强度与突破式创新之间的负相关，而减弱关系强度与渐进式创新之间的正相关；市场不确定性，可弱化关系强度与突破式创新之间的负相关，强化关系强度与渐进式创新之间的正相关[115]。谢卫红等（2015）以珠三角企业为对象研究发现：①强关系、弱关系对渐进式和突破式创新，都有显著的正向影响。②时间节奏，对强关系、弱关系与渐进式创新的关系，对强关系与突破式创新的关系，都有着完全中介的作用，而对弱关系与突破式创新的关系，有着部分中介的作用。③环境动态性，对弱关系与突破式创新的关系，有着显著正向调节的作用[116]。

二、联系广度与科技创新

Laursen 和 Salter（2006）认为，联系广度是创新企业的异质外部知识源或合作渠道的数量。Liming 和 Aram（1995）基于对中关村科技园区的研究认为，企业多样化的网络联系有助于获得丰富异质资源。Uzzi（1998）对美国的一些产业区研究发现，多样化联系促进异质信息的获得。Staber（2001）认为面对复杂环境，企业需获得异质信息和资源，因此需要较大的联系广度。

Burt（2000）认为，企业联系广度越大、多样性越高，就越易得到异质知识，从而促进创新。Boschma 和 Ter Wal（2007）研究意大利南部地区鞋业后发现，多样化的异地知识联系可促进对企业创新。Lavie（2007）认为多类型伙伴是异质知识源，能促进企业创新。Tsai（2009）的研究也支持这个结论。

但是，部分研究显示，若联系广度过高可能会抑制创新。例如，Laursen 和 Salter（2006）基于英国制造业的研究显示，联系广度与创新绩效的关系呈倒 U 形。Deeds 和 Hill（1996）研究美国生物技术网络后也支持这个结论。

三、中心度与科技创新

中心度代表着某个网络单元在网络中的重要性。Krackhardt（1992）认为在网络内中心单元具有较高非正式权力。在中心度的度量方面，郑登攀、党兴华（2010）将社会网络中心度测量方法——波纳西茨中心度，应用在技术创新网络中的创新主体中心度的测量，而且结合对创新主体之间的关系分析给出了耦合中心度的测量方法。对案例的研究结果表明，相较于波纳西茨中心度，耦合中心度更适合对技术创新网络创新主体的中心度测量[117]。张晟剑、胡仁杰（2013）根据社会网络理论，对企业技术创新的合作网络，分别选择节点中心度、紧密中心度与间距中心度这三方面对网络中心度进行了分析，得出有意义的启示[118]。

学者们大都认为，中心度能正向影响群企业创新。中心企业可以多渠道获得重要信息，与合作者形成特殊信任（Uzzi，1996）。Boschma 和 Ter Wal（2007）对意大利某地鞋业研究显示，中心度显著正相关于创新绩效；Tiwana（2008）的研究也表明，高中心度的企业通过桥联结提升企业创新能力。Wellman（1983）的研究认为中心单元有更便利获取资源的优势；Talmud 等（1999）基于以色列软件企业的研究发现，中心位置有助于获得网络租金而促进创新；钱锡红等（2010）基于深圳 IC 产业的典型企业的问卷数据研究发现，位于网络中心的企业要比位于网络边缘的企业从间接联系中获得更少的创新收益[119]。

然而，研究表明随着中心度提升超过了拐点，可能不利于创新。Ferrian、Cattani 和 Baden-Fuller（2009）基于好莱坞影视业的研究表明，中心度收益开始时增加，但当中心度提高到一定程度时，收益递减。Gilsing 等（2008）也发现了中心度与创新绩效的倒 U 形相关关系。曾德明（2012）指出，就探索式的创新而论，网络中心度与探索式创新绩效的关系为倒 U 形：因为，高中心度的企业在网络中可以接触到更为多样化的知识源，有着信息和控制优势，可以吸引更多的优质合作伙伴，从而有利于探索式创新；但是，中心企业作为行业领导者和网络规则的制定者，较容易受网络规则的约束，探索式创新所需知识往往需要对原有知识偏离，因此中心度上升到一定程度，将会阻碍探索式创新。因此，当开展探索式的创新时，适度提升网络中心度可助推创新绩效，但网络中心度高到负面效应大于带来的优势，就会抑制探索式创新。就利用式创新而论，中心度与利用式创新的绩效有着正相关的关系。当中心企业拥有更多连接，能有助于知识转移，且对网络资源享有较大调配力，从而有利于促进利用式创新[120]。

四、关系持久度与科技创新

关系越是持久，越易形成高质量互动，从而促进创新。Uzzi（1997）通过对纽约服装产业的研究发现，持久合作能减短产品开发期，促进信息流动，便于开发出合乎需求的产品。Powell 等（1996）基于对美国部分药企的研究显示，合作关系持久有利于企业产品创新。武志伟和陈莹（2008）基于江苏 148 家企业数据发现，关系持久性和关系公平性对合作绩效的提升表现出明显的正向作用。但是，也有相反的结果被发现[121]。周立新（2010）基于浙江、重庆等省市 266 个家族企业数据表明，关系持久度会对知识的转移形成显著负影响，若家族企业和其他企业的合作越长久，就越阻碍家族企业从网络中吸收新知，因为长期合作的较高成本使关系持久度与知识的转移具有负相关关系[122]。

五、关系质量与科技创新

关系质量，是指双方合作质量的好坏程度。Hakansson 等（1982）的研究表明与合作伙伴的关系质量高，则有益于获得市场和技术信息。Kaufman 等发现良好的合作关系可促进技术创新。Gulati（1999）认为，良好的合作关系对开发风险高、投入大和周期长的研发项目特别重要。Hagedoorn 等（1994）发现在高技术产业，建设良好合作的关系目的之一就是实现企业可持续的创新。张首魁和党兴华（2009）基于西安、南京高新技术开发区的高技术企业的调查数据，发现弱联结强度与好的关系质量的组合，促进合作创新的企业间知识的转移[123]。徐建中、吕希琛（2014）在转型外包合作的情境中，构建了关系质量对外包创新绩效的影响模型，根据外包知识特性，重点关注了业务知识的模块化对模型产生的调节效应。通过结构方程和层级回归分析的研究发现，关系质量三维度（耦合、互动、持久）分别对合作创新绩效有着正向影响，业务知识模块化在关系质量与创新绩效的关系中起着调节作用[124]。

六、网络规模与科技创新

网络规模越大、关系数量越多，越是有利于创新。Shan 等（1994）基于对生物制药企业合作关系的研究显示，网络规模显著正相关于创新绩效；Aldrich 等（1987）通过对创业型企业的研究发现，网络规模与其创业绩效正相关；Batjargal（2003）基于俄罗斯的数据也发现，企业网络规模越大绩效越好。魏江等（2014）基于对某医药企业 20 年的发展历程，研究了它的研发网络特征对产品创新的作用。结果显示，焦点企业的网络特征，会对其产品创新绩效产生正向的影响。相较于网络规模小、封闭、资源单一的网络，网络规模较大、开放、资源异质性较高的研发网络，能为企业带来高创新绩效[125]。任胜钢等（2011）搭建了区域创新网络的特征的测度体系，基于统计年鉴数据通过回归分析探析了网络六维度的特征对创新能力的影响机理，结果显示网络规模等对区域创新能力有着显著正向影响[126]。王晓娟（2008）研究发现，知识网络规模仅对集群中小企业的创新绩效有着正向影响，对大企业创新之影响不显著[127]。辛晴和杨蕙馨（2012）基于沿海发达地区的 244 家企业数据研究发现，网络规模等对技术创新和管理创新产生显著影响[128]。

七、网络异质性与科技创新

Harrison（1994）基于硅谷产业区内制造企业的研究表明，企业创新速度正相关于网络异质性；Franke（2005）指出网络成员特征异质性越强，资源差异性就越强，进而可为创新提供更多选择或要素组合。常红锦、仵永恒（2013）基于西安 104 家高新技术企业问卷调查进行研究，发现网络异质性对企业创新绩效有着正向效应，而网络密度强化了网络异质性对创新绩效的影响[129]。杨隽萍等（2015）研究了异质性（网络异质性、知识异质性）对新创企业的创新的影响，而且通过 SECI 模型，研究了从网络异质性转化成知识异质性的过程。研究发现，知识的异质性对创新产生积极的正向影响，网络的异质性对创新的作用兼有直接与间接影响（通过知识异质性）[130]。任胜钢等（2011）根据网络结构嵌入理论分析了网络结构的不同维度对企业创新的影响。基于有关企业的 331 份样本数据对理论模型进行检验。研究表明，网络异质性会对渐进式创新形成负向影响，但是它对突变式创新会形成正向影响[131]。辛晴、杨蕙馨（2011）基于沿海发达地区的 244 家企业数据研究发现，网络异质性对技术创新和管理创新产生不同影响[132]。

八、综合特征与科技创新

于明洁等（2013）指出区域创新效率对区域创新能力有着关键影响，而区域创新网络结构则直接影响着创新效率的高下。运用随机前沿方法，分别从规模、开放、结构洞与链接四方面研究网络结构对创新效率的影响。研究表明，这些方面对区域创新效率有着不同程度的影响[133]。李向阳（2014）着眼于网络化的区域科技创新，阐述网络规模与网络链接等网络结构特征对于创新的影响。基于数据包络法测算了省级创新网络结构的有效性。结果显示，网络规模、结构洞的冗余性等是省级创新网络结构的主瓶颈。并提出了网络结构优化的以下建议：建设以企业为核心的区域创新网络、积极发展科技中介服务、推进产学研联盟[134]。贺灵等（2012）从协同理论角度，分析了创新网络要素及其协同对区域创新绩效的影响。运用协同度模型测量各省区创新网络的要素协同能力，而且实证研究了要素及其协同能力对区域创新绩效的影响。研究结果显示：各区域创新网络的要素协同度、创新绩效显现改善趋势，但是总水平较低；创新要素包括全面协同、创新主体素质、政府支持力度、金融机构及技术中介的服务水平、知识转移与应用效率等，对区域创新绩效有着显著的正向影响。硬环境与可测软环境的作用在10%水平上显著。创新文化的地区差异性，对创新绩效影响显著，且此影响随时间而增强[135]。陆立军、郑小碧（2007）基于问卷数据，对于浙江三类经济区，分析了创新网络联结度、创新绩效、经济发展差异之间的相关性。研究显示，以企业研发中心为创新极且联结而成的区域创新网络及其联结度，对区域发展有着显著影响。三类经济区的创新网络联结度的梯度差异，导致浙江不同经济区的创新绩效和经济发展出现差异[136]。刘家树等（2013）基于复杂网络理论，提出了对区域创新网络集聚程度进行测度的方法，并进而分析我国区域创新网络的集聚效应。研究发现：各创新网络的集聚系数有着较大差异；网络集聚对创新能力的正向影响显著[137]。

第五节　文献简评

以上文献综述涉及区域创新能力、区域创新网络、区域创新网络特征对区域创新能力的影响三个方面。区域创新能力相关文献，主要涉及内涵、影响因素（FDI、智力资本、研发投入、服务与中介、创新环境、聚集等）、能力测度、能力分布与趋势等方面；区域创新网络相关文献，主要涉及内涵、演进、网络成员（中小企业、孵化器、政府等）、相关因素（知识溢出、社会资本等）、网络建设路径；区域创新网络特征对创新能力的影响相关文献，主要涉及联系强度、联系广度、中心度、关系持久度、关系质量、网络规模、网络异质性等对区域创新能力的影响。

上述文献研究内容丰富、研究方法多样，取得了大量研究成果。但是，相关领域的研究仍有进一步的拓展空间。

首先，以上关于网络特征的文献，多集中在微观层次的创新网络特征（如网络异质性、联结强度、联结持久度和网络中心度等），这些并非都很适合中观层次特征的刻画，中观区域创新网络与微观网络应具有不同的观察侧重点，而现有文献对中观层次行政区域（如省级区域）的网络特征却关注不多，因此有待进一步拓展。有哪些中观特征得关注？如何度量它们？它们对区域创新能力的作用机理如何？能否得到实证验证？这些问题值得深入研究。

其次，随着我国创新能力不断提升，区域创新战略正在由单纯跟随型逐步转变为局部赶超型。实践的新进展，呼唤着区域创新网络特征理论研究的同步前行。为适应各地在新历史阶段的创新任务，区域创新网络特征应具有什么新特征与新概念？内涵是什么？如何测度？它影响区域创新能力的机理是什么？这些需要深入的机理研究与实证检验。

最后，在提升区域创新能力的对策研究方面，需要更多的新思路，尤其是新的系统性方案，这需要着力探讨。

第三章　创新元高度、网络交互度对区域创新能力的影响机理

区域创新网络特征可分为创新元高度与网络交互度，后者是原有一般网络特征体系的综合，而前者则是新的特征概念。创新元高度对区域创新能力的影响特别重要。虽然区域创新网络的良好网络交互度对于区域创新能力会有促进作用，但是我们可以看到，在同样开放度、同样竞争度或同样耦合度的情况下，具有高学研高度、高产业高度、强产权活力、强创新倾向的创新元的区域创新网络，会因为创新元强大的创新能量，而具有明显更强，甚至远远更强的创新能力。在这方面，令人印象深刻的是，中国的创新先锋城市深圳、苏州、无锡等地在提升学研高度方面做出的巨大而崭新的努力、高新技术产业的狂飙发展、民营经济的发达（包括苏州的后发先至）、创新倾向的强烈。因此，为反映实践的新进展，有必要深入研究纳入新概念“创新元高度”的区域创新网络特征体系对区域创新能力的影响机理。

第一节　创新元高度、网络交互度与区域创新能力的关系概述

“创新元高度”是指区域创新网络中企业、学研机构的机能、质量的优秀程度。①若当地集群企业的机能越强、质量越高，为获得更大市场与更高利润，它们就具有越强烈的创新动机，越能高效率地整合与利用创新资源，从而更高效地进行知识创造；并且集群企业作为科技创新产业化的直接载体，其机能越强、质量越高，就越能高效地促进科技创新产业化；同时，当地集群企业的机能越强、质量越高，也越能高效地向当地学研机构传递蕴含科技创新机遇的市场信号，从而提升当地学研机构知识创造能力。因此，集群企业机能越强、质量越

高，就越有利于区域创新能力的提升。②若当地学研机构的机能越强、质量越高，就越善于整合与利用创新资源，越善于进行高端知识创造；并且若学研机构机能越强、质量越高，越能以自身品牌效应吸引当地乃至域外企业前来寻求创新支持与合作，因而越能高效率地促进当地集群的科技产业化。因此，学研机构机能越强、质量越高，就越有利于区域创新能力的提升。③总之，包含集群企业与学研机构的当地创新元，其高度越高，就越有利于区域创新能力的提升。

“网络交互度”是指区域创新网络单元之间互动、单元与网络外部之间互动的质与量的表现。若网络交互度越高，就越有利于创新相关的知识、信息、资本、物质在网络单元间、内部单元与网络外部间更高效地传递、碰撞、裂变、融合，因而越有利于当地集群的知识创造与科技创新产业化，从而有利于区域创新能力的提升。

网络交互度对区域创新能力的影响，不仅有上述直接影响，而且还通过提升创新元高度来促进区域创新能力：若网络交互度越高，就越有利于当地集群企业与学研机构在发展壮大过程中，能获得更多的外源能量、物质与内源能量、物质（网内流转或聚裂变生成），这使创新元机能与质量得到提升，也即创新元高度提升。网络交互度提升所致的创新元高度提升效应，如前所述，会进而提升区域创新能力。也即创新元高度在网络交互度与区域创新能力间起中介作用。

以上是对创新元高度、网络交互度与区域创新能力的关系的整体概述（见图3－1）。在本章后续部分将对相关细分影响机理进行阐述，并进行综合推论，而且后续机理研究，都将基于前文所述双翼齐飞模型中的产业价值链与创新轨链路径来逐一展开。

后续机理研究顺序如下：在第二节阐述创新元高度影响区域创新能力的机理，先分别探讨创新元高度分量——学研高度 U、产业高度 I、产权活力 P、创新倾向 R 的影响机理，再将上述分机理进行综合，推论创新元高度综量 G 的影响机理。在第三节阐述网络交互度影响区域创新能力的机理，先分别探讨网络交互度分量——开放度 W、竞争度 J、耦合度 H 的影响机理，再将上述分机理进行综合，推论网络交互度综量 D 的影响机理。在第四节阐述创新元高度在网络交互度与区域创新能力间的中介效应机理，先探讨创新元高度分别在开放度 W、耦合度 H、竞争度 J 与区域创新能力间的中介机理，再将上述分机理进行综合，推论创新元高度在网络交互度综量 D 与区域创新能力间的中介机理。

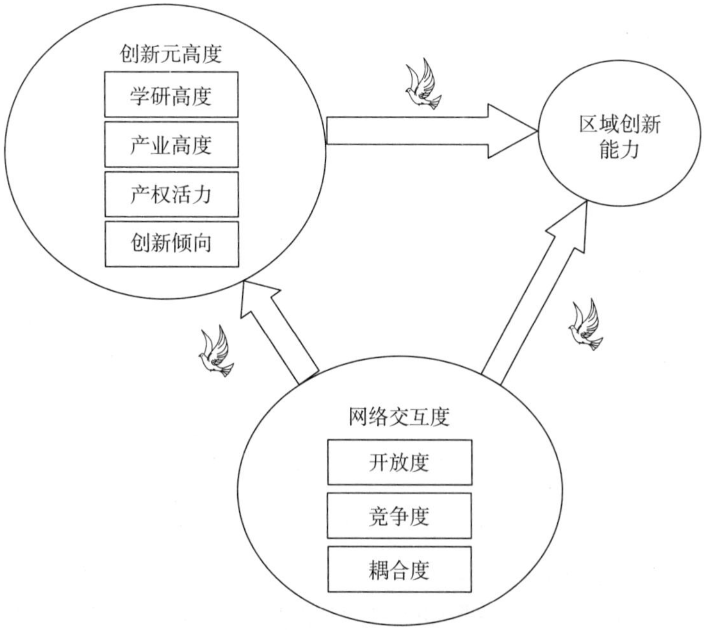

图 3-1　创新元高度、网络交互度对区域创新能力影响机理逻辑

第二节　创新元高度影响区域创新能力的机理

以下先从创新元高度分量学研高度 U、产业高度 I、产权活力 P、创新倾向 R 四个侧面展开分机理分析，然后再进行分机理综合，推论出创新元高度综量 G 的影响机理。如图 3-2 所示。

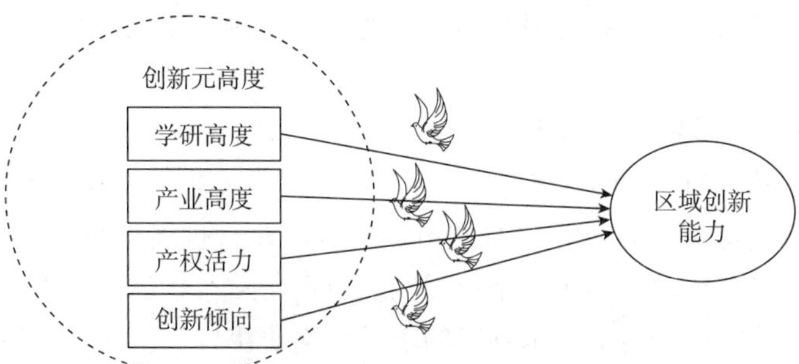

图 3-2　创新元高度影响区域创新能力的机理的阐述逻辑

一、分机理 1：创新元高度分量学研高度 U 的影响机理

（一）基于产业价值链的机理

从特定产业链节看（相当于图 1－4 的 X、Y、Z 链节中的某一个）：一个地区的学研机构高度越高，越能吸引当地创新型企业的关注与合作，也越能吸引域外创新型企业进入本地以利用当地学研资源。于是，学研机构就越能吸收这些企业传递的市场信息，因此学研机构的科技创新成果就越能顺应甚至领导市场潮流，这就越能推动当地产业集群的工艺升级、产品升级，或帮助当地集群克服链主设置的进入壁垒而实现功能升级。这样就能帮助集群占据更高附加值的价值环节，从而集群获得更高利润，有更多资金投入研发，进而提升区域创新能力；而且，集群企业也将向当地政府提供更多财政收入，使政府有更多资金投入学研机构，进而提升区域创新能力。

从特定子行业链看（相当于图 1－4 的 Ⅰ、Ⅱ 子产业链中的某一条）：学研高度越高，越能帮助当地集群企业（假设在 Y 产业链节）在与下游企业（假设在 Z 产业链节）的纵向竞争中获得非标准化产品的供应优势，提高客户转换成本，提高纵向竞争中的市场势力，从而在上下游价值分配中获得更大份额，进而提升集群利润；在与域外企业（假设也在 Y 产业链节）的横向竞争中，当地学研高度越高，越能帮助当地集群企业产生成本优势或差异化优势，进而获得更大市场份额与利润。集群企业更高的利润，将直接提升企业研发投入，或通过政府财政增加学研机构研发投入，从而提升区域创新能力。

当集群企业面临链条升级，需从（图 1－4 中的）子产业链 Ⅰ 转入子产业链 Ⅱ 甚至从 α 产业转移到其他产业（如 β 产业）时，当地学研高度越高，其知识与能力池就具有越丰富的多样性，学研机构知识变轨的动态能力越强，越能克服当地集群的知识资产专用性，迅速将未来产业路径的虚拟集合，较迅速地择优转化成现实，找到最优生态位，从而成功实现链条升级，获得更高利润。这将直接提升企业研发投入，并间接提升当地政府对学研机构的投入，从而提升区域创新能力。

（二）基于创新轨链的机理

从特定创新链看（如图 1－5 中的 B_1）：如果当地集群所在技术创新链 B_1 的主要创新动力是市场拉动，B_1 需求端市场信息所蕴含创新信息向生产制造传递，再进一步向研发端传递。当集群企业因响应市场所致科技创新机遇而出现知识缺口时，就会向学研机构传递技术创新的信号。学研机构高度越高，就越能迅速而充分地响应此创新需求，迅速帮助企业进行知识补缺，从而实现集群企业与学研机构自身创新能力的提升，当然也就实现了区域创新能力的提升。

如果当地集群所在技术创新链 B_1 的主要创新动力是技术推动时，学研机构高度越高，其基础研究的知识基础就越深厚，就越能为应用研究开辟突破性创新道路。当学研机构与集群企业交互时，突破性新知识在它们间相互循环增进，不断涌现，从而促进区域创新能力的飞速提升。

从世界技术格局看，核心技术往往掌握在发达国家手中，而且他们往往以国际标准与专利网对核心技术进行层层包裹，形成强大的技术防护墙。在当地集群从外围技术（如图 1－5 中的 B_1）逐步深入核心技术（如图 1－5 中的 B_2）时，就会遭遇到发达国家的技术壁垒与技术霸权。当地学研机构高度越高，就越能通过自身研发或帮助当地集群企业研发，破解或绕开专利壁垒，实现区域创新能力的长足发展。

当地方集群面临技术范式突变、技术变轨（如从图 1－5 中的 A 跳跃到 B）时，学研机构高度越高，越能及时弥补高阶范式与原有范式的知识缺口，并将知识传递给集群企业，帮助它们迅速响应并适应新的技术范式，从而提升区域创新能力。

如果当地集群要跳跃到一个全新的产业技术领域（如在图 1－5 中脱离 A－B－C），就需要丰厚的多元化知识储备。学研机构高度越高，它的多元化储备就越丰厚，当集群有跨产业技术的需求时，学研机构就越能迅速响应，并将自身原本薄弱的知识模块迅速地强化与扩张，迅速地完成知识结构转换，并引致集群企业知识结构转换，从而促使区域创新能力在全新领域迅速成长。

基于以上分析，可提出如下假设：

Ha_1：学研高度正向影响区域创新能力。

二、分机理 2：创新元高度分量产业高度 I 的影响机理

在高新技术产业对区域创新能力的影响方面，刘军等（2010）基于 1999～2007 年省级数据的研究表明，高新技术产业聚集有利于区域创新[35]。江静、刘志彪（2007）以江苏为例指出应发展高新技术产业以增强企业的创新能力[138]。邵云飞等（2011）对 30 个省市九年数据分析发现：高新技术产业的就业人员数为区域创新的显著影响因素[43]。其他学者也做了相关研究。综合以上文献研究结论，并结合深圳、苏州、无锡等地区域创新能力与高新技术产业协同跨越发展的成功实践，本书初步认为产业高度对于区域创新能力的影响有着正向的影响。影响机理如下：

（一）基于产业价值链的机理

从特定产业链节看（相当于图 1－4 的 X、Y、Z 链节中的某一个）：①产业高度越高，高新技术产业越发达，其创新机会比低技术产业机会就越多，就越可

不断开发出细分市场，甚至创造出新需求，就越有助于当地集群工艺升级、产品升级，从而以更高的市场价值与利润，直接为企业自身以及通过财政贡献间接为学研机构带来更多研发资金，从而促进区域创新能力提升。②鉴于高新技术产业相对于传统非垄断性产业的较高附加值，当地产业高度越高，越可消化我国各地日益高企的生产成本（我国部分地区的生产成本正在直逼发达国家），从而获取足够利润以支撑区域创新能力的提升。③比起传统行业，高新技术产业的新科技层出不穷、创新机会比较多，因此当地集群企业在功能升级时，高新技术产业集群打破价值链链主压制的概率较大，更有利于功能升级的实现，以更高市场价值与利润进而研发资金促进区域创新能力提升。

从特定子行业链看（相当于图 1-4 的Ⅰ、Ⅱ子产业链中的某一条）：①产业高度越高，高新技术产业相对于传统产业更多的科技创新机会，越有助于当地集群企业（假设在 Y 产业链节）在与下游企业（假设在 Z 产业链节）的纵向竞争中，获得非标准化产品的供应优势，提高下游企业的转换成本，进而在于上、下游价值分配中获得更高利润以增加区域研发投入，从而提升区域创新能力。②在与域外企业（假设也在 Y 产业链节）的横向竞争中，产业高度越高，当地高新技术产品越能以不可替代的差异化功能占领发达国家市场与渠道，从而形成更高利润、更高区域研发投入，进而提升区域创新能力。

当集群企业面临链条升级，需从（图 1-4 中的）子产业链Ⅰ转入子产业链Ⅱ甚至从 α 产业转移到其他产业（如 β 产业）时，当地产业高度越高，能力池、知识库、高科技人才库的储备就越是充足，越容易打破当地集群的成长上限，实现链条升级，找到最优生态位，从而形成更高利润、更高区域研发投入，提升区域创新能力。

（二）基于创新轨链的机理

从特定创新链看（如图 1-5 中的 B_1），如果当地集群所在技术创新链 B_1 的主要创新动力是市场拉动，当地产业高度越高，高新技术产业越发达，相较于传统产业，越能以其巨大技术创新空间为商业创意提供无限可能，产生海量新需求信息，经由营销环节向生产制造环节传递，再向研发端传递，促进当地集群高频、丰富的科技创新，提升区域创新能力。

如果当地集群所在技术创新链 B_1 的主要创新动力是技术推动时，产业高度越高，其知识基础就越前沿，其基础研究、应用研究就越逼近技术复杂系统的临界状态，一个小的科技发明或发现，最终可能演化成巨大的科技突破，推动区域创新能力跃变。

在当地集群从外围技术（如图 1-5 中的 B_1）逼近核心技术（如图 1-5 中的 B_2）而遭遇发达国家技术壁垒与霸权时，高新技术产业比起低技术传统产业，更容易涌现层出不穷的科技机会，利于当地集群快速突围，提升区域创新能力。

当地方集群面临技术范式突变、技术变轨（如从图1－5中A跳跃到B）时，高新技术产业比起传统产业，有着更多的创新机会窗口，集群企业发展高新技术产业，比发展传统低技术产业，更容易捕捉到科技创新机会实现科技变轨，更快提升区域创新能力。

如果当地集群要跳跃到一个全新的产业技术领域（如在图1－5中脱离A－B－C），需要丰厚的多元化知识储备，产业高度越高，当地集群覆盖的知识门类就越多，多元化储备越丰厚，比低产业高度的集群可更容易完成知识结构转换，更迅速打开新产业技术领域的创新能力提升空间。

基于以上分析，可提出如下假设：

Ha_2：产业高度正向影响区域创新能力。

三、分机理3：创新元高度分量产权活力P的影响机理

在所有制（民营与国有企业）对区域创新能力的影响方面，葛亮等（2006）分析了国企提升技术创新能力的制度性障碍，并指出了民营科技企业的技术创新优势和能力[139]。吴延兵（2014）研究发现在技术创新能力方面，混合所有制企业最强，国企最弱，私营企业有优势但创新能力有待提高，此现象主因是产权性质差异，应优化私营企业的经营环境[140]。张秀峰、陈光华（2015）对广东的省部产学研合作项目案例的研究显示，在科研创新的阶段，私企合作创新的绩效高于国企[141]。李长青等（2014）研究发现在竞争性的行业中，私营企业、集体企业、港澳台企业、外资企业的创新效率远远高于国企[142]。孙早、宋炜（2012）通过中国制造业2000～2009年数据分析发现，比起国企，民营企业研发投入与创新绩效的正向关系更为显著[143]。禄雪焕（2009）对34个工业行业六年的数据分析发现，FDI对内资企业创新能力促进效应显著，但是对于国企的溢出效应却显著为负，因为FDI正溢出主要为民营企业所吸收[144]。钟敏、贺林（2008）研究发现，大型国有企业创新效率较低，私营企业如果着力自主创新就会有更大的创新活力[145]。

综合以上文献，本书可初步认为：民营经济具有创新优势，只要条件具备，它对于区域创新能力的影响将是显著的。以下通过双翼齐飞模型分析产权活力对于区域创新能力影响的机理。

（一）基于产业价值链的机理

从特定产业链节看（相当于图1－4的X、Y、Z链节中的某一个）：民营企业多处于竞争性行业，面临的竞争压力较大，当民营企业处于亏损境地而出现债务危机时，它们的债务面临硬约束，无法像国企一样一直得到银行展期、财政输

血，直至最后豁免等优厚待遇，民营企业只能自救。所以，生存压力会迫使民营企业尽一切可能致力于工艺升级、产品升级，努力进入或创造新市场（区隔），打破链主控制与进入壁垒，通过功能升级攀升到中高端价值环节。这个努力的过程就会不断激发自身、其他企业乃至当地学研机构的不断创新，从而提升区域创新能力。

民营企业没有国有企业式的委托代理弊端，也较少存在企业内部权力寻租问题。从特定子行业链看（相当于图1-4的Ⅰ、Ⅱ子产业链中的某一条），无论是当地集群企业（假设在Y产业链节）在与下游企业（假设在Z产业链节）的纵向竞争中，还是在与域外企业（假设也在Y产业链节）的横向竞争中，当地集群产权活力越大，集群就越能更好地实现高效率与效益，从而提高纵向竞争中的市场势力与横向竞争中的成本或差异化优势，进而增加集群利润与研发资金，提升区域创新能力。

当集群企业面临链条升级，需从（图1-4中的）子产业链Ⅰ转入子产业链Ⅱ甚至从α产业转移到其他产业（如β产业）时，因为民营企业没有国有企业式的委托代理弊端，也较少存在企业内部权力寻租问题，当地集群产权活力越大，集群越能高灵敏度地迅速捕捉机会，并为之迅速配置资源，成功实现链条升级，增进利润与加大研发投入，提升区域创新能力。

（二）基于创新轨链的机理

从特定创新链看（如图1-5中的B_1），如果当地集群所在技术创新链B_1的主要创新动力是市场拉动，产权活力越高，民营企业因其自身对市场的敏感性，可将需求端的市场创新信息，以比国企低的漏失率、扭曲率向生产制造环节传递，进一步传递到研发端，提升集群研发效率；而且，若民营企业发现自身的知识缺口，因无国企式的委托代理问题，可迅速、高效地整合创新资源，自主补缺或带动当地学研机构协同补缺，提升区域创新能力。

如果当地集群所在技术创新链B_1的主要创新动力是技术推动时，产权活力越高，优秀民营科技企业（如华为），比起国企，它们旺盛而积极主动的科技创新需求越会拉动当地应用导向基础研究的发展，使当地创新能力建筑在更高科技平台上；在应用研究、技术开发、产品与工艺设计等方面，集群民营企业更是可以提出先进、符合市场潮流的科研项目，自主或与当地研究机构合作研发，从而提升区域创新能力。

在当地集群从外围技术（如图1-5中的B_1）逼近核心技术（如图1-5中的B_2）而遭遇发达国家技术壁垒与霸权时，因民企无国企软约束，产权活力越高，集群企业越有生存危机感，在适当条件下它们将以高效率的自主创新或与当地学研机构协作创新，破解技术壁垒，提升区域创新能力。

当地方集群面临技术范式突变、技术变轨（如从图1－5中A跳跃到B）时，或跳跃到一个全新的产业技术领域（如在图1－5中脱离A－B－C），产权活力越高，集群企业越能以高度生存危机感，更敏感地捕捉技术窗口机会，更高效率地进行创新资源整合，自主进行或推动当地学研机构进行知识结构转换，在新技术轨道乃至全新产业技术领域，快速打开区域创新能力新空间。

基于以上分析，可提出如下假设：

Ha_3：产权活力正向影响区域创新能力。

四、分机理4：创新元高度分量创新倾向R的影响机理

如果当地仅有一些优质的高校与研究机构、成规模的高新技术产业、发达的民营经济，但创新元创新倾向受到抑制，比如高校与研究机构被行政化窒息，高新技术产业沉迷于短期利润懒于创新，民营企业小富即安而创新不足，那么这个地区将创新投入不足、创新效率低下，从而区域创新能力低下。可见，创新倾向是学研高度、产业高度、产权活力三要素对区域创新能力发生作用的重要影响因素，有着重要意义。

现有文献缺乏直接研究创新倾向对区域创新能力的影响者。下面对创新倾向相关概念——“研发强度”对区域创新能力影响的研究作简单回顾。孙晓华、周玲玲（2010）从36个工业行业2006年的数据发现，研发强度越大，就越能促进产业创新能力的提升[146]。孙晓华、田晓芳（2009）基于37个工业行业四年的数据分析认为，研发强度有利于创新能力提高[147]。马文聪等（2013）基于2009年广东某数据库263个企业数据研究发现，在总样本、新兴产业、传统产业中，研发经费投入强度对创新绩效有显著正影响[148]。基于以上文献的研究结论，本书可初步认为研发强度对区域创新能力的影响是显著正向的。但研发倾向与研发强度，并非同一概念，以下通过双翼齐飞模型分析创新倾向对区域创新能力影响的机理。

（一）基于产业价值链的机理

从特定产业链节看（相当于图1－4的X、Y、Z链节中的某一个）：①集群企业要实现工艺升级、产品升级，需要付出艰苦努力，在功能升级时，创新元要克服链主控制与设置的进入壁垒，更要采取一切可能行动来争取成功，这既需要创新元对科技创新的强烈渴望，又需要做坚决行动；既要作高额资金投入，又需要资金外的其他一切努力，包括创新元内在制度变革、推动当地政府作区域制度变革。这些就需要高创新倾向作为强大支撑。②升级过程中，新产品、新工艺会对既有产品与配套资产形成自噬效应，产生高昂沉没成本，这也需要强大的创新倾向来克服集群创新元（乃至地方政府领导者）的犹豫心理。总之，只有高创

新倾向才能使创新元勇敢面对沉没成本，坚定付出最大努力，才能促进集群企业顺利升级，形成更大利润与创新资金投入，提升区域创新能力。

从特定子行业链看（相当于图1-4的Ⅰ、Ⅱ子产业链中的某一条）：集群企业（假设在Y产业链节）在与下游企业（假设在Z产业链节）的纵向竞争中，创新元的创新倾向越高，就会以创新资源的更高投入，提升纵向市场势力，获得更高利润；而且，与域外企业（假设也在Y产业链节）的横向竞争中，创新倾向越高，当地集群企业才能获得创新引致的优势，获得更大市场与利润。纵向与横向竞争中的更高利润，带来创新元研发资金的更大投入，从而提升区域创新能力。

当集群企业面临链条升级，需从（图1-4中的）子产业链Ⅰ转入子产业链Ⅱ甚至从α产业转移到其他产业（如β产业）时，面临很高的不确定性，集群企业、学研机构要具有以自身前途命运来拼搏的担当，这需要高创新倾向的强力支撑。只有高创新倾向才能使创新元勇敢面对不确定性风险，才能促进集群企业打破成长上限，迅速选定未来产业路径，顺利实现链条升级，形成更大利润与创新资金投入，提升区域创新能力。

（二）基于创新轨链的机理

从特定创新链看（如图1-5中的B_1），如果当地集群所在技术创新链B_1的主要创新动力是市场拉动，当地集群的创新倾向越强烈，集群企业整合创新资源与推动制度变革就越是强力，在“需求端→营销环节→生产制造环节→研发端”的链条上，创新信息传递动量就会越大、传输阻尼系数就会越小，有利于集群科技创新的高效实现，从而提升区域创新能力。

如果当地集群所在技术创新链B_1的主要创新动力是技术推动时，创新元的创新倾向越高，就越有力量（在借力国家研究力量的前提下）承担应用导向的基础研究这种有一定外部性的科研活动，从而为本地应用研究开辟突破性道路的可能性就越大；而且，创新元创新倾向越强，科技创新成果在群内扩散的动量越大，阻滞系数越低，从而提升区域创新能力。

在当地集群从外围技术（如图1-5中的B_1）逼近核心技术（如图1-5中的B_2）而遭遇发达国家技术壁垒与霸权时，创新元的创新倾向越强，就越会倾注一切创新资源，做出一切有力的制度变革，甚至联合地区政府乃至中央政府，破解技术壁垒与霸权，提升区域创新能力。

当地方集群面临技术范式突变、技术变轨（如从图1-5中A跳跃到B）时，或当地集群要跳跃到一个全新的产业技术领域（如在图1-5中脱离A-B-C）时，创新元的创新倾向越高，承受知识沉没成本的决心越大，弥补知识缺口、响应新范式就越快速，知识结构转换的动能与速度就越大，从而提升区域创新能力。

基于以上分析，可提出如下假设：

Ha_4：创新倾向正向影响区域创新能力。

五、分机理综合：创新元高度综量 G 的影响机理

基于 Ha_1 学研高度正向影响区域创新能力、Ha_2 产业高度正向影响区域创新能力、Ha_3 产权活力正向影响区域创新能力、Ha_4 创新倾向正向影响区域创新能力四个假设，本章提出总假设：

Ha_0：创新元高度综量 G 正向影响区域创新能力。

第三节　网络交互度影响区域创新能力的机理

以下先从网络交互度分量开放度 W、竞争度 J、耦合度 H 三个侧面展开分机理分析，然后再进行分机理综合，推论出网络交互度综量 D 的影响机理。如图 3－3 所示。

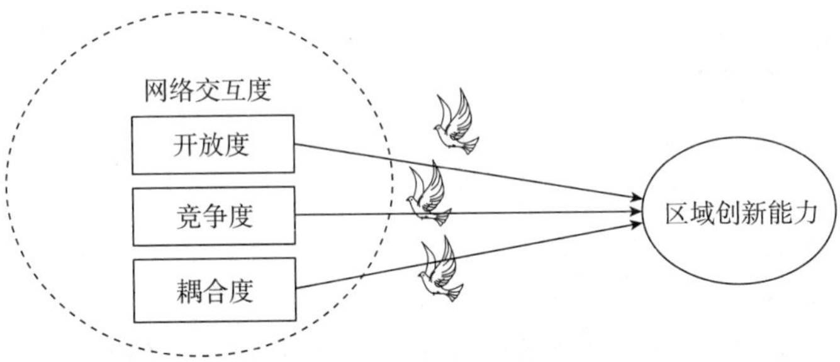

图 3－3　网络交互度影响区域创新能力的机理的阐述逻辑

一、分机理 1：网络交互度分量开放度 W 的影响机理

（一）基于产业价值链的机理

从特定产业链节看（相当于图 1－4 的 X、Y、Z 链节中的某一个）：①本地集群企业为开发新工艺、生产新产品或为克服链主控制与设置的进入壁垒，需获得高能知识、信息与物质的输入。开放度越高，获得输入就越多，就越有利于当地集群实现工艺升级、产品升级、功能升级，从而创造出更高价值与利润，形成

更高研发投入，从而提升区域创新能力。②开放度越高，外来企业进入数量越多，外来企业在当地的能量越大，越能以外来企业（尤其是大型外资企业）的力量，助推打破当地种种垄断，有利于激发竞争活力，从而促进当地集群企业工艺升级、产品升级、功能升级，实现基于科技创新的快速发展，从而提升区域创新能力。

从特定子行业链看（相当于图1-4的Ⅰ、Ⅱ子产业链中的某一条）：开放度越高，越有助于集群企业得到域外高能知识、信息与物质的输入，增进当地集群企业（假设在Y产业链节）在与下游企业（假设在Z产业链节）的纵向竞争中的非标准化供应优势与市场势力，也可增进集群企业在与域外企业（假设也在Y产业链节）的横向竞争中的成本优势或差异化优势，进而带来更高利润与研发投入，提升区域创新能力。

当集群企业面临链条升级，需从（图1-4中的）子产业链Ⅰ转入子产业链Ⅱ时，开放度越高，就越容易在全球范围找到适合子产业链Ⅱ的最佳资源；当集群企业面临链条升级，从α产业转移到其他产业（如β产业）时，开放度越高，就越容易在全球范围中搜索到适合本地的、全新的最优链条。从而实现链条升级的最优化，增加利润与研发资金投入，打开区域创新能力的新成长空间。

（二）基于创新轨链的机理

从特定创新链看（如图1-5中的B_1），如果当地集群所在技术创新链B_1的主要创新动力是市场拉动，区域创新网络开放度越高，地方集群越是能在开放的国际市场中发现多样化需求、速变的主流需求，市场信号沿“营销→生产制造→研发端”路径传递，可为集群创新元指引最有市场价值的技术路线，提高集群技术路径的成功概率，有利于区域创新能力的提升。

如果当地集群所在技术创新链B_1的主要创新动力是技术推动时，区域网络开放度越高，各地基础研究、应用研究领域，越能吸纳全球范围的创新人才及其他创新资源，并使之与当地资源融合，促进区域创新能力的提升。

在当地集群从外围技术（如图1-5中的B_1）逼近核心技术（如图1-5中的B_2）而遭遇发达国家技术壁垒与霸权时，仅靠单一地区的力量难以克服困难，开放度越高，就越能通过与其他国家或地区进行合作，以共同研发、专利交叉授权等方式，突破技术壁垒与霸权，实现区域创新能力跃升。

当地方集群面临技术范式突变、技术变轨（如从图1-5中A跳跃到B）时，开放度越高，越容易探测到技术变轨的窗口机会，也越有利于快速集合全球资源响应新技术范式，提升区域创新能力。

如果当地集群要跳跃到一个全新的产业技术领域（如在图1-5中脱离A-B-C），开放度越高，就越容易在全球范围内吸收所需知识、信息，实现知识多样化，打破集群知识缺口刚性，迅速实现知识结构转换，在全新产业技术领域迅速提升创新能力。

基于以上分析，可提出如下假设：

Hb_1：开放度正向影响区域创新能力。

二、分机理2：网络交互度分量竞争度J的影响机理

在竞争度对创新能力的影响方面，国内外有一些不同的研究。多数文献认为竞争与技术创新间为正向关系。Arrow（1970）认为竞争行业比起垄断行业来创新动力更强[149]。Porter（1990）的研究显示竞争会驱动企业致力于研发，进而促进经济成长[150]。Geroski（1990）[151]和Nickell等（1996）[152]也证实了竞争和创新之间的正向关系。陈广汉、蓝宝江（2007）以三种专利申请量表征技术创新能力，基于1998~2004年各省市面板数据发现，工业企业个数（表征竞争程度）对技术创新能力有显著的正面影响[27]。张杰等（2014）从微观视角分析中国情境中竞争影响创新的机理，研究显示：竞争和创新呈正向关系，竞争度可促进企业创新；竞争对民营企业创新研发有激励作用，但对国有与外资企业都无激励效应，因为国企和外企的垄断地位或超国民待遇，扭曲了竞争对创新的激励效应[153]。王俊（2009）实证检验了新产品需求规模、市场竞争与自主创新能力的关系，发现市场垄断程度越是增强，越阻碍国家自主创新能力[154]。

部分文献认为过度竞争会削弱创新。Schumpeter（1934）发现竞争加剧会减少企业创新利润，进而降低创新水平，因而降低技术进步速度[155]；Aghion和Howitt（1992）[156]、Kraft（1989）[157]、Blundell等（1995）[158]、Crepon（1998）[159]、Hamberg（1964）[160]、Mansfield（1986）[161]等均发现竞争与创新负向相关。国内学者陈泽聪和徐钟秀（2006）[162]、仇保兴（1999）[163]、魏守华（2002）[164]认为在微观或国家宏观层面上企业竞争过度会对创新产生负面影响。

部分研究综合上述两种观点，认为创新和市场竞争度是倒U形关系。Aghion等（2005）[165]、Scherer（1980）[166]、Scott（1984）[167]、Levin等（1985）[168]发现了竞争与创新的倒U形结构。田原等（2013）基于2002~2010年非金融上市公司数据的研究显示：过度竞争会削弱企业创新的积极性，阻碍技术创新，但是过度垄断将使企业懒于技术创新，所以市场竞争与技术创新的关系呈倒U形[169]。周艺艺和平新乔（2007）对倒U形结构的解释是，当竞争度较低，竞争效应比模仿效应强，企业创新随竞争度增加而提升；当竞争度较高，模仿效应比竞争效应强，企业创新随竞争度增加而减弱[170]；高建刚（2009）[171]、千慧雄和茂亮（2011）[172]也分析了倒U形关系。

在中观的行政区域层面上，本书认同上述第一种观点，即区域网络内部竞争

度对区域创新能力具有正向推动作用。因为我国各地存在各种行政垄断、行业垄断，并且外企还事实上享有或明或暗的超国民待遇，这些因素的存在，使各地区域内竞争，在行政区域层面上尚未达到过于激烈的程度。因此，竞争对区域创新能力的影响，应表现为正向作用。以下通过双翼齐飞模型分析竞争度（主要关注企业竞争度、学研机构竞争度、服务与中介单元竞争度）对区域创新能力影响的机理。

（一）基于产业价值链的机理

从特定产业链节看（相当于图 1－4 的 X、Y、Z 链节中的某一个）：①在集群企业竞争中，当地企业相互激励、相互启发、相互用行动指出对方应改正的不足之处；在学研机构竞争中，学研机构相互启发、相互学习。因而创新元竞争越强，越能促进集群工艺升级、产品升级、功能升级，形成更高利润与研发资金投入，从而提升区域创新能力。②服务与中介单元竞争度越高，则它们为创新服务的质量越高、价格越合理、功能越丰富，这将有利于当地集群企业与学研机构的发展，促进集群升级，以更高的利润与研发资金投入提升区域创新能力。

从特定子行业链看（相当于图 1－4 的Ⅰ、Ⅱ子产业链中的某一条）：企业竞争度、学研机构竞争度、服务与中介单元竞争度越高，越能激发它们努力拼搏、持续自我提升，并且企业、学研机构、服务与中介单元竞争的优胜劣汰效果越明显，当地创新网络组织新陈代谢就会越顺畅、网络组织体质就会越健康、强壮，这使集群整体竞争力不断增强。这可以增强当地集群企业（假设在 Y 产业链节）在与下游企业（假设在 Z 产业链节）的纵向竞争中的非标准化产品的供应优势，增强与域外企业（假设也在 Y 产业链节）的横向竞争中的成本或差异化优势，从而带来更高利润与研发资金投入，提升区域创新能力。

当集群企业面临链条升级，需从（图 1－4 中的）子产业链Ⅰ转入子产业链Ⅱ甚至从 α 产业转移到其他产业（如 β 产业）时，网络竞争度越高，部分竞争者越有动力寻找新的子产业链或全新产业来作为新利润增长点，率先进行链条升级，而这是集群试错的一部分，可能开启集群链条升级的大门，从而带来价值与利润的持续成长与更高的研发资金投入，这有利于区域创新能力的提升。

（二）基于创新轨链的机理

如果当地集群所在技术创新链 B_1 的主要创新动力是市场拉动时，集群企业竞争越激烈，就越会激发企业关注需求潮流及其微妙变化，并会以很快的速度，将多样化需求及其蕴含的科技创新信号，传递到企业研发端或学研机构，从而提高集群技术路线的市场利润与研发资金投入，这将提升区域创新能力。

从特定创新链看（如图 1－5 中的 B_1），如果当地集群所在技术创新链 B_1 的主要创新动力是技术推动时，在基础研究、应用研究、技术开发等各环节上，集群企业竞争、学研机构竞争越激烈，创新元间越会相互启发、优胜劣汰，使整体素质提高，知识创造速度、力度增大，从而推动区域创新能力不断提升；而服务与中介单元竞争越激烈，它们越可更好地服务集群企业与学研机构创新活动，提升区域创新能力。

在当地集群从外围技术（如图1－5中的B_1）逼近核心技术（如图1－5中的B_2）而遭遇发达国家技术壁垒与霸权时，创新元竞争度越高，在生存与发展的压力下，它们相互激励、相互启发，冲击技术壁垒与霸权的力度就越大；服务与中介单元竞争越激烈，可提供越大的创新助力。从而打开区域创新能力的新成长空间。

当地方集群面临技术范式突变、技术变轨（如从图1－5中A跳跃到B）时，或在当地集群要跳跃到一个全新的产业技术领域（如在图1－5中脱离A－B－C）时，企业竞争度、学研机构竞争度越大，竞争压力越会使部分创新元积极率先响应技术变轨窗口机会，从而引导集群迅速响应新技术范式，而服务与中介单元竞争越激烈，可提供越大的创新助力，从而提升区域创新能力。

基于以上分析，可提出如下假设：

Hb_2：竞争度正向影响区域创新能力。

三、分机理3：网络交互度分量耦合度H的影响机理

在耦合度对区域创新能力的影响方面，相关研究如下。国外研究方面，Etzkowitz和Leydesdorff（1997）首以三螺旋理论探究政府、企业与大学三者的关系[173]。Leydesdorff（2005）研究了在知识创新体系中政府、企业、大学的合作中三者的定位：企业决定研发内部化方式与程度，大学面向市场，政府要平衡支持和干预带来的影响[174]；Arvanitis等（2011）的研究显示，企业与大学在创新活动中的溢出效应与大学—企业交流正相关[175]。Sorin（2009）发现，大学创新产出需要公共与私人部门的研发投入支持[176]。Reinhilde和Bruno（2005）基于比利时社区创新数据发现，企业与大学的研发合作可互补彼此创新短板[177]。国内研究方面，魏景柱等（2010）分析了产学研合作对于提升企业自主创新能力的机理[178]。汪胜阳（2005）提出了提高自主创新能力的产业大学模式[179]。吴友群等（2014）研究发现，产学研合作对我国技术创新能力起着促进作用，但影响程度较低[180]。陈岩等（2014）基于2008～2011年中国高科技制造业数据，研究发现政府科技投入对企业创新能力有着正向效应；企业与其他机构协同、市场协同效应可增进创新能力；产学研协同可提高科技创新成果转化速度[181]。王鹏、张剑波（2013）基于2001～2010年13个省市数据研究发现：官学合作、官研合作、产学合作等，对新产品、专利产出均有着显著的正向效应，而官产合作与产

研合作对于这两类创新产出影响不明显[182]。综合以上文献结论，本书可初步认为耦合度对区域创新能力的影响是正向的。

本书把区域创新网络的耦合分为政创耦合、政服耦合、创服耦合、产学研耦合。政创耦合是指地方政府和创新元的耦合，政服耦合是指政府和服务与中介单元的耦合，创服耦合是指创新元和服务与中介单元的耦合。以下通过双翼齐飞模型分析耦合度对区域创新能力影响的机理。

（一）基于产业价值链的机理

从特定产业链节看（相当于图 1-4 的 X、Y、Z 链节中的某一个）：政创耦合度越高，政府越可给集群提供有力的制度变迁、发展环境、财税信贷支持，从而越能降低集群企业成本、提高企业运营效率，促进集群工艺升级、产品升级乃至功能升级；政服耦合度越高，政府越是可为服务与中介单元提供所需制度环境、财税支持，从而使服务与中介单元的服务品质提升、功能更加丰富完善；进而，创服耦合越高，服务与中介机构（含金融机构、创投机构）越是可为集群提供所需资金、人才、信息等服务支持，助推集群升级；产学研耦合度越高，学研机构越能为集群企业提供更多、更优质的科技创新，并努力游说地方政府更大力度支持集群企业发展，促进集群升级。总之，所有这些耦合，都会促进集群企业工艺升级、产品升级、功能升级，增加利润与研发资金投入，从而促进区域创新能力的提升。

从特定子行业链看（相当于图 1-4 的Ⅰ、Ⅱ子产业链中的某一条）：政创耦合度、政服耦合度、创服耦合度、产学研耦合度越高，越可为企业争取到地方政府、服务与中介单元、学研机构的全方位、更大力度的支持，从而提升当地集群企业（假设在 Y 产业链节）在与下游企业（假设在 Z 产业链节）的纵向竞争中的非标准化优势与市场势力，并且提升其与域外企业（假设也在 Y 产业链节）的横向竞争中的优势。这可形成更高利润与研发资金投入，提升区域创新能力。

当集群企业面临链条升级，需从（图 1-4 中的）子产业链Ⅰ转入子产业链Ⅱ甚至从 α 产业转移到其他产业（如 β 产业）时，政创耦合度、政服耦合度、创服耦合度、产学研耦合度越高，集群企业越有充足的资源、充分的知识与信息、充沛的能量、巨大的信心与勇气，跳出资产专用性窘境，直面未来巨大的不确定性，在试错中开启链条升级的大门，以更高利润支撑更高研发投入，打开区域创新能力提升的新空间。

（二）基于创新轨链的机理

从特定创新链看（如图 1-5 中的 B_1），如果当地集群所在技术创新链 B_1 的主要创新动力是市场拉动，产学研耦合度越高，在创新链各环节，学研机构越易收到集群企业的市场信息指引，使自身在应用研究与应用导向的基础研究方面更容易选对正确方向，有利于创新能力的提升，同时，集群企业市场化的创新努力越能得到学研机构的知识与智力支持，从而提升创新能力。

如果当地集群所在技术创新链 B_1 的主要创新动力是技术推动时，产学研耦合度越高，在基础研究、应用研究、技术开发等创新链各环节，学研机构越是能为企业提供前沿知识与智力资源的支持，集群企业越是能为学研机构提供更多科研资金，因而创新元彼此促进地提升区域创新能力。

在当地集群从外围技术（如图 1－5 中的 B_1）逼近核心技术（如图 1－5 中的 B_2）而遭遇发达国家技术壁垒与霸权时，只靠集群企业力量无法应对，需要地方政府乃至中央政府出面帮助，这就非常需要政创耦合。地方政府可以联合当地创新元，借助对外经济部门乃至国家外交部门来寻求对壁垒与霸权的突破。产学研耦合有助于形成区域技术同盟，以合力突破技术壁垒与霸权。以上耦合都有助于区域创新能力打开新的成长空间。政服耦合度、创服耦合度越高，也会使创新元突破壁垒时更为快速、有力。

当地方集群面临技术范式突变、技术变轨（如从图 1－5 中 A 跳跃到 B）时，或在当地集群要跨越到一个全新的产业技术领域（如在图 1－5 中脱离 A－B－C）时，产学研耦合度越高，企业与学研机构越易在知识、信息上形成变轨或跨越合力，敏锐地发现并迅速捕捉新的机遇；政创耦合、政服耦合、创服耦合度越高，政府、服务与中介单元越可为创新元变轨或跨越提供更多资金、人才、制度等方面的支持，使区域创新能力在新轨道或全新的产业技术领域中迅速提升。

基于以上分析，可提出如下假设：

Hb_3：耦合度正向影响区域创新能力。

四、分机理综合：网络交互度综量 D 的影响机理

基于 Hb_1 开放度正向影响区域创新能力、Hb_2 竞争度正向影响区域创新能力、Hb_3 耦合度正向影响区域创新能力三个假设，本章提出一个总假设：

Hb_0：网络交互度综量 D 正向影响区域创新能力。

第四节　创新元高度在网络交互度与区域创新能力间的中介效应机理

以下先探讨创新元高度综量 G 在开放度 W 与区域创新能力间的中介机理，再探讨创新元高度综量 G 在耦合度 H 与区域创新能力间的中介机理，然后探讨

创新元高度综量 G 在竞争度 J 与区域创新能力间的中介机理。最后，进行机理综合，推论出创新元高度综量 G 在网络交互度综量 D 与区域创新能力间的中介机理。

一、分机理 1：创新元高度综量 G 在开放度 W 与区域创新能力间的中介机理

以下先依次分析开放度 W 对创新元高度分量学研高度 U、产业高度 I、产权活力 P、创新倾向 R 的影响机理，再综合推论出“开放度 W 对创新元高度综量 G 的影响”，并结合创新元高度综量 G 影响区域创新能力的机理，进一步推论出创新元高度综量 G 在开放度 W 与区域创新能力间起中介作用。

（一）开放度对学研高度的影响机理

从产业价值链与创新轨链来看：①在开放度的出口方面，激烈的国际市场竞争会迫使企业逐步进入工艺升级、产品升级、功能升级、链条升级阶段，此时集群企业会对当地学研机构提出更高的研发要求，促使本地学研机构优化升级，从而提升学研高度。②在开放度的进口方面，从发达国家进口的先进产品，会为本地学研机构提供实体观摩、反向工程的机会，使本地学研机构可获得高端知识溢出，因而提升高度。③在开放度的 FDI 方面，进入我国各地的 FDI 为开拓中国市场，会在一定程度上、逐步地进行研发本土化，会加强与当地学研机构的合作，对学研机构提出较高要求或对当地学研机构进行部分知识输出，这有利于当地学研高度的提升。④在技术学习方面，通过购买国外先进的关键技术或与国外厂商（包括专门研发企业）进行深度合作，当地学研机构可以吸收国际先进知识，突破发达国家技术壁垒、实现技术变轨或跳跃到全新的产业技术领域，从而提升学研高度。

（二）开放度对产业高度的影响机理

1. 基于产业价值链的机理

在开放度的出口方面：①出口可以为当地高新技术产业工艺升级、产品升级、功能升级、链条升级，提供重要的外需牵引。②出口可以为当地高新技术产业提供参与外部竞争的机会，提升本地高新技术产业的国际竞争力，使其在竞争中发展壮大。③国际市场空间远大于国内市场，因而出口有助于当地高新技术产业获得广阔的国际市场，从而形成规模经济，使综合成本降低至长期平均成本曲线的最低点，从而有利于当地高新技术产业获得显著的成本优势，从而促进当地高新技术产业的发展。

在开放度的进口方面：①比起低技术产业，高新技术产业的产业价值链更容易发生快速而显著的变化或分岔，其进口会带来层出不穷的国外产品，有利启蒙、开启各地高新技术产品的消费市场，这些产品在各地良好的销售业绩，

为各地高技术企业释出强烈的获利信号与示范效应，为各地提供了模仿、追赶乃至超越的机会，推动各地高新技术产业工艺升级、产品升级、功能升级、链条升级，进而推动各地高新技术产业发展。②高新技术产业价值链上的某些关键配套产品，各地可能在短期内无法提供，对这些产品的进口，可以为各地高新技术产业提供必要、关键的支撑，从而有助于形成当地高新技术产业的竞争优势。

在开放度的FDI方面：①各地引进的FDI很大一部分集中于高新技术产业，外商先进的新产品、管理体系、营销体系对当地高新技术产业形成示范效应，带动当地高新技术产业的发展。②高新技术产业FDI提供的先进产品，可为各地高新技术产业提供关键配套与支持，提升当地高新技术产业的整体业绩。

2. 基于创新轨链的机理

在开放度的出口方面：①本地高技术产业的产品出口到发达国家，能为当地高新技术企业提供国际市场信息，信息沿着营销→生产制造→研发的链条传递，将推动当地高新技术产业知识补缺与科技创新驱动发展。②高新技术产品出口，有利于当地高新技术企业与学研机构参与国际技术网络，逐步突破发达国家技术壁垒与霸权，推动当地高新技术产业创新驱动发展。

在开放度的进口方面：①进口产品承载的产品信息沿着营销→生产制造→研发的链条传递，助推当地高新技术产业迅速进行知识补缺，由此实现快速发展。②进口产品蕴含的新兴科技或高端科研设备，有助于当地高新技术产业关键技术的突破，从而推动当地高新技术产业的创新驱动发展。

在开放度的FDI方面：FDI需要当地上下游企业的配合，因此对当地企业与学研机构形成一定程度的技术外溢，从而为本地高新技术产业的科技创新提供必要的知识基础，助推当地高新技术产业创新驱动发展。

在开放度的技术学习方面：各地高新技术产业发展的一个关键障碍，就是缺乏核心技术，各地购买国外先进的关键技术或与国外厂商（包括专门研发企业）进行深度合作，这有助于各地高新技术产业迅速掌握核心技术，突破发达国家的技术壁垒与技术霸权，并在此基础上不断自主创新，从而形成当地高新技术产业的良性发展。

（三）开放度对产权活力的影响机理

1. 基于产业价值链的机理

开放度的出口方面：①发达国家市场，比当地市场对于产品质量、功能、服务等要求更高，而且消费升级速度更快，民营经济因自身体制机制的灵活性，比国企更能生产出适合发达国家需求的产品，而国企对国际市场响应往往会显得力不从心，从而以发达国家市场为主的出口更能推动当地民营企业发展与产权活力的提升。②在国内市场中，国有企业把持着关键的垄断性行业，民营经济在很多领域不得其门而入，而国际市场可以给民营企业更大的市场空间，从而有利于各地民营经济的迅速成长与区域产权活力的提升。

开放度的进口方面：各地民营企业在进口产品的选择方面，因其体质、机制的效率，比起国企更能进口优质产品作为自身的配套产品，从而更有利于民营企业的发展与区域产权活力的提升。

开放度的 FDI 方面：FDI 对于各地配套企业的要求多是基于国际高标准，且要求配套企业对市场与技术变化有着很强的战略柔性，国有企业往往难以达到 FDI 要求，而民营企业因自身发展的内驱力、机制灵活性、市场灵敏性，可以迅速地响应 FDI 的各种要求，较容易融入 FDI 的生产体系，所以 FDI 更有利于各地民营企业的发展与区域产权活力的提升。

2. 基于创新轨链的机理

在开放度的出口方面：与国企相比，民营企业在出口过程中，（在其他条件具备的前提下）对国外先进技术的追踪与学习会更积极主动、更具效率，这可以使各地民营企业更高效地实现创新驱动发展，从而提升区域产权活力。

在开放度的 FDI 方面：FDI 通过研发人才流出、生产外包、供应链本土化等可实现知识的本土外溢，灵敏、高效的民营企业比起国企更容易获得溢出效应，从而更好地实现创新驱动发展，提升区域产权活力。

在开放度的技术学习方面：因为民营企业不具备国企债务的软约束问题、经营管理的委托代理问题，所以民营企业的技术创新内驱力较强，在越开放的环境中，民营企业越能低摩擦地从海外购买到所需关键技术或与海外公司合作研发：从而突破发达国家技术壁垒与霸权、实现技术变轨或跳跃到全新的产业技术领域，促进当地民营经济的创新驱动发展，提升区域产权活力。

（四）开放度对创新倾向的影响机理

1. 基于产业价值链的机理

在开放度的出口方面：①当地集群的出口产品在国际市场将承受巨大的竞争压力，企业具有产品升级、工艺升级、功能升级、链条升级的迫切需要，进而具有科技创新的迫切需求，因而提升当地企业、学研机构的创新倾向。②有竞争力的出口产品，可以帮助集群企业获得更大的国际市场份额与利润，形成更多的资本积累，保障创新资金投入，提升创新信心与努力程度，从而提升创新倾向。

在开放度的进口方面：①进口的国际先进产品，可以使集群企业受到启发而希望能生产替代性产品或者改进性产品，激发研发热情，从而提升集群企业与学研机构的创新倾向。②进口的国际先进产品，在当地市场具有强大竞争力，使集群企业感受到巨大的生存压力，同时这种压力也会传递给学研机构，从而提升企业与学研机构的创新倾向。

在开放度的 FDI 方面：①外资企业在当地给集群企业带来面对面的竞争压力，促使当地企业及其协作学研机构不断创新，从而提升集群创新倾向。②外资企业给集群上游企业及其协作学研机构提出高要求，从而提升集群创新倾向。

2. 基于创新轨链的机理

在开放度的进口方面：进口的高端科研设备与配套产品，可为当地企业与学研机构的研发扫除关键障碍、提供强力支撑，大大激发创新元研发信心，进而提升创新倾向。

在开放度的 FDI 方面：FDI 逐步加大对中国的研发投入并产生更多知识溢出，增进集群企业与学研机构的知识基础，降低创新元研发难度，从而提升创新倾向。

在开放度的技术学习方面：通过从海外购买所需关键技术或与海外公司合作研发，集群企业与学研机构可直接吸收国际先进技术与知识，降低突破发达国家技术壁垒与霸权、技术变轨或跳跃到全新的产业技术领域的难度，从而提升当地创新元的创新倾向。

（五）综合推论

以上依次分析了开放度 W 对创新元高度分量学研高度 U、产业高度 I、产权活力 P、创新倾向 R 的影响机理，此时可将上述分机理综合，从而推论出“开放度正向影响创新元高度综量 G”。上述逻辑如图 3－4 所示。

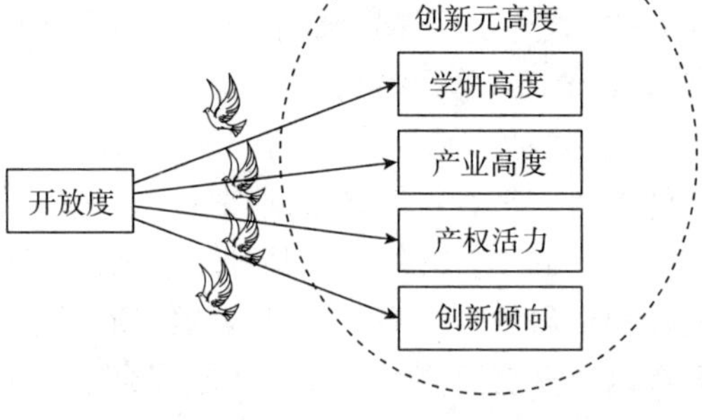

图 3－4　开放度影响创新元高度的机理的阐述逻辑

结合假设——创新元高度综量 G 正向影响区域创新能力，可进一步推论出假设：

Hc_1：创新元高度综量 G 在开放度 W 与区域创新能力间起中介作用。

上述逻辑可用图 3－5 表示。

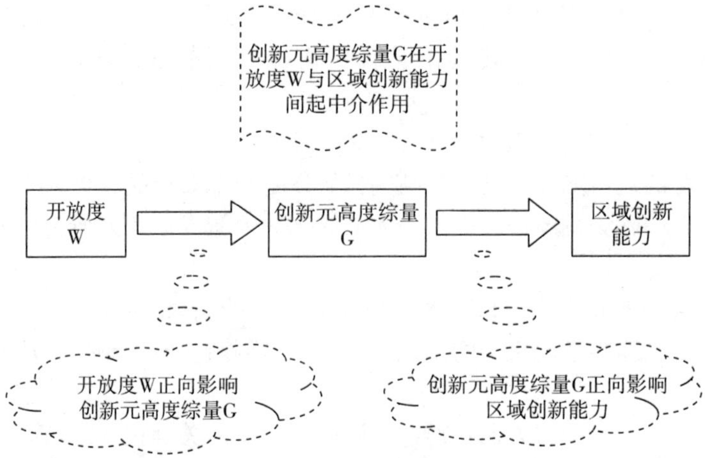

图 3－5　创新元高度综量 G 在开放度 W 与区域创新能力间中介机理的阐述逻辑

二、分机理 2：创新元高度综量 G 在耦合度 H 与区域创新能力间的中介机理

以下先依次分析耦合度 H 对创新元高度分量学研高度 U、产业高度 I、产权活力 P、创新倾向 R 的影响机理，再综合推论出“耦合度 H 对创新元高度综量 G 的影响”，并结合假设“创新元高度综量 G 正向影响区域创新能力”，进一步推论创新元高度综量 G 在耦合度 H 与区域创新能力间起中介作用（如前所述，区域创新网络的耦合分为政创耦合、政服耦合、创服耦合、产学研耦合。政创耦合是指地方政府和创新元的耦合，政服耦合是指政府和服务与中介单元的耦合，创服耦合是指创新元和服务与中介单元的耦合）。

（一）耦合度对学研高度的影响机理

从产业价值链与创新轨链来看：①在政创耦合中，地方政府可推行激励科技创新的制度变革，在当地集群工艺升级、产品升级、功能升级、链条升级的过程中去除产学研耦合的种种障碍，以提高学研机构的创新市场回报，从而促使当地学研机构不断优化升级以提升自身高度。②在政服耦合中，地方政府着力打造优质服务与中介行业，进而在创服耦合中，优质服务与中介行业为创新元提供卓越的创新服务，降低突破发达国家技术壁垒、技术变轨或跳跃到全新的产业技术领域的难度，降低学研机构的创新成本，提高创新回报，从而激发学研机构持续优化升级，助推学研高度提升。

（二）耦合度对产业高度的影响机理

从产业价值链与创新轨链来看：①在政创耦合中，地方政府可以为高新技术产业创新元塑造良好的初始需求环境，激励当地顾客对当地高新技术产品的采购，使当地创新元得到充分的市场反馈信号，从而有利于当地高新技术产业成长，提升产业高度。②地方政府推行创新相关制度变革，打破产学研耦合的种种制度障碍，促进高新技术企业与学研机构深度交流，创造出有竞争力的新产品与新服务，从而推动当地高新技术产业工艺升级、产品升级、功能升级、链条升级，提升产业高度。③高新技术产业的创新元参与地方政府组织的技术路线图制定，可游说地方政府提供更多的科技投入、创造出更大的初始市场，进行高新技术产业相关制度变迁，促进产业发展，提升产业高度。④在创服耦合中，驻地金融机构、风投机构可将经营管理知识、科技人脉传递给当地企业与学研机构，有利于高新技术产业的创新元的创新、创业项目的诞生、孵化；当地会计、律师、审计、营销、物流、咨询等生产性服务业与人力资源中介、知识产权中介等中介机构，可将优质服务提供给当地的高新技术产业。这些都会助推降低突破发达国家技术壁垒与霸权、技术变轨或跳跃到全新的产业技术领域的难度，促进当地高新技术产业的创新驱动发展，提升产业高度。

（三）耦合度对产权活力的影响机理

从产业价值链与创新轨链来看：①政创耦合中，地方政府可以组织领先企业家与科学家选择出本地产业发展的最佳方向，与国企相比市场敏感度较高、体制机制较灵活的民营企业在最佳发展方向上的获益比国企更高，从而有利于当地民营企业工艺升级、产品升级、功能升级、链条升级，促进民营经济发展。②地方政府可以给予当地学研机构高强度的科技投入，在产学研耦合中，比起国有企业，富有活力的民营经济可从中获益更多，从而有利于民营经济发展，提升产权活力。③在政服耦合中，地方政府大力打造服务与中介行业，进而在创服耦合中，比起国企，当地民营科技企业更可受益于优质的创新服务，有助于民营科技企业降低突破发达国家技术壁垒、技术变轨或跳跃到全新的产业技术领域的难度，促进民营经济创新驱动发展，提升区域产权活力。

（四）耦合度对创新倾向的影响机理

从产业价值链与创新轨链来看：①在政创耦合中，地方政府推动与创新相关的制度变革，打破产学研耦合的障碍，这可以降低创新成本、提高创新的投资回报率，并提高当地集群企业工艺升级、产品升级、功能升级、链条升级的成功率，从而提升企业与学研机构的研发热情与创新倾向。②在政服耦合中，地方政府着力打造优质创新服务与中介业，进而在创服耦合中，创新服务与中介行业会助推降低突破发达国家技术壁垒与霸权、技术变轨或跳跃到全新的产业技术领域的难度，因而可以激发企业与学研机构的研发热情，提升创新倾向。

（五）综合推论

以上依次分析了耦合度 H 对创新元高度分量学研高度 U、产业高度 I、产权活力 P、创新倾向 R 的影响机理，此时可将上述分机理综合，从而推论出“耦合度正向影响创新元高度综量 G”。上述逻辑如图 3－6 所示。

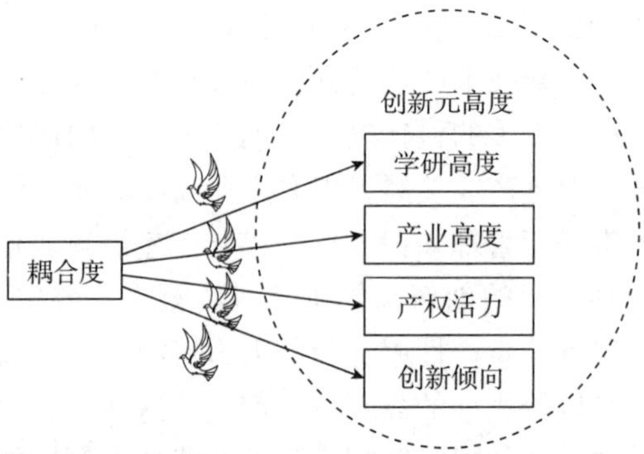

图 3－6　耦合度影响创新元高度的机理的阐述逻辑

结合假设——创新元高度综量 G 正向影响区域创新能力，可进一步推论出假设：Hc_2：创新元高度综量 G 在耦合度 H 与区域创新能力间起中介作用。
上述逻辑可用图 3－7 表示：

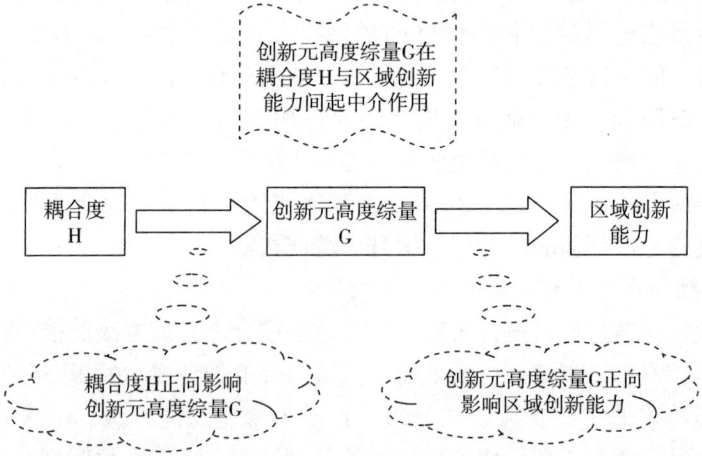

图 3－7　创新元高度综量 G 在耦合度 H 与区域创新能力间中介机理的阐述逻辑

三、分机理 3：创新元高度综量 G 在竞争度 J 与区域创新能力间的中介机理

以下先依次分析竞争度 J 对创新元高度分量学研高度 U、产业高度 I、产权活力 P、创新倾向 R 的影响机理，再综合推论出“竞争度 J 对创新元高度综量 G 的影响”，并结合假设“创新元高度综量 G 正向影响区域创新能力”，进一步推论创新元高度综量 G 在竞争度 J 与区域创新能力间起中介作用。

（一）竞争度对学研高度的影响机理

从产业价值链与创新轨链来看：①在企业竞争方面，首先，当集群企业竞争度提高，企业为了顺利实现工艺升级、产品升级、功能升级、链条升级以赢得竞争，它们寻求与学研机构协同创新的意愿会增强，这使学研机构的技术与专利有更多的潜在买主，自身技术的良好市场憧憬会使学研机构不断进行组织更新与升级，从而提升地区学研高度。其次，当集群企业竞争度提高，它们为了赢得竞争，会游说政府为学研机构提供更多研发资金支持，扫除学研机构创新的制度障碍，这将有助于提升区域学研高度。②在学研机构竞争方面，首先，当学研机构竞争度提升，它们生存与发展的压力就会增大，于是它们会更努力地致力于科技创新，这有利于降低突破发达国家技术壁垒与霸权、技术变轨或跳跃到全新的产业技术领域的难度，从而提升学研高度。其次，当学研机构竞争度提高，各地学研机构力争从国家获得大量科研资助或力争与创新型企业的深度合作，从而对组织不断优化升级，提升学研高度。③在服务与中介单元竞争方面，随着服务与中介机构竞争度的提高，这会使它们为本地学研机构提供更优质的服务，从而促进区域学研高度的提升。

（二）竞争度对产业高度的影响机理

从产业价值链与创新轨链来看：①在企业竞争方面：首先，集群企业竞争度提升，会使企业利润率下降，利润率本就很低的多数低技术行业，在激烈竞争之下生存会越来越困难，因此，集群企业会从低技术产业逐渐向高附加值的高新技术产业流动（链条升级），以寻找“蓝海”，从而提升区域产业高度。其次，随着当地高新技术产业内部的竞争度不断提高，这会迫使企业进行工艺升级、产品升级乃至功能升级，从低端向中高端迈进，以获得更高价值。最后，随着企业竞争度的提高，地方政府在扶持高新技术产业时，有更多优秀企业可供选择，更可能从中挑选出最具潜力的企业给予大力支持从而促使其跨越式发展，推动地区高新技术产业的高端化发展，提升区域产业高度。②在服务与中介单元竞争方面：首先，风投机构竞争度的提高，会迫使风险投资机构精心争取优质的、具有巨大市场潜力的科技创新创业项目，并且全力帮助项目负责人提高经营管理能力、化解市场风险，从而有利于地区高新技术产业的发展与升级，提升区域产业高度。

其次，银行竞争度的提高，会促使其精心为既有远大前程又有一定市场稳定性的高新技术企业争取贷款，以获取可观收益，这有助于当地高新技术产业的发展与升级，提升区域产业高度。最后，服务与中介机构竞争度的提高，会促使它们尽力为当地高新技术企业提供更为出色的服务，从而助推当地高新技术产业发展与升级，提升区域产业高度。③在学研机构竞争方面，首先，随着学研机构竞争度的提高，这会倒逼它们优化组织体质、提升创新水平，从而有助于更好地解决高新技术产业的科技难题，这有利于学研机构突破发达国家技术壁垒与霸权、实现技术变轨或跳跃到全新的产业技术领域，推进当地高新技术产业的创新驱动发展，提升产业高度。其次，学研机构竞争度的提高，可以为风险投资机构提供更多的创投项目，为高新技术产业衍生出更多“未来之星”企业，从而提升区域产业高度。

（三）竞争度对产权活力的影响机理

从产业价值链与创新轨链来看：①在企业竞争方面，首先，集群企业竞争度的提升，要求企业对稍纵即逝的市场机遇具有高度敏感性，并能为抓住机遇而快速整合资源，当地国企因债务软约束与委托代理问题而难以适应这些要求，而民营企业比国企更能适应这些要求，在区域内竞争中日益发展壮大，从而区域产权活力逐步提升。其次，集群企业竞争使企业利润率下降，倒逼企业进行技术创新，这需要企业与外部一流创新源加大接触频率、力度、深度以不断吸收创新能量。比起国企，民营企业具有更强的动力与更高的效率有效吸收外部创新能量，率先进行工艺升级、产品升级、功能升级、链条升级，从而提升区域产权活力。②在学研机构竞争方面，随着学研机构竞争度的提高，科研人员会产出更多优秀的科技成果，突破发达国家技术壁垒与霸权、实现技术变轨或跳跃到全新产业技术领域，在创新服务与中介行业的帮助下，可衍生出更多的民营科技企业，从而壮大当地民营经济，提升区域产权活力。③在服务与中介单元竞争方面，服务与中介机构竞争度的提高，会使它们为当地企业提供更多优质服务，鉴于民企的体质机制活力，民营企业比国企更能受益于服务品质的升级，因而当地民营经济得以更快发展，从而提升区域产权活力。

（四）竞争度对创新倾向的影响机理

从产业价值链与创新轨链来看：①在企业竞争方面，伴随着集群企业竞争度的提升，生存与发展的压力使当地企业迫切需要工艺升级、产品升级、功能升级、链条升级，因而产生日益强烈的创新压力，渴望创新并为之努力，从而提升了企业创新倾向。②在学研机构竞争方面，伴随着学研机构竞争度的提升，生存与发展的压力会使学研机构对提升创新绩效，对突破发达国家技术壁垒与霸权、实现技术变轨或跳跃到全新产业技术领域，产生日益强烈的内驱力，从而提升学研机构创新倾向。③在服务与中介单元竞争方面，随着服务与中介机构竞争度的提高，它们会提升创新服务的质量与效率，降低创新成本，提高创新创业成功的预期回报率，从而提高集群企业与学研机构的创新倾向。

（五）综合推论

以上依次分析了竞争度 J 对创新元高度分量学研高度 U、产业高度 I、产权活力 P、创新倾向 R 的影响机理，此时可将上述分机理综合，从而推论出“竞争度正向影响创新元高度综量 G”。上述逻辑如图 3－8 所示。

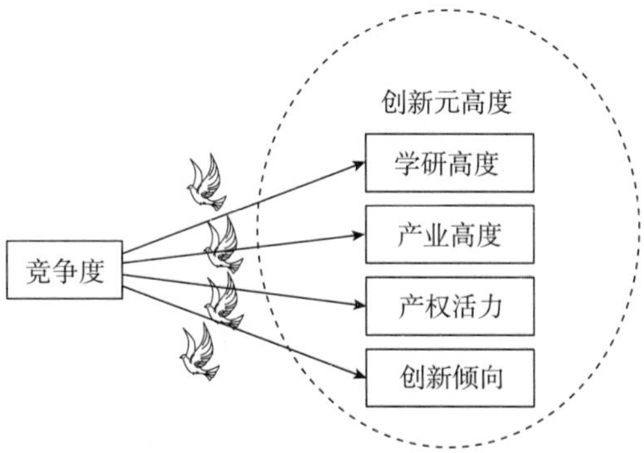

图 3－8　竞争度影响创新元高度的机理的阐述逻辑

结合假设——创新元高度综量 G 正向影响区域创新能力，可进一步推论出假设：

Hc_3：创新元高度综量 G 在竞争度 J 与区域创新能力间起中介作用。

上述逻辑可用图 3－9 表示：

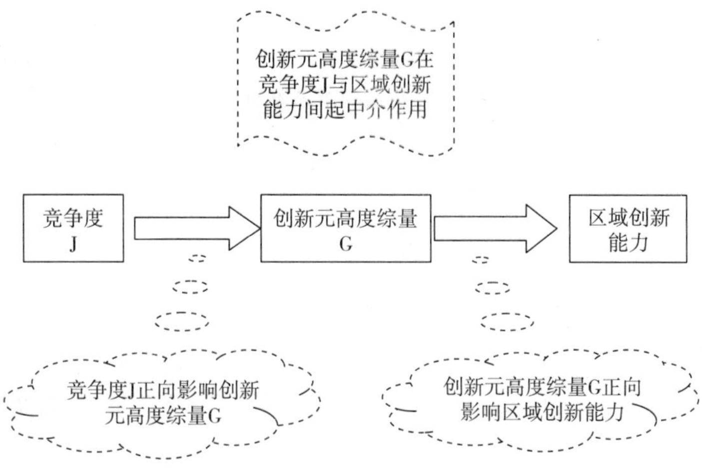

图 3－9　创新元高度综量 G 在竞争度 J 与区域创新能力间中介机理的阐述逻辑

四、分机理综合：创新元高度综量 G 在网络交互度综量 D 与区域创新能力间的中介机理

根据 Hc_1 创新元高度综量 G 在开放度 W 与区域创新能力间起中介作用、Hc_2 创新元高度综量 G 在耦合度 H 与区域创新能力间起中介作用、Hc_3 创新元高度综量 G 在竞争度 J 与区域创新能力间起中介作用三个机理假设，可推论创新元高度综量 G 在网络交互度综量 D 与区域创新能力间起中介作用。上述逻辑可用图 3 - 10 表示。

因此，本章提出假设：

Hc_0：创新元高度综量 G 在网络交互度综量 D 与区域创新能力间起中介作用。

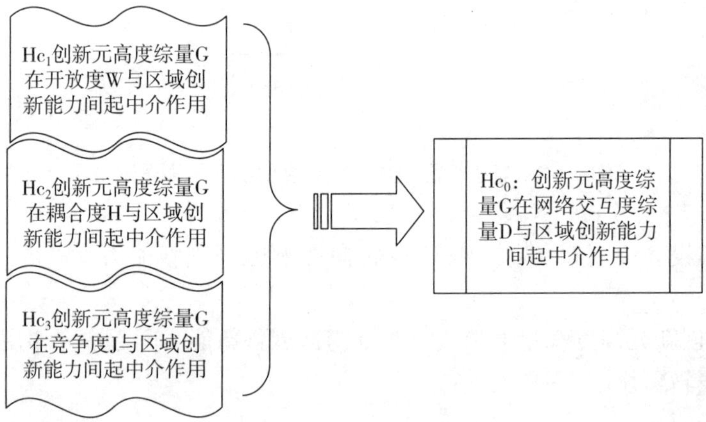

图 3 - 10　创新元高度综量 G 在网络交互度综量 D 与区域创新能力间起中介作用机理的阐述逻辑

第四章　创新元高度、网络交互度、区域创新能力的测度与分析

本章将对我国省级区域的创新元高度、网络交互度、区域创新能力依次进行测度与分析，从而为后续章节提供数据基础与认知基础。

第一节　创新元高度的测度与分析

一、创新元高度综量 G 的测度与分析

（一）指标选取

在参考相关文献的基础上，根据科学性、完备性、可操作性、层次性和动态性原则，本章从四个方面构建创新元高度的指标体系：学研高度 U、产业高度 I、产权活力 P、创新倾向 R（见图 4－1）。

学研高度 U，是指地区高校与研究机构的先进程度，从学研机构角度反映创新元高度。本章将指标选择为各地的“国家自然科学基金面上项目的数量”。因为，从科技创新的角度看，一般而言，国家自然科学基金面上项目数量越多的高校与研究机构，在科技创新的资源、组织、机能等方面就越先进。因此各地“国家自然科学基金面上项目的数量”适合作为学研机构高度的指标。该指标的数据来源于《国家自然科学基金资助项目统计》（2005～2013）。

产业高度 I，是指当地高新技术产业的发达程度。指标选择为各地的“高新技术产业主营业务收入”，数据来源于《中国高技术产业统计年鉴》（2006～2014）。

产权活力 P，是指当地民营经济的发达程度，参照众多 CSSCI 期刊中民营经济相关研究的通常做法，指标选择为各地的“私营工业企业总资产”，它基本能反映当地经济的产权活力。该指标的数据来源于《中国统计年鉴》（2006～2014）。

创新倾向 R，是指当地企业、高校与研究机构对创新的渴望与努力程度，指标选择为“各地研发经费投入强度”。可以认为，一般而言，地区研发经费投入强度越大，其企业与学研机构对科技创新的渴望与自主创新的努力程度就越强烈，因此各地研发经费投入强度适合作为创新倾向的指标。该指标的数据来源于《中国统计年鉴》（2006～2014）。

考虑到数据可得性与时间跨度一致性，将各指标数据统一到 2005～2013 年的区间内。剔除数据不完整的西藏，对全国 30 个省级区域进行测度与分析。

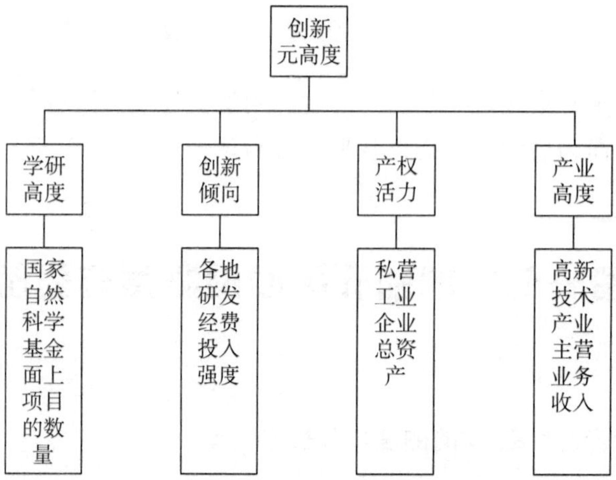

图 4－1　创新元高度指标体系

（二）研究方法——时序全局因子分析方法简介

建立创新元高度的指标体系之后，要进行指标量化分析。因子分析的主成分分析，是一种客观、综合的评价方法，得到广泛应用，但它只适用于特定年份的截面样本的静态评价。如果单独评价每一截面的序列的数据表，会导致简化空间完全不同，时序区间内系统分析创新元高度所得结论不具有统一性、整体性和可比性。为克服这一难题，本章采用时序全局因子分析方法，基于全局主成分公因子，将创新元高度时序立体数据变换到统一的全局主超平面上，使主成分公因子每年都具有相同构成，再变换、组合主超平面数据，以不同时序排序展现出系统动态性，把握创新元高度随时间演变的动态规律。

（三）评价过程与结果

1. 组建全局数据表并将数据标准化

在上述统计年鉴与资料中提取数据，按时序将数据依次排列，建立全局序列表，并将表中数据进行 Z 值标准化处理。

2. 数据有效性检验

对数据以 KMO 与 Bartlett 球形度检验法进行有效性检验。从 KMO 检验可知 KMO =0.812，Bartlett 卡方值为 733.88，显著性小于 0.01（见表 4－1）。可见数据适合用主成分分析。

表 4－1 KMO 和 Bartlett 球形度检验

KMO 抽样适度测定值		0.812
Bartlett 球形度检验	近似卡方	733.88
	自由度	6
	显著性水平	0

3. 进行时序全局因子分析

通过全局因子分析，得到主成分特征值与贡献率，如表 4－2 所示。第一个主成分的贡献率为 48.811%，第二个主成分的贡献率为 40.718%，累计贡献率为 89.529%，基本上保留了原始指标信息，所以提取两个主成分 F_1、F_2，就可基本代替原来四个指标。

表 4－2 总方差解释变异量

成分	初始特征值			提取平方和载入			旋转平方和载入		
	合计	方差百分比（%）	累计百分比（%）	合计	方差百分比（%）	累计百分比（%）	合计	方差百分比（%）	累计百分比（%）
1	2.445	61.127	61.127	2.445	61.127	61.127	1.952	48.811	48.811
2	1.136	28.402	89.529	1.136	28.402	89.529	1.629	40.718	89.529
3	0.354	8.845	98.374	—	—	—	—	—	—
4	0.065	1.626	100	—	—	—	—	—	—

采取主成分法，以最大方差法进行旋转，可以得到因子得分系数矩阵（见表 4－3）。可见：$F_1 = 0.510U + 0.542R - 0.178P - 0.020I$；$F_2 = -0.062U - 0.135R + 0.634P + 0.528I$。

表 4－3 因子得分系数矩阵

	成分	
	1	2
U	0.510	－0.062

续表

	成分	
	1	2
R	0.542	-0.135
P	-0.178	0.634
I	-0.020	0.528

以两个主成分特征值之和来代表它们所表达之总信息量，以其特征值方差占特征值总方差的百分比作为权重，将各地两个主成分得分施以加权汇总，计算公式为：$F=(F_1\beta_1+F_2\beta_2)/(\beta_1+\beta_2)=(48.811F_1+40.718F_2)/89.529=0.5452F_1+0.4548F_2$。$F_1$、$F_2$ 分别为第一主成分、第二主成分的得分，β_1、β_2 分别为其对应特征值的方差贡献。通过加权平均产生的一个新变量 F，较全面地反映了某地区某年的创新元高度综量 G。运用时序全局因子分析模型，可以得到 2005～2013 年创新元高度综量 G 的评价结果（见表 4-4）。

表 4-4 各地创新元高度综量 G 得分

地区	2005 年	2006 年	2007 年	2008 年	2009 年	2010 年	2011 年	2012 年	2013 年
北京	1.7015	1.8204	1.4826	1.5329	1.7641	2.0667	2.2586	2.4439	2.4180
天津	-0.0933	0.0216	0.0006	0.0540	0.0906	0.1788	0.2776	0.3798	0.4560
河北	-0.4777	-0.4413	-0.4205	-0.3578	-0.3007	-0.2274	-0.1404	-0.0021	0.0603
山西	-0.5235	-0.4798	-0.4622	-0.4373	-0.3622	-0.3594	-0.2984	-0.1837	-0.1260
内蒙古	-0.6195	-0.6016	-0.6013	-0.5886	-0.5335	-0.5060	-0.4834	-0.4667	-0.4286
辽宁	-0.1324	-0.1094	-0.1137	-0.0345	0.0842	0.2116	0.3037	0.3967	0.4547
吉林	-0.3838	-0.3896	-0.3977	-0.3882	-0.2815	-0.2821	-0.2732	-0.2333	-0.2097
黑龙江	-0.4193	-0.3878	-0.4003	-0.3448	-0.2806	-0.2267	-0.2397	-0.2009	-0.1732
上海	0.4923	0.6099	0.5622	0.6683	0.7598	1.0101	1.2053	1.3643	1.3860
江苏	0.4119	0.6068	0.7500	1.1453	1.3573	1.8707	2.2634	2.6883	2.9151
浙江	0.0993	0.2860	0.3068	0.3845	0.6729	0.9713	1.0536	1.2678	1.3541
安徽	-0.3889	-0.3514	-0.3616	-0.2829	-0.1862	-0.0766	0.0053	0.1369	0.2400
福建	-0.3780	-0.3218	-0.3150	-0.2681	-0.1756	-0.0734	0.0017	0.1054	0.1536
江西	-0.5191	-0.4761	-0.4669	-0.4255	-0.3922	-0.3744	-0.3624	-0.3009	-0.2451
山东	-0.1336	-0.0185	0.0756	0.2985	0.4990	0.6954	0.8577	1.1258	1.3033
河南	-0.5206	-0.4610	-0.4266	-0.3466	-0.2385	-0.1478	-0.0001	0.1766	0.3698
湖北	-0.1653	-0.1044	-0.1688	-0.0777	0.0948	0.2100	0.2880	0.4057	0.4806
湖南	-0.4422	-0.3871	-0.3847	-0.2890	-0.1902	-0.0910	0.0132	0.1227	0.1950

续表

地区	2005 年	2006 年	2007 年	2008 年	2009 年	2010 年	2011 年	2012 年	2013 年
广东	0.3780	0.6046	0.7013	0.8968	1.0877	1.4775	1.7695	2.0148	2.2314
广西	-0.6227	-0.5944	-0.6032	-0.5767	-0.5281	-0.4858	-0.4558	-0.4119	-0.3763
海南	-0.6846	-0.6743	-0.6819	-0.6813	-0.6522	-0.6465	-0.6320	-0.6116	-0.6123
重庆	-0.3880	-0.3757	-0.3809	-0.3316	-0.2535	-0.1740	-0.1281	-0.0056	0.0208
四川	-0.2440	-0.2300	-0.2020	-0.1267	-0.0171	0.1317	0.1887	0.2886	0.3871
贵州	-0.5694	-0.5547	-0.5952	-0.5781	-0.5378	-0.5342	-0.5251	-0.5175	-0.5128
云南	-0.5345	-0.5308	-0.5396	-0.5324	-0.5102	-0.4936	-0.4766	-0.4469	-0.4357
陕西	0.0286	-0.0057	-0.0365	-0.0099	0.0742	0.1485	0.1880	0.2066	0.2405
甘肃	-0.4481	-0.4289	-0.4637	-0.4406	-0.4171	-0.4137	-0.4217	-0.3871	-0.3887
青海	-0.6076	-0.6116	-0.6184	-0.6398	-0.5617	-0.5500	-0.5444	-0.5449	-0.5538
宁夏	-0.6045	-0.5617	-0.5362	-0.5789	-0.5350	-0.5491	-0.5309	-0.5041	-0.4806
新疆	-0.6448	-0.6263	-0.6404	-0.6217	-0.5828	-0.5708	-0.5679	-0.5314	-0.5051

注：表中正负表明该地区创新元高度在所有地区中的相对高低。

按大多数计量研究文献对我国区域划分的传统惯例，中国内地省级行政区可划分为东部、中部、西部三大区域：东部含北京、天津、辽宁、河北、山东、江苏、上海、浙江、福建、广东、海南等；中部含湖北、湖南、河南、安徽、江西、山西、吉林、黑龙江等；西部含重庆、四川、陕西、甘肃、宁夏、广西、贵州、云南、青海、新疆、内蒙古、西藏等。本书其他相关部分所指三大区域都依此划分。剔除数据不完整的西藏后，将每年全国、东部、中部、西部得分各取平均值，可得到全国、东部、中部、西部的创新元高度得分（见表 4－5）。可以发现，东部地区远远高于中部、西部地区，中部地区高于西部。

表 4－5　全国与东中西部地区的创新元高度综量 G 得分

地区	2005 年	2006 年	2007 年	2008 年	2009 年	2010 年	2011 年	2012 年	2013 年
全国	-0.2478	-0.1925	-0.1979	-0.1326	-0.0351	0.0730	0.1531	0.2592	0.3206
东部	0.1076	0.2167	0.2134	0.3308	0.4715	0.6850	0.8381	1.0157	1.1018
中部	-0.4203	-0.3797	-0.3836	-0.3240	-0.2296	-0.1685	-0.1084	-0.0096	0.0664
西部	-0.4777	-0.4656	-0.4743	-0.4568	-0.4002	-0.3634	-0.3416	-0.3019	-0.2757

为更好地观察创新元高度在 2013 年的地区间差异，可用由高到低的柱状图显示 2013 年各地创新元高度综量 G 得分，如图 4－2 所示。可见，江苏、北京、广东、上海、浙江、山东处于前六位，显著高于其他 24 个地区，贵州、青海、海南处于后三位。

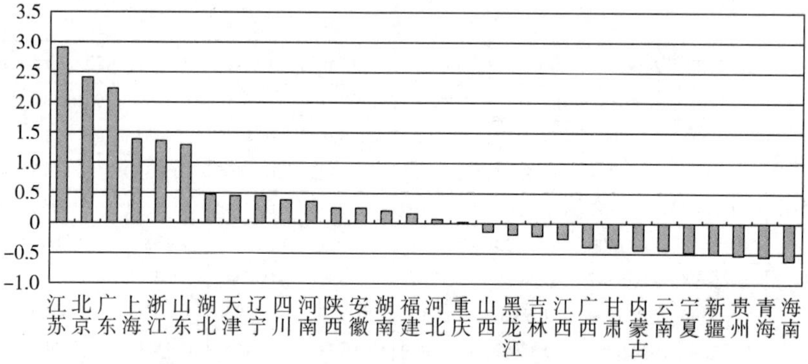

图4-2 2013年各地创新元高度综量G得分

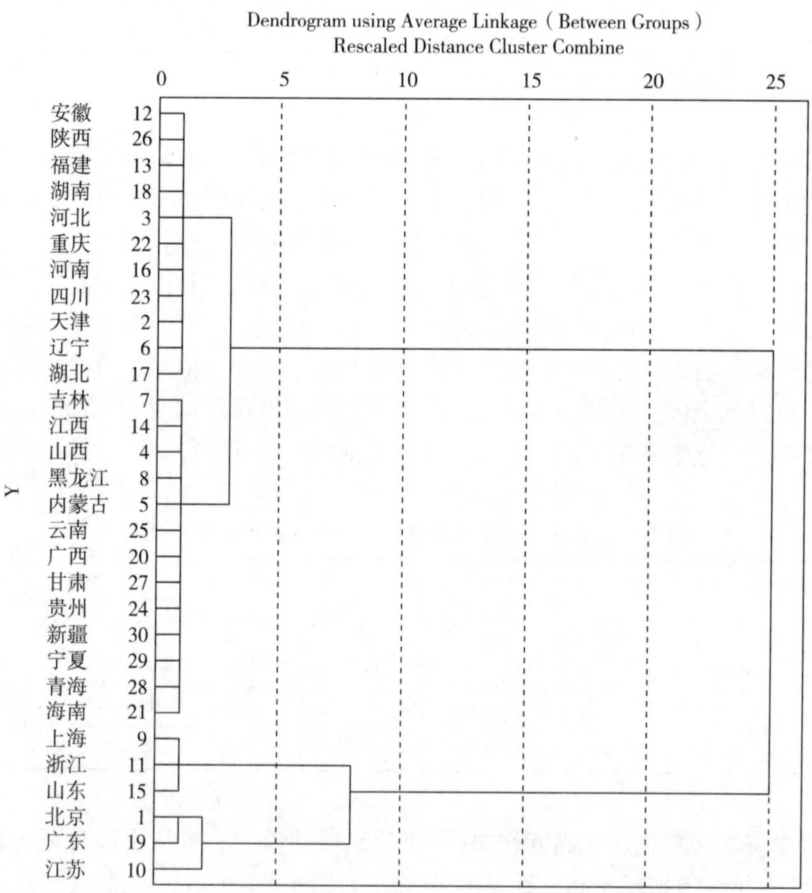

图4-3 聚类分析的树状图

为进一步科学地把握创新元高度综量 G 的分级特征，对 2013 年各地创新元高度综量 G 进行系统聚类，运用聚类分析树状图（见图 4－3），将全国各地创新元高度综量 G 划分为四个层次，依次表示创新元高度综量 G 由大到小的群组特征。

第一层次：江苏、北京、广东；

第二层次：上海、浙江、山东；

第三层次：湖北、天津、辽宁、四川、河南、陕西、安徽、湖南、福建、河北、重庆；

第四层次：山西、黑龙江、吉林、江西、广西、甘肃、内蒙古、云南、宁夏、新疆、贵州、青海、海南。

分析上述分组结果的地理分布特征，可以发现：创新元高度综量 G 最高的地区集中于东部沿海地区。

二、创新元高度分量 U、I、P、R 的测度与分析

（一）学研高度 U

作为创新元高度的一个二级指标，学研高度 U（如前所述）是指地区高校与研究机构的先进程度。各地“国家自然科学基金面上项目的数量”适合作为学研高度的指标。数据来源于网站 http：//www. nsfc. gov. cn 上的《国家自然科学基金资助项目统计》（2005～2013）。本章将原始数据按时间顺序依次排列，形成数据矩阵，然后对数据进行 Z 值标准化，以标准化的数值表征学研高度 U，得到各地区学研高度得分表（见表 4－6）。

表 4－6　各地区学研高度得分

地区	2005 年	2006 年	2007 年	2008 年	2009 年	2010 年	2011 年	2012 年	2013 年
北京	3. 4711	3. 9350	2. 6452	3. 0217	3. 4583	4. 2842	5. 1283	5. 6250	5. 3248
天津	－0. 3219	－0. 2200	－0. 3365	－0. 2673	－0. 1855	－0. 0781	0. 0929	0. 1092	0. 0583
河北	－0. 5293	－0. 5475	－0. 5784	－0. 5402	－0. 5020	－0. 4547	－0. 4511	－0. 3983	－0. 4420
山西	－0. 5766	－0. 5511	－0. 6039	－0. 5966	－0. 5566	－0. 5311	－0. 4820	－0. 4602	－0. 5202
内蒙古	－0. 5948	－0. 5966	－0. 6694	－0. 7094	－0. 7076	－0. 7057	－0. 7039	－0. 7003	－0. 6966
辽宁	－0. 0818	－0. 0236	－0. 2037	－0. 1309	0. 0256	0. 1984	0. 3476	0. 4331	0. 4003
吉林	－0. 3747	－0. 3110	－0. 3983	－0. 3292	－0. 2528	－0. 1163	－0. 1382	－0. 1091	－0. 1327
黑龙江	－0. 3783	－0. 2801	－0. 3747	－0. 3019	－0. 2801	－0. 0436	0. 0456	0. 1165	0. 0983
上海	1. 1043	1. 2226	0. 7223	0. 9315	1. 0534	1. 7356	2. 2340	2. 6051	2. 4796
江苏	0. 4713	0. 5859	0. 3476	0. 6168	0. 7842	1. 3845	1. 7483	2. 1322	2. 0648
浙江	0. 0365	0. 1493	－0. 3146	－0. 5384	0. 1438	0. 4622	0. 6641	0. 9552	0. 8697
安徽	－0. 2328	－0. 2364	－0. 3474	－0. 2782	－0. 2510	－0. 0090	0. 0765	0. 1129	0. 1547

续表

地区	2005 年	2006 年	2007 年	2008 年	2009 年	2010 年	2011 年	2012 年	2013 年
福建	-0.4656	-0.4001	-0.4929	-0.4711	-0.3365	-0.2637	-0.1764	-0.0945	-0.1491
江西	-0.6148	-0.5693	-0.6512	-0.6912	-0.6675	-0.6603	-0.6403	-0.6530	-0.6694
山东	-0.1363	-0.0381	-0.1545	-0.0054	0.0365	0.2802	0.5022	0.5986	0.5113
河南	-0.5729	-0.5366	-0.5729	-0.5402	-0.4438	-0.3401	-0.2746	-0.2491	-0.2382
湖北	0.3385	0.4331	0.1493	0.2912	0.5222	0.7332	1.0589	1.1935	1.1425
湖南	-0.3037	-0.1509	-0.2892	-0.2164	-0.1200	0.0874	0.2366	0.3003	0.3585
广东	0.1729	0.3494	0.1402	0.3403	0.5186	0.8405	1.2044	1.5045	1.4027
广西	-0.6566	-0.5820	-0.6548	-0.6894	-0.6785	-0.6712	-0.6548	-0.6584	-0.6439
海南	-0.6785	-0.6603	-0.6966	-0.7167	-0.7185	-0.6876	-0.6985	-0.6948	-0.6857
重庆	-0.2746	-0.2710	-0.3947	-0.3565	-0.2382	-0.0709	-0.0381	0.0710	-0.0417
四川	-0.2328	-0.1909	-0.2855	-0.1745	-0.1182	0.0801	0.1493	0.2602	0.2329
贵州	-0.6039	-0.6166	-0.6621	-0.6766	-0.6694	-0.6766	-0.6566	-0.6621	-0.6730
云南	-0.5566	-0.4929	-0.5857	-0.6075	-0.6130	-0.6075	-0.5529	-0.5311	-0.5511
陕西	0.0619	0.0892	-0.0454	0.1384	0.1147	0.4658	0.7660	0.7732	0.7078
甘肃	-0.5202	-0.4838	-0.5438	-0.5165	-0.5238	-0.4529	-0.4238	-0.4074	-0.4347
青海	-0.7057	-0.6966	-0.7057	-0.7076	-0.7003	-0.6985	-0.7076	-0.6985	-0.7076
宁夏	-0.6912	-0.6857	-0.7076	-0.7203	-0.7185	-0.7167	-0.7185	-0.7148	-0.7203
新疆	-0.6002	-0.5620	-0.6475	-0.6912	-0.6821	-0.6748	-0.6603	-0.6421	-0.6493

注：表中正负表明该地区学研高度在所有地区中的相对高低。

将每年全国、东部、中部、西部得分取平均值，可得到全国、东部、中部、西部的学研高度得分表（见表 4-7）。可以发现，东部地区远远高于中部、西部地区，中部地区高于西部。

表 4-7　全国与东中西部地区学研高度得分

地区	2005 年	2006 年	2007 年	2008 年	2009 年	2010 年	2011 年	2012 年	2013 年
全国	-0.1682	-0.0980	-0.2637	-0.2044	-0.1102	0.0698	0.2092	0.3039	0.2617
东部	0.2766	0.3957	0.0980	0.2037	0.3889	0.7001	0.9633	1.1614	1.0759
中部	-0.3394	-0.2753	-0.3860	-0.3328	-0.2562	-0.1100	-0.0147	0.0315	0.0242
西部	-0.4886	-0.4626	-0.5366	-0.5192	-0.5032	-0.4299	-0.3819	-0.3555	-0.3798

为了更好地观察学研高度在 2013 年的地区间差异，可用由高到低的柱状图显示 2013 年各地学研高度得分，如图 4-4 所示。可见，北京、上海、江苏位居

前三位，显著高于其他地区；内蒙古、青海、宁夏处于后三位。

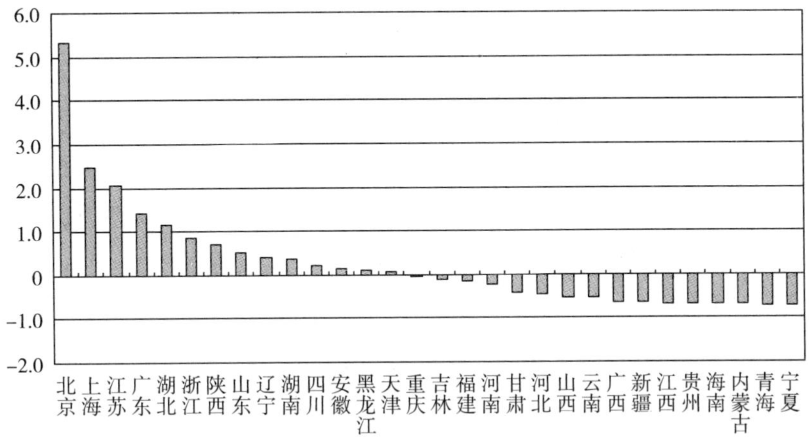

图 4－4　2013 年各地学研高度得分

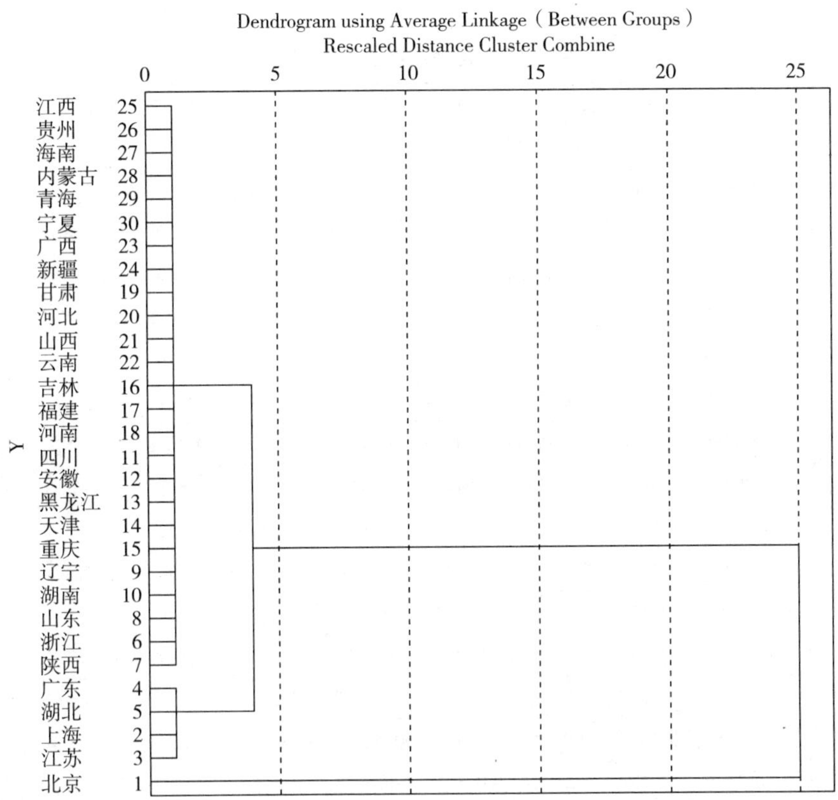

图 4－5　聚类分析的树状图

为进一步科学地把握学研高度的分级特征，对2013年各地学研高度进行系统聚类，运用聚类分析的树状图（见图4－5），将全国学研高度划分为三个层次，依次表示区域学研高度由大到小的群组特征。

第一层次：北京；

第二层次：上海、江苏、广东、湖北；

第三层次：浙江、陕西、山东、辽宁、湖南、四川、安徽、黑龙江、天津、重庆、吉林、福建、河南、甘肃、河北、山西、云南、广西、新疆、江西、贵州、海南、内蒙古、青海、宁夏。

（二）产业高度I

作为创新元高度的一个二级指标，产业高度I（如前所述）是指当地高新技术产业的发达程度。可选取各地“高新技术产业主营业务收入”作为产业高度的指标。数据来源于《中国高技术产业统计年鉴》（2006～2014）。本章将原始数据按时间顺序依次排列，形成数据矩阵，然后对数据进行Z值标准化，以标准化的数值表征产业高度值I，得到各地区产业高度得分表（见表4－8）。

表4－8　各地区产业高度得分

地区	2005年	2006年	2007年	2008年	2009年	2010年	2011年	2012年	2013年
北京	－0.0293	0.1195	0.2384	0.1980	0.1615	0.2321	0.2304	0.2850	0.3425
天津	－0.0875	0.0082	－0.0342	－0.0750	－0.0855	－0.0018	0.0893	0.2754	0.4362
河北	－0.4485	－0.4424	－0.4209	－0.3948	－0.3762	－0.3177	－0.2822	－0.2456	－0.2060
山西	－0.5006	－0.4944	－0.4850	－0.4789	－0.4771	－0.4633	－0.4480	－0.3764	－0.3570
内蒙古	－0.4927	－0.4860	－0.4793	－0.4756	－0.4640	－0.4653	－0.4458	－0.4545	－0.4384
辽宁	－0.3793	－0.3540	－0.2974	－0.2648	－0.2255	－0.1322	－0.0899	－0.0191	0.0142
吉林	－0.4832	－0.4736	－0.4596	－0.4351	－0.4094	－0.3717	－0.3098	－0.2604	－0.1947
黑龙江	－0.4455	－0.4648	－0.4550	－0.4459	－0.4358	－0.4262	－0.4098	－0.3982	－0.3788
上海	0.3883	0.5183	0.7836	0.8444	0.7821	1.0589	1.0688	1.0661	1.0149
江苏	0.8610	1.1749	1.6282	2.1023	2.3516	3.1116	3.8353	4.6132	5.0597
浙江	－0.1251	0.0242	0.1067	0.0675	0.0606	0.2298	0.2934	0.3763	0.4623
安徽	－0.4807	－0.4701	－0.4557	－0.4420	－0.4190	－0.3674	－0.2791	－0.1883	－0.1050
福建	－0.1968	－0.1556	－0.1309	－0.0845	－0.0788	0.0622	0.1549	0.2087	0.2795
江西	－0.4642	－0.4436	－0.4192	－0.3904	－0.3490	－0.2827	－0.1946	－0.0993	－0.0022
山东	－0.1259	－0.0029	0.1785	0.3505	0.5046	0.6392	0.8574	1.2181	1.4912
河南	－0.4490	－0.4203	－0.3916	－0.3543	－0.3145	－0.2498	－0.0596	0.2150	0.4453
湖北	－0.4268	－0.4017	－0.3866	－0.3377	－0.2857	－0.2338	－0.1676	－0.0610	0.0328

续表

地区	2005 年	2006 年	2007 年	2008 年	2009 年	2010 年	2011 年	2012 年	2013 年
湖南	-0.4698	-0.4626	-0.4456	-0.4042	-0.3776	-0.3125	-0.1853	-0.0939	0.0596
广东	1.8237	2.3543	2.7556	3.0894	3.2436	4.1846	4.6949	5.1029	5.7366
广西	-0.4947	-0.4909	-0.4849	-0.4730	-0.4632	-0.4297	-0.3947	-0.3349	-0.2632
海南	-0.5090	-0.5079	-0.5079	-0.5059	-0.5045	-0.4986	-0.4951	-0.4817	-0.4886
重庆	-0.4853	-0.4809	-0.4708	-0.4548	-0.4397	-0.4019	-0.2664	-0.0933	0.0729
四川	-0.3861	-0.3531	-0.2870	-0.2254	-0.1606	-0.0436	0.1990	0.3730	0.6419
贵州	-0.4871	-0.4860	-0.4774	-0.4744	-0.4608	-0.4561	-0.4474	-0.4389	-0.4323
云南	-0.5024	-0.4986	-0.4952	-0.4908	-0.4863	-0.4799	-0.4735	-0.4621	-0.4505
陕西	-0.4229	-0.4111	-0.3887	-0.3789	-0.3664	-0.3217	-0.2911	-0.2381	-0.2076
甘肃	-0.5070	-0.5061	-0.5046	-0.5037	-0.5031	-0.4987	-0.4961	-0.4906	-0.4842
青海	-0.5143	-0.5139	-0.5130	-0.5131	-0.5124	-0.5110	-0.5110	-0.5071	-0.5044
宁夏	-0.5123	-0.5126	-0.5115	-0.5107	-0.5094	-0.5089	-0.5077	-0.5086	-0.5087
新疆	-0.5134	-0.5128	-0.5116	-0.5118	-0.5115	-0.5101	-0.5088	-0.5120	-0.5112

注：表中正负表明该地区产业高度在所有地区中的相对高低。

将每年全国、东部、中部、西部得分取平均值，可得到全国、东部、中部、西部的产业高度得分表（见表4－9）。可以发现，东部大于中部，中部大于西部。

表4－9　全国与东中西部地区产业高度得分

地区	2005 年	2006 年	2007 年	2008 年	2009 年	2010 年	2011 年	2012 年	2013 年
全国	-0.2622	-0.2049	-0.1441	-0.0991	-0.0704	0.0411	0.1387	0.2490	0.3519
东部	0.1065	0.2488	0.3909	0.4843	0.5303	0.7789	0.9416	1.1272	1.2857
中部	-0.4650	-0.4539	-0.4373	-0.4111	-0.3835	-0.3384	-0.2567	-0.1578	-0.0625
西部	-0.4835	-0.4775	-0.4658	-0.4557	-0.4434	-0.4206	-0.3767	-0.3334	-0.2805

为了更好地观察产业高度在2013年的地区间差异，可用由高到低的柱状图显示2013年各地产业高度得分，如图4－6所示。可见，广东、江苏、山东处于前三名，尤其是广东、江苏显著高于其他地区；青海、宁夏、新疆处于后三名。

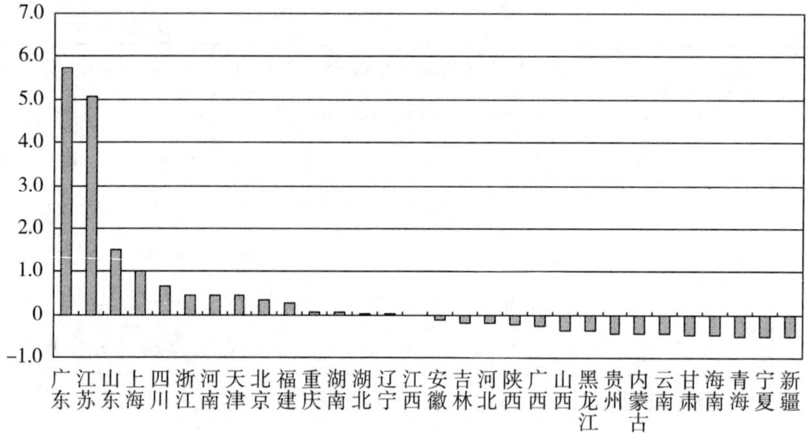

图 4-6　2013 年各地产业高度得分

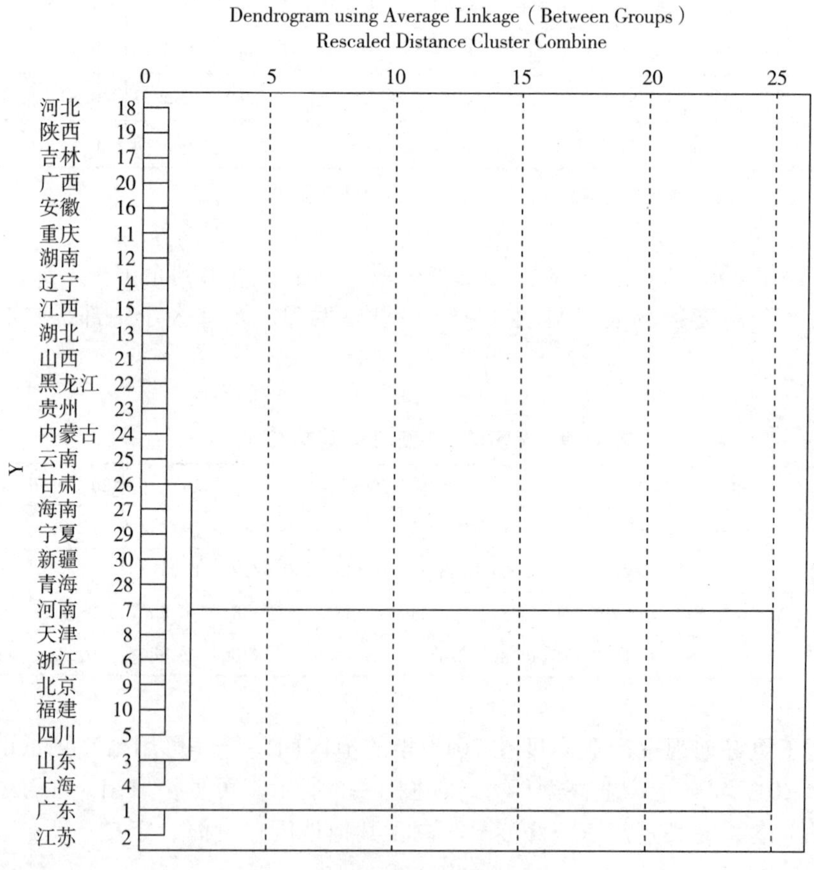

图 4-7　聚类分析的树状图

为进一步科学地把握产业高度的分级特征，对2013年各地产业高度得分进行系统聚类，运用聚类分析的树状图（见图4-7），将全国产业高度划分为三个层次，依次表示区域产业高度值由大到小的群组特征。

第一层次：广东、江苏；

第二层次：山东、上海；

第三层次：四川、浙江、河南、天津、北京、福建、重庆、湖南、湖北、辽宁、江西、安徽、吉林、河北、陕西、广西、山西、黑龙江、贵州、内蒙古、云南、甘肃、海南、青海、宁夏、新疆。

（三）产权活力P

作为创新元高度的一个二级指标，产权活力P（如前所述）是指当地民营经济的发达程度，指标选择为各地的“私营工业企业总资产”。数据来源于《中国统计年鉴》（2006~2014）。本章将原始数据按时间顺序依次排列，形成数据矩阵，然后对数据进行Z值标准化，以标准化的数值作为产权活力值P，得到各地区产权活力得分表（见表4-10）。

表4-10 各地区产权活力得分

地区	2005年	2006年	2007年	2008年	2009年	2010年	2011年	2012年	2013年
北京	-0.6320	-0.6165	-0.5955	-0.5581	-0.5411	-0.5104	-0.5364	-0.5046	-0.4733
天津	-0.6141	-0.5941	-0.5603	-0.4854	-0.4554	-0.3748	-0.3645	-0.2711	-0.2196
河北	-0.3891	-0.2790	-0.1473	0.0765	0.1804	0.4557	0.7920	1.2761	1.5260
山西	-0.5427	-0.5046	-0.4430	-0.3743	-0.3307	-0.2185	-0.0213	0.3622	0.5538
内蒙古	-0.6429	-0.5946	-0.5590	-0.4715	-0.3640	-0.2346	-0.1988	-0.1612	-0.0549
辽宁	-0.4113	-0.2877	-0.1695	0.2187	0.4233	0.7154	0.8544	1.2209	1.4378
吉林	-0.6584	-0.6275	-0.5800	-0.4800	-0.4099	-0.3432	-0.3038	-0.2857	-0.2125
黑龙江	-0.6438	-0.6224	-0.5901	-0.5424	-0.5225	-0.4598	-0.4677	-0.4218	-0.3734
上海	-0.4639	-0.3947	-0.3237	-0.1939	-0.1478	-0.0529	-0.0674	-0.0235	0.0387
江苏	0.3445	0.6668	1.1098	1.9878	2.3833	3.3300	3.9205	4.4519	5.0308
浙江	0.7416	1.1398	1.6627	2.2837	2.7509	3.6329	3.6411	3.9995	4.3494
安徽	-0.5982	-0.5465	-0.4771	-0.3365	-0.1838	0.0423	0.1584	0.4074	0.5359
福建	-0.5288	-0.4558	-0.3273	-0.2313	-0.1285	0.0763	0.1215	0.3548	0.5108
江西	-0.6121	-0.5684	-0.5120	-0.3566	-0.3658	-0.2785	-0.2328	-0.0701	0.0456
山东	-0.0614	0.2558	0.5101	1.0447	1.6947	2.0202	2.1422	2.7692	3.3510
河南	-0.4782	-0.3945	-0.2355	0.0886	0.2171	0.4575	0.8338	1.3126	1.9656
湖北	-0.5774	-0.5371	-0.4641	-0.3790	-0.2427	0.0134	-0.0730	0.1381	0.3863

续表

地区	2005 年	2006 年	2007 年	2008 年	2009 年	2010 年	2011 年	2012 年	2013 年
湖南	-0.5765	-0.5232	-0.4495	-0.3304	-0.2131	-0.0291	0.1399	0.3830	0.4575
广东	-0.1493	0.0532	0.2366	0.4835	0.7158	1.0800	1.2694	1.4279	1.7458
广西	-0.6557	-0.6318	-0.5827	-0.5218	-0.4625	-0.3504	-0.2982	-0.2006	-0.1243
海南	-0.7067	-0.7061	-0.7054	-0.6976	-0.6971	-0.7038	-0.7034	-0.7023	-0.6985
重庆	-0.6107	-0.5838	-0.5342	-0.3855	-0.3656	-0.2722	-0.2581	-0.1115	-0.0166
四川	-0.4974	-0.4372	-0.3383	-0.1093	0.0190	0.3693	0.4539	0.5372	0.7013
贵州	-0.6772	-0.6698	-0.6597	-0.6212	-0.6089	-0.5574	-0.5295	-0.4589	-0.4039
云南	-0.6183	-0.5769	-0.5259	-0.4679	-0.4209	-0.3587	-0.3732	-0.3036	-0.2496
陕西	-0.6707	-0.6427	-0.6266	-0.5527	-0.5324	-0.4507	-0.4845	-0.4533	-0.4068
甘肃	-0.6886	-0.6830	-0.6673	-0.6459	-0.6302	-0.6118	-0.6329	-0.6044	-0.5827
青海	-0.7038	-0.7020	-0.6826	-0.6781	-0.6642	-0.6481	-0.6275	-0.5742	-0.5662
宁夏	-0.6765	-0.6624	-0.6564	-0.6396	-0.5888	-0.5561	-0.5178	-0.4415	-0.3553
新疆	-0.6779	-0.6703	-0.6409	-0.6053	-0.5677	-0.4923	-0.5082	-0.3739	-0.2461

注：表中正负表明该地区产权活力在所有地区中的相对高低。

将每年全国、东部、中部、西部得分取平均值，可得到全国、东部、中部、西部的产权活力得分表（见表 4-11）。可以发现，东部大于中部，中部大于西部。

表 4-11　全国与东中西部地区产权活力得分

地区	2005 年	2006 年	2007 年	2008 年	2009 年	2010 年	2011 年	2012 年	2013 年
全国	-0.4893	-0.4132	-0.3178	-0.1494	-0.0353	0.1563	0.2376	0.4226	0.5884
东部	-0.2610	-0.1108	0.0627	0.3571	0.5617	0.8790	1.0063	1.2726	1.5090
中部	-0.5859	-0.5405	-0.4689	-0.3388	-0.2564	-0.1020	0.0042	0.2282	0.4199
西部	-0.6472	-0.6231	-0.5885	-0.5181	-0.4715	-0.3785	-0.3613	-0.2860	-0.2096

为了更好地观察产权活力在 2013 年的地区间差异，可用由高到低的柱状图显示 2013 年各地产权活力得分，如图 4-8 所示。可见，江苏、浙江、山东处于前三位，显著高于其他地区；青海、甘肃、海南处于后三位。

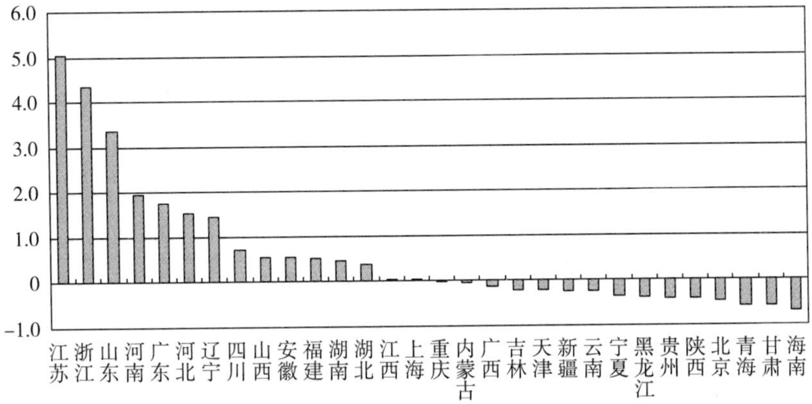

图 4-8　2013 年各地产权活力得分

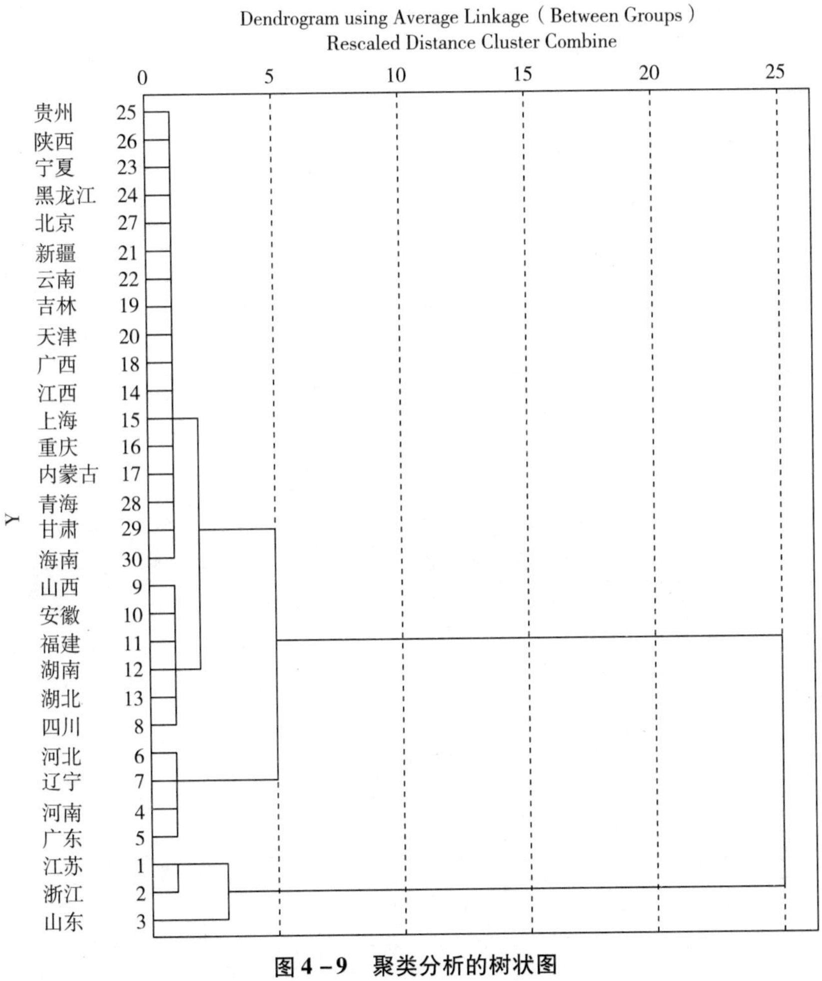

图 4-9　聚类分析的树状图

为进一步科学地把握产权活力的分级特征，对2013年各地产权活力得分进行系统聚类，运用聚类分析的树状图（见图4-9），将全国产权活力划分为四个层次，依次表示区域产权活力值由大到小的群组特征。

第一层次：江苏、浙江、山东；

第二层次：河南、广东、河北、辽宁；

第三层次：四川、山西、安徽、福建、湖南、湖北；

第四层次：江西、上海、重庆、内蒙古、广西、吉林、天津、新疆、云南、宁夏、黑龙江、贵州、陕西、北京、青海、甘肃、海南。

（四）创新倾向R

作为创新元高度的一个二级指标，创新倾向R（如前所述）是指当地企业、高校与研究机构对创新的渴望与努力程度。“各地研发经费投入强度”适合作为创新倾向的指标。数据来源于《中国统计年鉴》（2006~2014）。本章将原始数据按时间顺序依次排列，形成数据矩阵，然后对数据进行Z值标准化，以标准化的数值作为创新倾向值R，得到各地区创新倾向得分表（见表4-12）。

表4-12 各地区创新倾向得分

地区	2005年	2006年	2007年	2008年	2009年	2010年	2011年	2012年	2013年
北京	4.1078	3.9618	3.7626	3.5840	4.1275	4.4441	4.3849	4.5664	4.6947
天津	0.5333	0.8055	0.8539	0.9870	1.0413	1.1557	1.2977	1.4585	1.6390
河北	-0.7184	-0.6394	-0.6463	-0.6276	-0.5280	-0.5477	-0.4895	-0.3869	-0.3169
山西	-0.6868	-0.5645	-0.4925	-0.4560	-0.2153	-0.3357	-0.3041	-0.2212	-0.0861
内蒙古	-1.0034	-0.9709	-0.9275	-0.9058	-0.7716	-0.7608	-0.7144	-0.6690	-0.6128
辽宁	0.2295	0.1398	0.1615	0.0727	0.2068	0.2364	0.3153	0.2522	0.3252
吉林	-0.2281	-0.3554	-0.3495	-0.4885	-0.1966	-0.4363	-0.4678	-0.3919	-0.3899
黑龙江	-0.4244	-0.3938	-0.3820	-0.2706	-0.0457	-0.1285	-0.2893	-0.2479	-0.1690
上海	0.9229	1.1152	1.1281	1.1922	1.4762	1.4684	1.7721	2.0217	2.2476
江苏	0.1319	0.2709	0.3311	0.5501	0.7099	0.7434	0.8410	1.0501	1.1803
浙江	-0.0989	0.1062	0.1822	0.2838	0.4120	0.4593	0.5264	0.7562	0.8460
安徽	-0.4530	-0.3416	-0.3376	-0.2035	0.0332	0.0076	0.0845	0.3153	0.5244
福建	-0.4925	-0.4225	-0.4234	-0.3702	-0.2084	-0.1552	-0.0555	0.0569	0.1240
江西	-0.6059	-0.5270	-0.4698	-0.4057	-0.3218	-0.3899	-0.4836	-0.4333	-0.3672
山东	-0.2518	-0.2449	-0.1039	0.0835	0.2127	0.3932	0.5363	0.7128	0.8213
河南	-0.7815	-0.6621	-0.6345	-0.6296	-0.4146	-0.3978	-0.3307	-0.2637	-0.2094
湖北	-0.1778	-0.0762	-0.1226	-0.0023	0.3252	0.3321	0.3232	0.4051	0.4850

续表

地区	2005 年	2006 年	2007 年	2008 年	2009 年	2010 年	2011 年	2012 年	2013 年
湖南	-0.6335	-0.6118	-0.5309	-0.3376	-0.1404	-0.1522	-0.1295	-0.0181	0.0175
广东	-0.2331	-0.1384	-0.0447	0.0480	0.3321	0.4347	0.6388	0.8371	0.9910
广西	-0.9383	-0.9205	-0.9265	-0.8377	-0.6996	-0.6513	-0.6177	-0.5645	-0.5605
海南	-1.1237	-1.1010	-1.0951	-1.0793	-0.9551	-0.9639	-0.8939	-0.8249	-0.8338
重庆	-0.3899	-0.3672	-0.3080	-0.2755	-0.0989	-0.0516	-0.0348	0.0826	0.0756
四川	-0.0092	-0.0753	-0.0003	-0.0447	0.1950	0.2177	0.0806	0.1506	0.2029
贵州	-0.7568	-0.6878	-0.8288	-0.7746	-0.6335	-0.6572	-0.6710	-0.6986	-0.7184
云南	-0.6917	-0.7815	-0.7647	-0.7627	-0.7045	-0.6967	-0.6769	-0.6414	-0.6276
陕西	1.0186	0.8085	0.7858	0.6329	0.9890	0.8203	0.6665	0.6605	0.8075
甘肃	-0.2992	-0.2617	-0.3603	-0.3090	-0.2143	-0.2952	-0.3455	-0.2439	-0.2459
青海	-0.7627	-0.7913	-0.8278	-0.9205	-0.6069	-0.5734	-0.5566	-0.6158	-0.6533
宁夏	-0.7894	-0.6237	-0.4974	-0.6809	-0.5379	-0.6276	-0.5803	-0.5309	-0.4954
新疆	-1.0567	-1.0251	-1.0192	-0.9215	-0.7963	-0.8160	-0.8071	-0.7775	-0.7627

注：表中正负表明该地区创新倾向在所有地区中的相对得分的高低。

将每年全国、东部、中部、西部得分取平均值，可得到全国、东部、中部、西部的创新倾向得分表（见表4－13）。可以发现，东部地区远远高于中部、西部地区，中部地区高于西部。

表4－13　全国与东中西部地区创新倾向得分

地区	2005 年	2006 年	2007 年	2008 年	2009 年	2010 年	2011 年	2012 年	2013 年
全国	-0.2221	-0.1792	-0.1629	-0.1290	0.0657	0.0692	0.1006	0.1932	0.2644
东部	0.2734	0.3503	0.3733	0.4295	0.6206	0.6971	0.8067	0.9546	1.0653
中部	-0.4989	-0.4416	-0.4149	-0.3492	-0.1220	-0.1876	-0.1997	-0.1070	-0.0243
西部	-0.5162	-0.5179	-0.5159	-0.5273	-0.3527	-0.3720	-0.3870	-0.3498	-0.3264

为了更好地观察创新倾向在2013年的地区间差异，可用由高到低的柱状图显示2013年各地创新的倾向得分（见图4－10）。可见，北京、上海、天津处于前三位，显著高于其他地区；贵州、新疆、海南处于后三位。

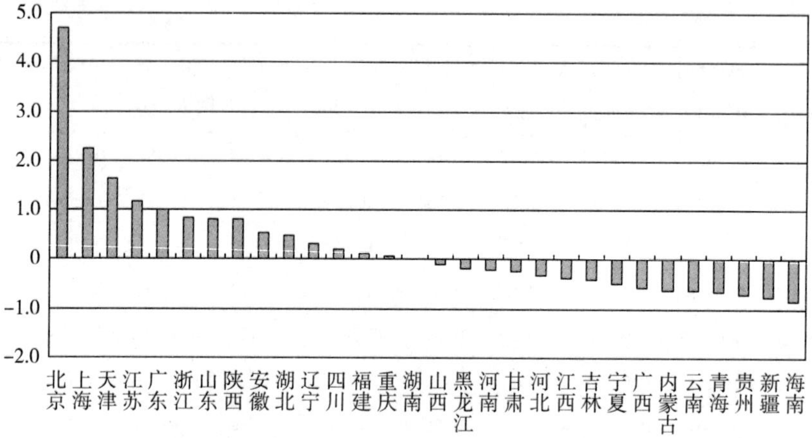

图 4－10　2013 年各地创新倾向得分

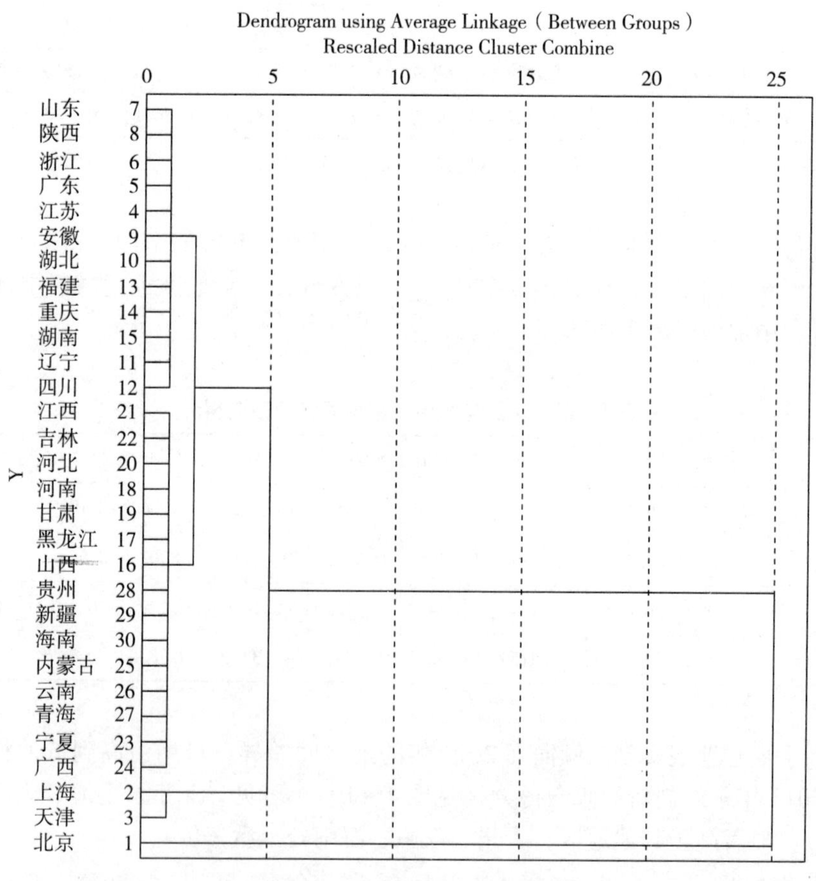

图 4－11　聚类分析的树状图

为进一步科学地把握创新倾向的分级特征，对 2013 年各地创新倾向进行系统聚类，运用聚类分析的树状图（见图 4 – 11），将全国创新倾向划分为四个层次，依次表示区域创新倾向由大到小的群组特征。

第一层次：北京；

第二层次：上海、天津；

第三层次：江苏、广东、浙江、山东、陕西、安徽、湖北、辽宁、四川、福建、重庆、湖南；

第四层次：山西、黑龙江、河南、甘肃、河北、江西、吉林、宁夏、广西、内蒙古、云南、青海、贵州、新疆、海南。

第二节　网络交互度的测度与分析

一、网络交互度综量 D 的测度与分析

（一）指标选取

在参考相关文献研究的基础上，根据科学性、完备性、可操作性、层次性和动态性原则，本章将网络交互度用开放度 W、竞争度 J、耦合度 H 三个二级指标及 11 个三级指标来表征（见图 4 – 12）。

开放度 W，是指网络单元与网络外界在知识、信息、资金、物质等方面交流的程度。可以用三个三级指标来综合表征：国外技术引进合同金额 W_1、外商投资企业投资总额 W_2、货物进出口总额 W_3。国外技术引进合同金额表征的是某地与外部知识交流的程度，而外商投资企业投资总额、货物进出口总额表征的是某地与外部资金、物质交流程度。数据来源于《中国科技统计年鉴》（2006 ~ 2014）、《中国统计年鉴》（2006 ~ 2014）。

竞争度 J，是指网络单元基于获利目的之争胜行为的激烈程度。可用三个三级指标来表征：制造业法人单位数 J_1、高校数 J_2、研究与开发机构数 J_3。考虑到发明专利主要来源于制造业，制造业法人单位数可较合理地描绘出与科技创新有关的企业竞争度。高校数、研究与开发机构数，则用于表征学研机构的竞争度。数据来源于《中国科技统计年鉴》（2006 ~ 2014）、《中国统计年鉴》（2006 ~ 2014）。

耦合度 H，是指区域网络内的各类单元在知识、信息、资金、物质等方面交流、互助的程度。可用五个三级指标来表征：大中型工业企业研发经费中政府资

金 H_1、大中型工业企业研发经费中金融机构资金 H_2、高校 R&D 经费中企业资金 H_3、研究与开发机构 R&D 费中企业资金 H_4、技术市场成交合同金额 H_5。"大中型工业企业研发经费中政府资金"表征的是政府与企业的研发互动，"大中型工业企业研发经费中金融机构资金"表征的是金融机构与企业的研发互动，"高校 R&D 经费中企业资金"表征的是企业与高校的研发互动，"研究与开发机构 R&D 费中企业资金"表征的是企业与研究机构的研发互动，"技术市场成交合同金额"表征的是服务与中介单元和学研机构的互动。数据来源于《中国科技统计年鉴》(2006~2014)、《中国统计年鉴》(2006~2014)。

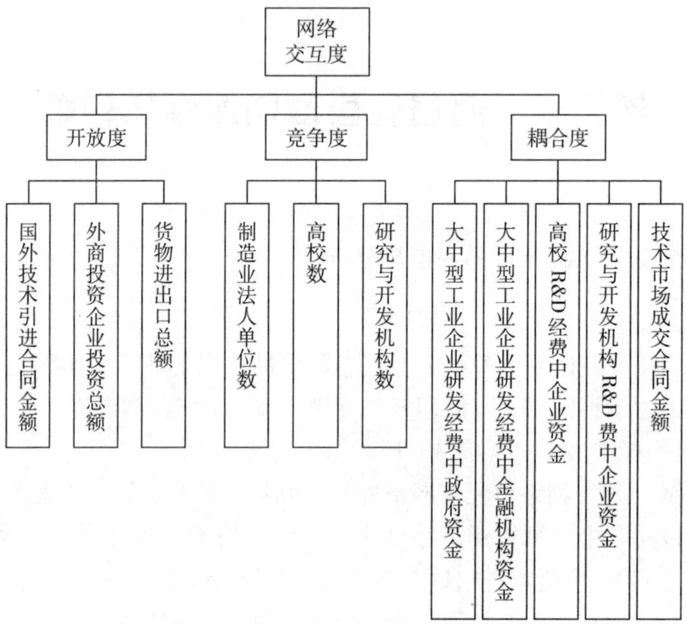

图 4-12　网络交互度指标体系

考虑到数据可得性与时间跨度的一致性，将各指标数据统一到 2005~2013 年。剔除数据不完整的西藏，对全国 30 个省级区域进行测度与分析。

(二) *研究方法*

在建立网络交互度的指标体系之后，要进行指标量化分析。本章采用时序全局因子分析方法，基于全局主成分公因子，将网络交互度时序立体数据变换到统一的全局主超平面上，使主成分公因子每年都具有相同构成，再变换、组合主超平面数据，以不同时序排序展现出系统动态性，把握网络交互度随时间演变的动态规律。

（三）评价过程与结果

1. 组建全局数据表并将数据标准化

在上述统计年鉴与资料中提取数据，按时序将数据依次排列，建立全局序列表，并将表中数据进行 Z 值标准化处理。

2. 数据有效性检验

对数据以 KMO 与 Bartlett 球形度检验法进行有效性检验。从 KMO 检验可知 KMO = 0.823，Bartlett 卡方值为 2658.404，显著性小于 0.01（见表 4 - 14）。可见数据适合用主成分分析。

表 4 - 14　KMO 和 Bartlett 球形度检验

KMO 抽样适度测定值		0.823
Bartlett 球形度检验	近似卡方	2658.404
	自由度	55
	显著性水平	0.000

3. 进行时序全局因子分析

进行全局因子分析，得到主成分特征值与贡献率，如表 4 - 15 所示。第一个主成分的贡献率为 28.914%，第二个主成分的贡献率为 26.381%，第三个主成分的贡献率为 23.998%，三者累积贡献度为 79.293%，基本上保留了原始指标信息，因此提取三个主成分 F_1、F_2、F_3，即可基本代替原来的 11 个指标。

表 4 - 15　总方差解释变异量

成分	初始特征值			提取平方和载入			旋转平方和载入		
	合计	方差百分比（%）	累计百分比（%）	合计	方差百分比（%）	累计百分比（%）	合计	方差百分比（%）	累计百分比（%）
1	5.912	53.745	53.745	5.912	53.745	53.745	3.181	28.914	28.914
2	1.767	16.062	69.807	1.767	16.062	69.807	2.902	26.381	55.295
3	1.043	9.486	79.293	1.043	9.486	79.293	2.64	23.998	79.293
4	0.807	7.334	86.627	—	—	—	—	—	—
5	0.388	3.523	90.151	—	—	—	—	—	—
6	0.332	3.022	93.173	—	—	—	—	—	—
7	0.233	2.121	95.294	—	—	—	—	—	—
8	0.216	1.965	97.259	—	—	—	—	—	—
9	0.154	1.396	98.655	—	—	—	—	—	—

续表

成分	初始特征值			提取平方和载入			旋转平方和载入		
	合计	方差百分比（%）	累计百分比（%）	合计	方差百分比（%）	累计百分比（%）	合计	方差百分比（%）	累计百分比（%）
10	0.097	0.886	99.541	—	—	—	—	—	—
11	0.05	0.459	100	—	—	—	—	—	—

采取主成分法，以最大方差法进行旋转，可以得到因子得分系数矩阵（见表4-16）。可见：

$$F_1 = -0.171J_1 + 0.037J_2 + 0.347J_3 + 0.014W_1 - 0.131W_2 - 0.084W_3 + 0.037H_1 - 0.058H_2 + 0.248H_3 + 0.307H_4 + 0.328H_5$$

$$F_2 = 0.128J_1 - 0.226J_2 - 0.316J_3 + 0.440W_1 + 0.363W_2 + 0.348W_3 + 0.023H_1 - 0.137H_2 - 0.003H_3 - 0.050H_4 + 0.048H_5$$

$$F_3 = 0.280J_1 + 0.443J_2 + 0.188J_3 - 0.281W_1 + 0.000W_2 - 0.036W_3 + 0.187H_1 + 0.365H_2 - 0.007H_3 - 0.058H_4 - 0.222H_5$$

表4-16　因子得分系数矩阵

	成分		
	1	2	3
J_1	-0.171	0.128	0.280
J_2	0.037	-0.226	0.443
J_3	0.347	-0.316	0.188
W_1	0.014	0.440	-0.281
W_2	-0.131	0.363	0.000
W_3	-0.084	0.348	-0.036
H_1	0.037	0.023	0.187
H_2	-0.058	-0.137	0.365
H_3	0.248	-0.003	-0.007
H_4	0.307	-0.050	-0.058
H_5	0.328	0.048	-0.222

以三个主成分特征值之和来代表它们所表达之总信息量，以其特征值方差占特征值总方差百分比为权重，将各地区三个主成分得分施以加权汇总，其计算公式为：

$$
\begin{aligned}
F &= (F_1\beta_1 + F_2\beta_2 + F_3\beta_3) / (\beta_1 + \beta_2 + \beta_3) \\
&= (28.914F_1 + 26.381F_2 + 23.998F_3) / 79.293 \\
&= 0.3646F_1 + 0.3327F_2 + 0.3026F_3
\end{aligned}
$$

F_1、F_2、F_3 分别为第一主成分、第二主成分、第三主成分的得分，β_1、β_2、β_3 分别为其对应的特征值方差贡献。通过加权平均，产生一个新变量 F，比较全面地反映了某个地区在某年的网络交互度。运用时序全局因子分析模型，可得到 2005 ~2013 年网络交互度综量 D 的评价结果（见表 4 -17）。

表 4 -17 各地网络交互度综量 D 得分

地区	2005 年	2006 年	2007 年	2008 年	2009 年	2010 年	2011 年	2012 年	2013 年
北京	1.0346	1.0827	1.1425	1.3315	1.0851	1.2555	1.6041	1.7314	2.2120
天津	-0.3634	-0.3120	-0.2467	-0.1123	-0.2435	-0.1615	-0.0812	0.0406	0.1365
河北	-0.0458	-0.3035	-0.2842	-0.2001	-0.2435	-0.2103	-0.1850	-0.1737	-0.1314
山西	-0.2803	-0.2783	-0.2814	-0.2434	-0.2685	-0.2558	-0.2298	-0.2121	-0.2013
内蒙古	-0.4736	-0.4537	-0.4537	-0.4131	-0.4734	-0.4501	-0.4300	-0.4092	-0.3779
辽宁	0.0634	0.1895	0.3637	0.4539	0.2820	0.3580	0.4923	0.6274	0.6792
吉林	-0.3817	-0.3638	-0.3500	-0.3297	-0.3456	-0.3356	-0.3254	-0.3011	-0.3129
黑龙江	-0.2270	-0.0013	-0.0913	-0.0586	-0.1329	-0.0659	-0.0736	0.0444	0.0898
上海	0.5725	0.9121	0.6964	0.8422	0.5400	0.8159	0.9513	1.0304	1.2128
江苏	0.7728	1.1127	1.4098	1.5245	1.1922	1.2740	1.5313	1.8910	1.9180
浙江	0.1602	0.2244	0.3768	0.5594	0.2190	0.3185	0.4659	0.5640	0.7633
安徽	-0.1470	-0.1213	-0.0712	-0.0698	-0.1490	-0.0888	-0.0445	0.0137	0.0951
福建	-0.2990	-0.1994	-0.1367	-0.1022	-0.1798	-0.1432	-0.1087	-0.0295	0.0253
江西	-0.3582	-0.3382	-0.2768	-0.2368	-0.2663	-0.2611	-0.2317	-0.2201	-0.1962
山东	0.2944	0.3502	0.4708	0.5461	0.3862	0.5169	0.6050	0.7702	0.8621
河南	-0.2198	-0.1892	-0.0814	0.0180	-0.1436	-0.0775	-0.0435	-0.0331	0.0061
湖北	0.0457	-0.0503	0.0205	0.1528	0.0151	0.0584	0.1403	0.2573	0.3776
湖南	-0.1907	-0.1632	-0.1315	0.0229	-0.1432	-0.1094	-0.0231	0.1440	0.1792
广东	0.6277	0.7242	0.9520	1.1142	0.8985	1.0802	1.2186	1.6468	1.8899
广西	-0.4081	-0.4060	-0.3859	-0.3300	-0.3618	-0.3270	-0.2959	-0.3082	-0.3154
海南	-0.6502	-0.6506	-0.5974	-0.5914	-0.5957	-0.6288	-0.6256	-0.6250	-0.5489

续表

地区	2005 年	2006 年	2007 年	2008 年	2009 年	2010 年	2011 年	2012 年	2013 年
重庆	-0.4727	-0.4570	-0.4496	-0.3827	-0.3966	-0.3552	-0.1306	0.0469	-0.0904
四川	-0.0748	0.0148	0.1579	0.1637	0.0251	0.1757	0.2808	0.3541	0.3440
贵州	-0.5159	-0.4956	-0.4935	-0.4855	-0.4963	-0.4686	-0.4706	-0.4576	-0.4155
云南	-0.4573	-0.4404	-0.4188	-0.3735	-0.4083	-0.3795	-0.3825	-0.3271	-0.2995
陕西	-0.1256	-0.1283	-0.0138	0.1814	-0.1213	-0.0715	0.0125	0.1690	0.2585
甘肃	-0.4810	-0.4756	-0.4627	-0.4471	-0.4606	-0.4260	-0.3956	-0.3861	-0.3952
青海	-0.6760	-0.6721	-0.6670	-0.6687	-0.6737	-0.6587	-0.6621	-0.6630	-0.6549
宁夏	-0.6475	-0.6528	-0.6428	-0.6450	-0.6553	-0.6518	-0.6438	-0.6366	-0.6283
新疆	-0.5098	-0.5098	-0.4940	-0.4699	-0.4980	-0.4865	-0.4877	-0.4525	-0.4606

注：表中正负表明该地区网络交互度在所有地区中的相对高低。

将每年全国、东部、中部、西部得分取平均值，可得到全国、东部、中部、西部的网络交互度综量 D 得分（见表 4-18）。可以发现，东部地区的网络交互度远远高于中部、西部地区，中部地区网络交互度高于西部。

表 4-18 全国与东中西部地区网络交互度综量 D 得分

地区	2005 年	2006 年	2007 年	2008 年	2009 年	2010 年	2011 年	2012 年	2013 年
全国	-0.1478	-0.1017	-0.0480	0.0250	-0.0871	-0.0253	0.0477	0.1365	0.2007
东部	0.1970	0.2846	0.3770	0.4878	0.3037	0.4068	0.5335	0.6794	0.8199
中部	-0.2199	-0.1882	-0.1579	-0.0931	-0.1793	-0.1420	-0.1039	-0.0384	0.0047
西部	-0.4402	-0.4251	-0.3931	-0.3519	-0.4109	-0.3727	-0.3278	-0.2791	-0.2759

为了更好地观察网络交互度综量 D 在 2013 年的地区间差异，可用由高到低的柱状图显示 2013 年各地网络交互度综量 D 得分，如图 4-13 所示。可见，北京、江苏、广东处于前三位，显著高于其他地区；海南、宁夏、青海处于后三位。

为进一步科学地把握网络交互度综量 D 的分级特征，对 2013 年各地网络交互度进行系统聚类，运用聚类分析的树状图（见图 4-14），将全国各地网络交互度综量 D 划分为五个层次，依次表示区域网络交互度综量 D 由大到小的群组特征。

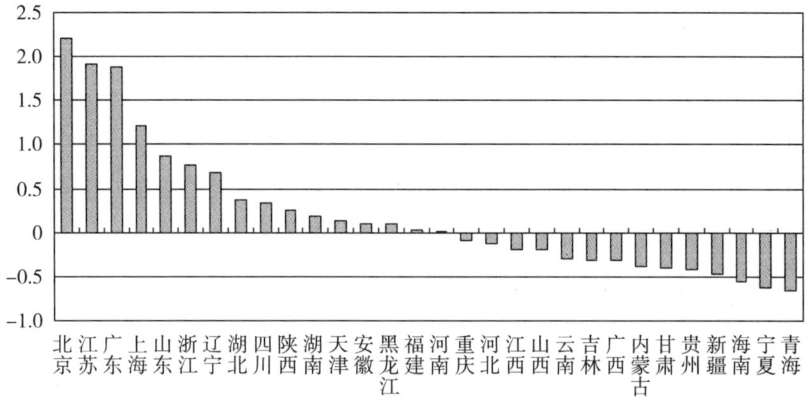

图 4－13　2013 年各地网络交互度综量 G 得分

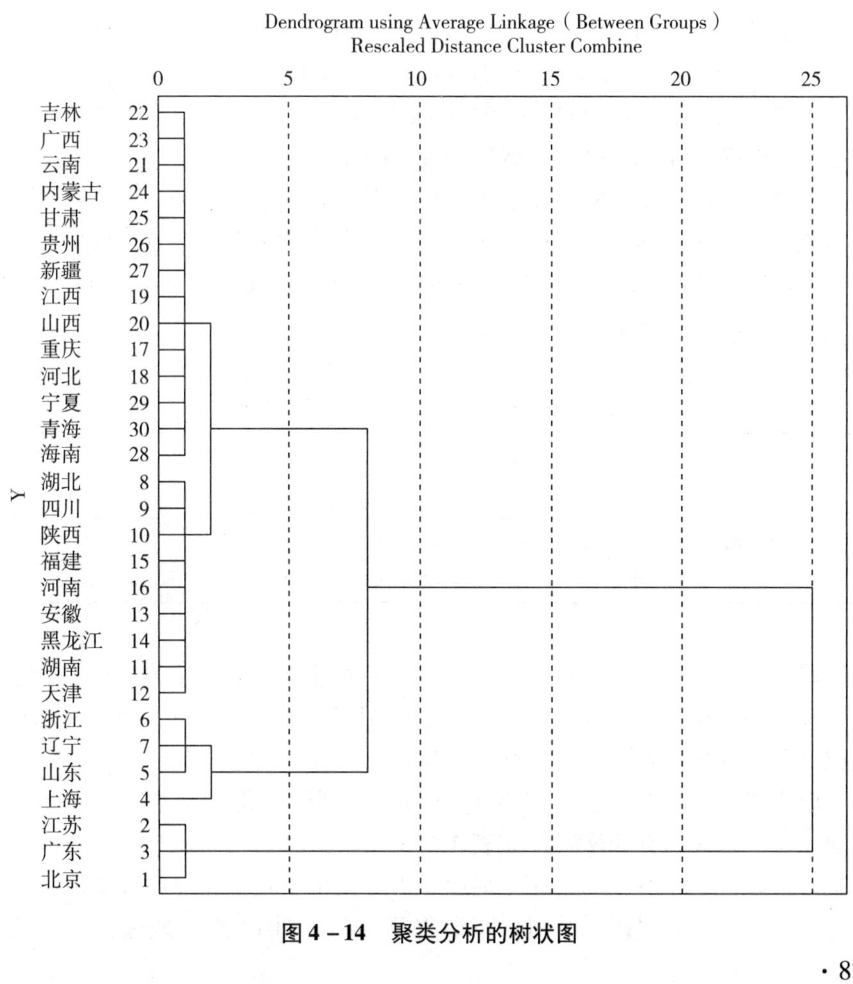

图 4－14　聚类分析的树状图

第一层次：北京、江苏、广东；

第二层次：上海；

第三层次：山东、浙江、辽宁；

第四层次：湖北、四川、陕西、湖南、天津、安徽、黑龙江、福建、河南；

第五层次：重庆、河北、江西、山西、云南、吉林、广西、内蒙古、甘肃、贵州、新疆、海南、宁夏、青海。

二、网络交互度分量 W、J、H 的测度与分析

（一）开放度 W

作为网络交互度的一个二级指标，开放度 W（如前所述）是指网络单元与网络外界在知识、信息、资金、物质等方面交流的程度。可以用三个三级指标来综合表征：国外技术引进合同金额 W_1、外商投资企业投资总额 W_2、货物进出口总额 W_3。国外技术引进合同金额表征的是某地与外部知识交流的程度，而外商投资企业投资总额、货物进出口总额表征的是某地与外部资金、物质交流程度。数据来源于《中国科技统计年鉴》（2006 ~ 2014）、《中国统计年鉴》（2006 ~ 2014）。剔除数据不完整的西藏，对全国 30 个省级区域进行测度与分析。

本章将原始数据按时间顺序依次排列，形成全局数据矩阵，先对数据进行 Z 值标准化，然后对数据以 KMO 与 Bartlett 球形度检验法进行有效性检验。由数据的 KMO 检验可知，KMO = 0. 809，Bartlett 卡方值为 663. 781，显著性小于 0. 01（见表 4 – 19）。可见数据适合主成分分析。

表 4 – 19　KMO 和 Bartlett 球形度检验

<table>
<tr><td colspan="2">KMO 抽样适度测定值</td><td>0. 809</td></tr>
<tr><td rowspan="3">Bartlett 球形度检验</td><td>近似卡方</td><td>663. 781</td></tr>
<tr><td>自由度</td><td>3</td></tr>
<tr><td>显著性水平</td><td>0. 000</td></tr>
</table>

然后，进行全局因子分析，得到主成分特征值与贡献率，如表 4 – 20 所示。唯一主成分的贡献率为 85. 607%，基本上保留了原始指标信息，因此我们提取一个主成分 F，即可基本代替原来的三个指标。

采取主成分法以最大方差法进行旋转，得到因子得分系数矩阵，可见 $F = 0.34_1 W_1 + 0.371W_2 + 0.369W_3$，如表 4 – 21 所示。

于是，以 F 的得分作为时序全局因子得分，可以较全面地反映某地区某年的开放度。运用时序全局因子分析，可以得到 2005 ~ 2013 年各地区开放度的评价

结果（见表4－22）。

表4－20　总方差解释变异量

成分	初始特征值			提取平方和载入		
	合计	方差百分比（%）	累计百分比（%）	合计	方差百分比（%）	累计百分比（%）
1	2.568	85.607	85.607	2.568	85.607	85.607
2	0.335	11.162	96.769	—	—	—
3	0.097	3.231	100.000	—	—	—

表4－21　因子得分系数矩阵

	成分
W_1	0.341
W_2	0.371
W_3	0.369

表4－22　各地区开放度得分

地区	2005年	2006年	2007年	2008年	2009年	2010年	2011年	2012年	2013年
北京	0.6800	0.4904	0.9773	1.0507	0.9248	1.0274	1.8748	1.4152	1.6835
天津	－0.2893	－0.1322	0.0319	0.2290	－0.0118	0.1398	0.2462	0.4970	0.5892
河北	－0.5214	－0.5054	－0.4663	－0.3977	－0.4455	－0.3973	－0.3527	－0.3456	－0.3156
山西	－0.6000	－0.5820	－0.5555	－0.5400	－0.5416	－0.4999	－0.4794	－0.4844	－0.4654
内蒙古	－0.5800	－0.5758	－0.5614	－0.5288	－0.5358	－0.5356	－0.4718	－0.5044	－0.5319
辽宁	－0.2409	－0.1555	0.0730	0.1634	0.0532	0.2542	0.1603	0.3540	0.3583
吉林	－0.5036	－0.4622	－0.4586	－0.4797	－0.4572	－0.4350	－0.3760	－0.3495	－0.3350
黑龙江	－0.5712	－0.5427	－0.5457	－0.5217	－0.5404	－0.4985	－0.4827	－0.4592	－0.4731
上海	1.5272	1.9056	1.8269	2.4759	1.8697	1.9420	2.3646	2.6380	3.0784
江苏	0.8064	1.3371	1.7974	1.9749	1.8126	2.6692	3.4546	4.5571	3.7192
浙江	0.1513	0.1706	0.2912	0.4540	0.3895	0.6794	0.7792	0.9077	1.7194
安徽	－0.4348	－0.5176	－0.4670	－0.4343	－0.4792	－0.3757	－0.4074	－0.3497	－0.3430
福建	－0.2281	－0.1202	－0.0549	0.0566	0.0190	0.1274	0.1498	0.3367	0.4661
江西	－0.5561	－0.5399	－0.5116	－0.4859	－0.4679	－0.4333	－0.3767	－0.3840	－0.3339

续表

地区	2005 年	2006 年	2007 年	2008 年	2009 年	2010 年	2011 年	2012 年	2013 年
山东	-0.1362	-0.0432	0.0259	0.1593	0.2157	0.3301	0.4102	0.5567	0.6985
河南	-0.5495	-0.5356	-0.5211	-0.2768	-0.4364	-0.4239	-0.3840	-0.3360	-0.3339
湖北	-0.4433	-0.4507	-0.4346	-0.3893	-0.4065	-0.3881	-0.2568	-0.1628	-0.2180
湖南	-0.5342	-0.5295	-0.4490	-0.4782	-0.5231	-0.4731	-0.4679	-0.4220	-0.3488
广东	1.3686	1.8120	2.3261	2.6995	2.6327	3.0801	2.9691	4.5086	4.8513
广西	-0.5748	-0.5592	-0.5359	-0.5161	-0.5037	-0.4766	-0.4400	-0.4451	-0.4426
海南	-0.5942	-0.5934	-0.3218	-0.3239	-0.3429	-0.5242	-0.5168	-0.5086	-0.1440
重庆	-0.5696	-0.5732	-0.5001	-0.4397	-0.2595	-0.0649	0.2793	1.3993	0.6376
四川	-0.5078	-0.4803	-0.4258	-0.3879	-0.3587	-0.3123	-0.2219	-0.1481	-0.1198
贵州	-0.6149	-0.6217	-0.6200	-0.6122	-0.6196	-0.6168	-0.6048	-0.5901	-0.5814
云南	-0.5906	-0.5794	-0.5574	-0.5515	-0.5544	-0.5330	-0.5323	-0.5107	-0.4978
陕西	-0.5743	-0.5706	-0.5529	-0.5642	-0.5350	-0.5257	-0.5162	-0.4791	-0.4610
甘肃	-0.6138	-0.5845	-0.6109	-0.6066	-0.6023	-0.6004	-0.5657	-0.5904	-0.5929
青海	-0.6276	-0.6296	-0.6262	-0.6144	-0.6273	-0.6178	-0.6127	-0.6257	-0.6240
宁夏	-0.6078	-0.6176	-0.6229	-0.6161	-0.6180	-0.6171	-0.6075	-0.5927	-0.5384
新疆	-0.6038	-0.6062	-0.5970	-0.5736	-0.5917	-0.5712	-0.5620	-0.4495	-0.5256

注：表中正负表明该地区开放度在所有地区中的相对高低。

将每年全国、东部、中部、西部得分取平均值，可得到全国、东部、中部、西部的开放度得分（见表4-23）。可以发现，东部地区远远高于中部、西部地区，中部地区高于西部。

表4-23　全国与东中西部地区开放度得分

地区	2005 年	2006 年	2007 年	2008 年	2009 年	2010 年	2011 年	2012 年	2013 年
全国	-0.2712	-0.2131	-0.1216	-0.0358	-0.0847	0.0110	0.1151	0.2811	0.3192
东部	0.2294	0.3787	0.5915	0.7765	0.6470	0.8480	1.0490	1.3561	1.5186
中部	-0.5241	-0.5200	-0.4929	-0.4507	-0.4815	-0.4409	-0.4038	-0.3684	-0.3564
西部	-0.5877	-0.5817	-0.5646	-0.5465	-0.5278	-0.4974	-0.4414	-0.3215	-0.3889

为了更好地观察开放度在2013年的地区间差异，可用由高到低的柱状图显

示2013年各地开放度得分（见图4－15）。可见，广东、江苏、上海位居前三位，显著高于其他地区；贵州、甘肃、青海位居后三位。

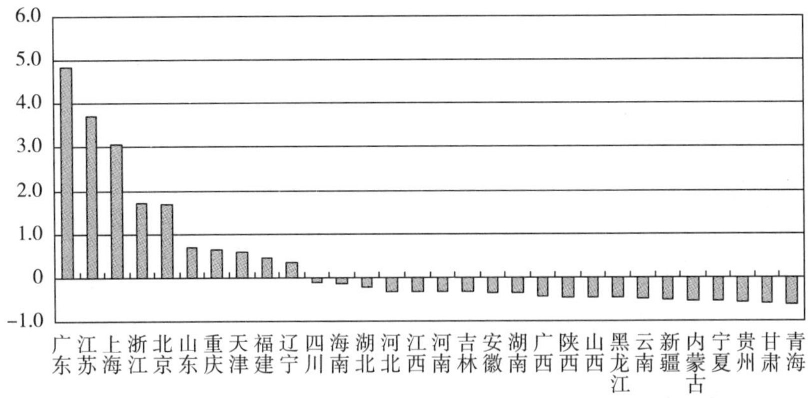

图4－15　2013年各地开放度得分

为进一步科学地把握开放度的分级特征，对2013年各地开放度进行系统聚类，运用聚类分析的树状图（见图4－16），将全国各地开放度划分为五个层次，依次表示地区开放度由大到小的群组特征。

第一层次：广东；

第二层次：江苏、上海；

第三层次：浙江、北京；

第四层次：山东、重庆、天津、福建、辽宁；

第五层次：四川、海南、湖北、河北、江西、河南、吉林、安徽、湖南、广西、陕西、山西、黑龙江、云南、新疆、内蒙古、宁夏、贵州、甘肃、青海。

（二）竞争度J

作为网络交互度的一个二级指标，竞争度J（如前所述）是指网络单元基于获利目的之争胜行为的激烈程度。可用三个三级指标来综合表征：制造业法人单位数J_1、高校数J_2、研究与开发机构数J_3。数据来源于《中国科技统计年鉴》（2006～2014）、《中国统计年鉴》（2006～2014）。剔除数据不完整的西藏，对全国30个省级区域进行测度与分析。

本章将原始数据按时间顺序依次排列，形成全局数据矩阵，对数据进行Z值标准化，然后，对数据以KMO与Bartlett球形度检验法进行有效性检验。由数据的KMO检验可知，KMO＝0.839，Bartlett卡方值为294.819，显著性小于0.01（见表4－24）。可见数据适合主成分分析。

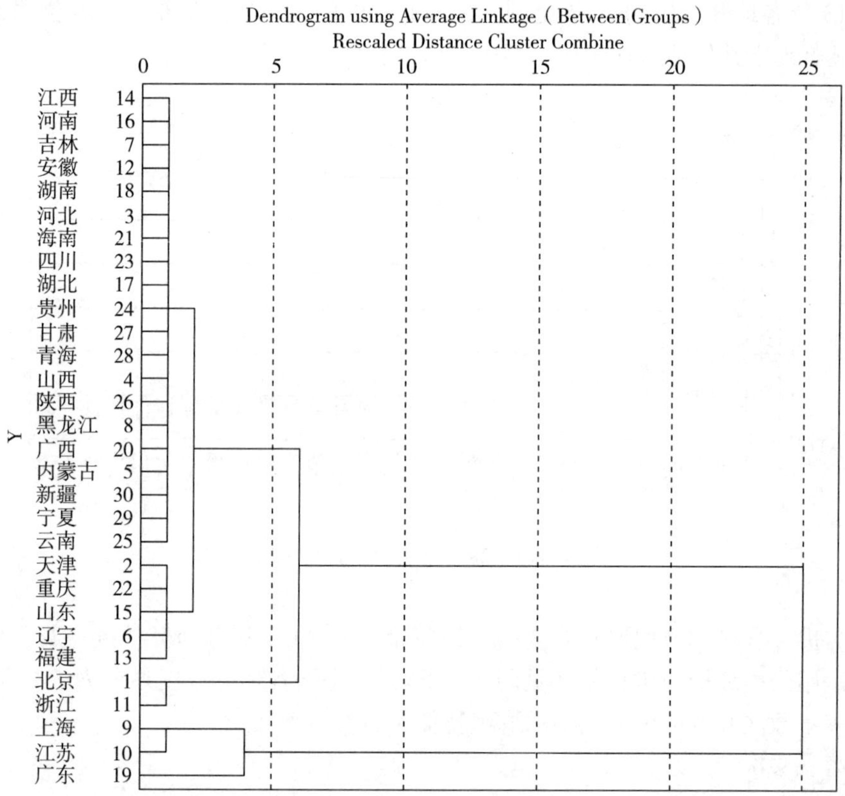

图 4－16　聚类分析的树状图

表 4－24　KMO 和 Bartlett 检验

KMO 抽样适度测定值		0. 839
Bartlett 球形度检验	近似卡方	294. 819
	自由度	3
	显著性水平	0. 000

然后，进行全局因子分析，得到主成分特征值与贡献率，如表 4－25 所示。第一个主成分的贡献率为 53. 575%，第二个主成分的贡献率为 39. 151%，两者累计贡献度为 92. 727%，基本上保留了原始指标信息，因此我们提取两个主成分 F_1、F_2，即可基本代替原来的三个指标。

表 4－25　总方差解释变异量

成分	初始特征值			提取平方和载入			旋转平方和载入		
	合计	方差百分比（%）	累计百分比（%）	合计	方差百分比（%）	累计百分比（%）	合计	方差百分比（%）	累计百分比（%）
1	2.035	67.822	67.822	2.035	67.822	67.822	1.607	53.575	53.575
2	0.747	24.904	92.727	0.747	24.904	92.727	1.175	39.151	92.727
3	0.218	7.273	100.000	—	—	—	—	—	—

采取主成分法以最大方差法进行旋转，得到因子得分系数矩阵，可见 $F_1 = 0.718J_1 + 0.437J_2 - 0.258J_3$；$F_2 = -0.317J_1 + 0.176J_2 + 0.962J_3$。如表 4－26 所示。

表 4－26　因子得分系数矩阵

	成分	
	1	2
J_1	0.718	－0.317
J_2	0.437	0.176
J_3	－0.258	0.962

以两个主成分特征值之和来代表它们表达的总信息量，以其特征值方差占特征值总方差百分比为权重，将各地区两个主成分得分施以加权汇总，其计算公式为：

$$
\begin{aligned}
F &= (F_1\beta_1 + F_2\beta_2) / (\beta_1 + \beta_2) \\
&= (53.575F_1 + 39.151F_2) / 92.727 \\
&= 0.5778F_1 + 0.4222F_2
\end{aligned}
$$

F_1、F_2 分别为第一主成分、第二主成分的得分，β_1、β_2 分别为其对应的特征值方差贡献。通过加权平均产生的一个新变量 F，比较全面地反映了某个地区在某年的竞争度。于是，通过时序全局因子分析，得到了 2005～2013 年竞争度的评价结果（见表 4－27）。

将每年全国、东部、中部、西部得分取平均值，可得到全国、东部、中部、西部的竞争度得分（见表 4－28）。可以发现，东部地区远远高于中部、西部地区，中部地区高于西部。

表 4－27 各地区竞争度得分

地区	2005 年	2006 年	2007 年	2008 年	2009 年	2010 年	2011 年	2012 年	2013 年
北京	0.8043	0.8355	0.8261	0.8536	0.8923	0.9645	0.9642	1.0183	1.0254
天津	－0.6312	－0.5983	－0.5815	－0.4672	－0.4724	－0.5111	－0.4982	－0.4886	－0.4843
河北	－0.0595	－0.0239	－0.0135	0.1564	0.2270	0.2517	0.2634	0.2945	0.3500
山西	－0.1065	－0.1356	－0.1027	－0.0163	0.0127	0.0359	0.0385	0.0535	0.0610
内蒙古	－0.6289	－0.6073	－0.6176	－0.5913	－0.5801	－0.5490	－0.5264	－0.5084	－0.4973
辽宁	0.2594	0.2637	0.2627	0.5301	0.5625	0.5955	0.6205	0.6222	0.6551
吉林	－0.4341	－0.4334	－0.4504	－0.3305	－0.3333	－0.3365	－0.3499	－0.3507	－0.3469
黑龙江	0.0101	0.0293	0.0509	0.1648	0.1637	0.1438	0.1341	0.1471	0.1517
上海	－0.0798	－0.0613	－0.0420	0.0289	0.0265	0.0534	0.0582	0.0836	0.1013
江苏	1.0521	1.1284	1.2194	1.5011	1.5890	1.7234	1.8334	1.9421	1.9851
浙江	0.3484	0.4191	0.5420	0.7795	0.8367	0.9173	1.0217	1.1028	1.1322
安徽	0.0178	0.0382	0.0899	0.2100	0.2310	0.2831	0.3288	0.3709	0.3795
福建	－0.3340	－0.2232	－0.0947	－0.0235	0.0365	0.0445	0.0889	0.1223	0.1328
江西	－0.2097	－0.2317	－0.2286	－0.0690	－0.0319	－0.0016	0.0110	0.0600	0.0983
山东	0.9669	1.0821	1.1225	1.3005	1.3448	1.4757	1.5523	1.5545	1.5996
河南	0.2458	0.2266	0.2132	0.3523	0.4076	0.5051	0.5840	0.6090	0.6779
湖北	0.1429	0.1532	0.1626	0.5123	0.5412	0.5448	0.5682	0.5848	0.5931
湖南	0.1189	0.1437	0.1826	0.3840	0.3965	0.4216	0.4440	0.4627	0.4854
广东	0.8646	0.9168	1.0185	1.1768	1.2500	1.3917	1.5153	1.6165	1.6595
广西	－0.3841	－0.3522	－0.3411	－0.2307	－0.2219	－0.1778	－0.1664	－0.1680	－0.1770
海南	－1.1319	－1.1353	－1.1403	－1.1176	－1.1116	－1.1107	－1.1064	－1.1058	－1.1055
重庆	－0.8714	－0.8569	－0.8488	－0.7498	－0.7102	－0.6584	－0.5941	－0.5665	－0.5306
四川	0.0757	0.1240	0.1442	0.2572	0.2719	0.3232	0.3277	0.3877	0.4266
贵州	－0.7250	－0.7077	－0.7039	－0.6496	－0.6317	－0.6196	－0.6239	－0.5792	－0.5535
云南	－0.5109	－0.4610	－0.4639	－0.3816	－0.3957	－0.3436	－0.3305	－0.3179	－0.3146
陕西	－0.1643	－0.1189	－0.1266	－0.0070	－0.0070	－0.0074	－0.0078	0.0015	0.0139
甘肃	－0.6371	－0.6560	－0.6292	－0.5852	－0.5903	－0.5570	－0.5387	－0.5424	－0.5412
青海	－1.2084	－1.2080	－1.2037	－1.2225	－1.2181	－1.2057	－1.2047	－1.2033	－1.2030
宁夏	－1.1544	－1.1533	－1.1489	－1.1561	－1.1547	－1.1440	－1.1420	－1.1441	－1.1436
新疆	－0.6666	－0.6633	－0.6523	－0.6038	－0.5984	－0.5996	－0.5880	－0.5611	－0.5451

注：表中正负表明该地区竞争度在所有地区中的相对高低。

表 4-28 全国与东中西部地区竞争度得分

地区	2005 年	2006 年	2007 年	2008 年	2009 年	2010 年	2011 年	2012 年	2013 年
全国	-0.1677	-0.1422	-0.1185	0.0002	0.0244	0.0618	0.0892	0.1166	0.1362
东部	0.1872	0.2367	0.2836	0.4290	0.4710	0.5269	0.5739	0.6148	0.6410
中部	-0.0269	-0.0262	-0.0103	0.1510	0.1734	0.1995	0.2198	0.2421	0.2625
西部	-0.6250	-0.6055	-0.5992	-0.5382	-0.5306	-0.5035	-0.4904	-0.4729	-0.4605

为更好地观察竞争度在 2013 年的地区间差异，可用由高到低的柱状图显示 2013 年各地竞争度得分，如图 4-17 所示。可见，江苏、广东、山东位居前三位；海南、宁夏、青海位居后三位。

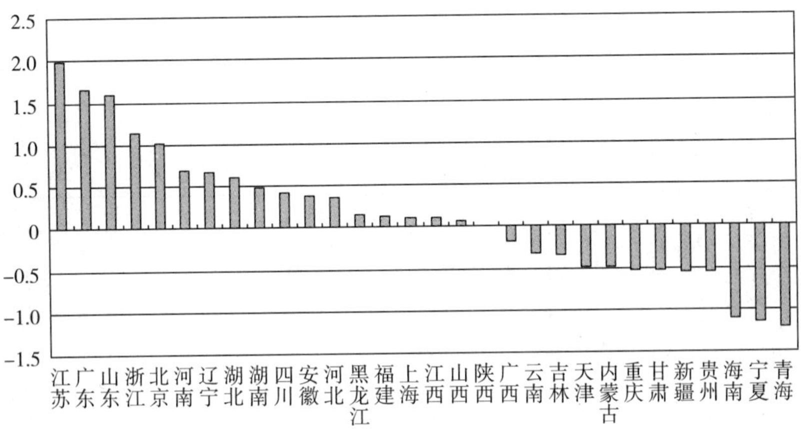

图 4-17 2013 年各地竞争度得分

为了进一步科学地把握竞争度的分级特征，对 2013 年各地竞争度进行系统聚类，运用聚类分析的树状图（见图 4-18），将全国竞争度划分为三个层次，依次表示区域竞争度由大到小的群组特征。

第一层次：江苏、广东、山东、浙江、北京；

第二层次：河南、辽宁、湖北、湖南、四川、安徽、河北、黑龙江、福建、上海、江西、山西；

第三层次：陕西、广西、云南、吉林、天津、内蒙古、重庆、甘肃、新疆、贵州、海南、宁夏、青海。

（三）耦合度 H

作为网络交互度的一个二级指标，耦合度 W（如前所述）是指区域网络内的各类单元在知识、信息、资金、物质等方面交流、互助的程度。可用五个三级指标来表征：大中型工业企业研发经费中政府资金 H_1、大中型工业企业研发经费中金融机构资金 H_2、高校 R&D 经费中企业资金 H_3、研究与开发机构 R&D 费中企业资金 H_4、技术市场成交合同金额 H_5。数据来源于《中国科技统计年鉴》(2006～2014)、《中国统计年鉴》(2006～2014)。剔除数据不完整的西藏，对全国 30 个省级区域进行测度与分析。

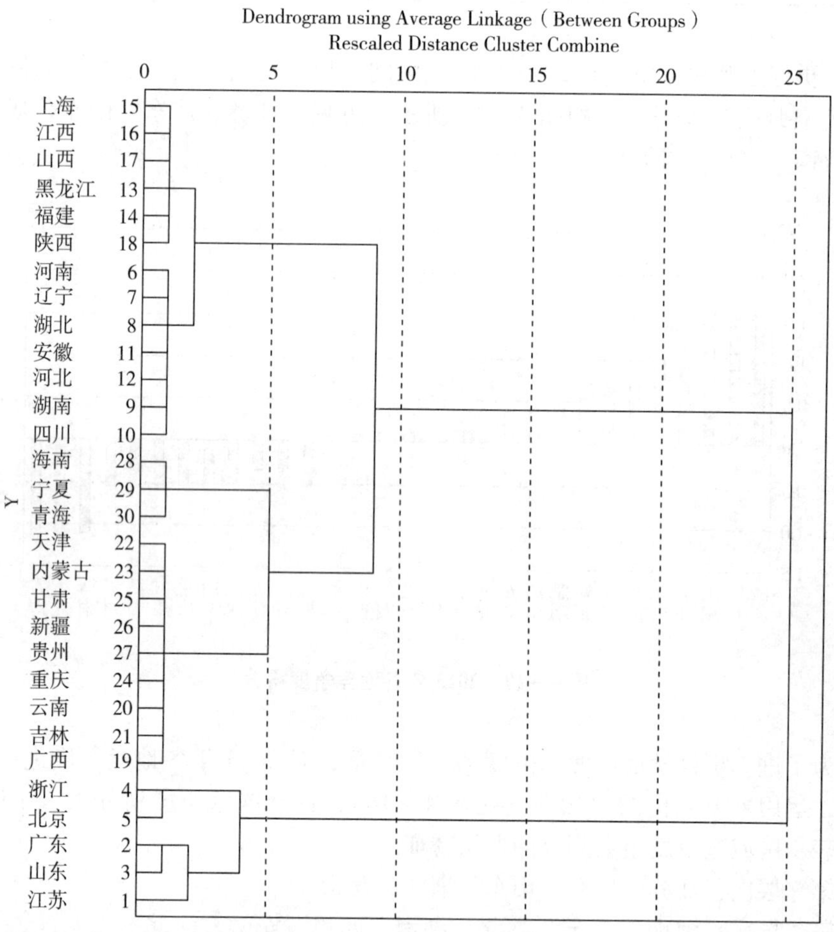

图 4-18　聚类分析的树状图

本章将原始数据按时间顺序依次排列，形成全局数据矩阵。对数据进行 Z 值标准化，然后对数据以 KMO 与 Bartlett 球形度检验法进行有效性检验。由数据的 KMO 检验可知，KMO = 0.817，Bartlett 卡方值为 414.761，显著性小于 0.01（见表 4-29）。可见数据适合主成分分析。

表 4 - 29　KMO 和 Bartlett 检验

KMO 抽样适度测定值		0.817
Bartlett 球形度检验	近似卡方	414.761
	自由度	6
	显著性水平	0.000

然后，进行全局因子分析，得到主成分特征值与贡献率。如表 4 - 30 所示。第一个主成分的贡献率为 54.482%，第二个主成分的贡献率为 25.870%，两者累计贡献度为 80.351%，基本上保留了原始指标信息，因此提取两个主成分 F_1、F_2，即可基本代替原来的四个指标。

表 4 - 30　总方差解释变异量

成分	初始特征值			提取平方和载入			旋转平方和载入		
	合计	方差百分比（%）	累计百分比（%）	合计	方差百分比（%）	累计百分比（%）	合计	方差百分比（%）	累计百分比（%）
1	2.380	59.493	59.493	2.380	59.493	59.493	2.179	54.482	54.482
2	0.834	20.858	80.351	0.834	20.858	80.351	1.035	25.870	80.351
3	0.612	15.301	95.653	—	—	—	—	—	—
4	0.174	4.347	100.000	—	—	—	—	—	—

采取主成分法以最大方差法进行旋转，得到因子得分系数矩阵。可见 $F_1 = 0.328H_1 - 0.171H_2 + 0.453H_3 + 0.423H_4 + 0.263H_5$，$F_2 = 0.028H_1 + 1.036H_2 - 0.101H_3 - 0.112H_4 + 0.189H_5$（见表 4 - 31）。

表 4 - 31　因子得分系数矩阵

	成分	
	1	2
H_1	0.328	0.028
H_2	-0.171	1.036
H_3	0.453	-0.101
H_4	0.423	-0.112
H_5	0.263	0.189

以两个主成分特征值之和来代表它们表达的总信息量，以其特征值方差占特征值总方差百分比为权重，将各地区两个主成分得分进行加权汇总，其计算公式为：

$$F = (F_1\beta_1 + F_2\beta_2) / (\beta_1 + \beta_2)$$
$$= (54.482F_1 + 25.870F_2) / 80.351$$
$$= 0.6781F_1 + 0.3220F_2$$

F_1、F_2 分别为第一主成分、第二主成分的得分，β_1、β_2 分别为其对应的特征值方差贡献。通过加权平均，产生的新变量 F，比较全面地反映了某个地区的耦合度。于是，运用时序全局因子分析，得到了 2005～2013 年各地耦合度的评价结果（见表 4－32）。

表 4－32　各地区耦合度得分

地区	2005 年	2006 年	2007 年	2008 年	2009 年	2010 年	2011 年	2012 年	2013 年
北京	1.7843	1.9319	1.6363	2.0550	1.1827	1.3593	1.7153	1.9396	3.0218
天津	-0.4255	-0.3866	-0.2787	-0.0411	-0.3894	-0.1960	-0.0522	0.1232	0.3376
河北	0.3473	-0.5242	-0.5004	-0.3841	-0.5454	-0.4986	-0.4709	-0.4668	-0.3847
山西	-0.3978	-0.3624	-0.4430	-0.3928	-0.5194	-0.5260	-0.4591	-0.4121	-0.4021
内蒙古	-0.6237	-0.5540	-0.5621	-0.4328	-0.6734	-0.6366	-0.6244	-0.6048	-0.4287
辽宁	0.1231	0.4952	0.8697	0.9149	0.3704	0.4721	0.8758	1.1341	1.3240
吉林	-0.5379	-0.5080	-0.4532	-0.4585	-0.5215	-0.4990	-0.4943	-0.4333	-0.4888
黑龙江	-0.3864	0.3125	0.0100	-0.0016	-0.2514	-0.0297	-0.0808	0.2235	0.3688
上海	0.8134	1.8124	0.8878	0.9010	0.2561	1.0452	1.1800	1.1837	1.4867
江苏	1.4903	2.3517	2.9910	2.9602	1.5032	1.0199	1.1992	1.5501	2.0598
浙江	0.3421	0.4805	0.8679	1.2282	-0.1241	-0.0525	0.2686	0.4391	0.5620
安徽	-0.0407	0.1474	0.2265	0.0935	-0.2965	-0.2231	-0.1121	0.0097	0.2053
福建	-0.4441	-0.2080	-0.1362	-0.1560	-0.5428	-0.5052	-0.4300	-0.3278	-0.2293
江西	-0.5661	-0.4920	-0.2891	-0.3058	-0.4610	-0.5071	-0.4685	-0.4597	-0.4183
山东	0.3917	0.4665	0.8444	0.8428	0.0406	0.2508	0.4152	0.8444	0.9856
河南	-0.4830	-0.3330	0.0569	0.0660	-0.4419	-0.3104	-0.2888	-0.3052	-0.2283
湖北	0.3181	0.0216	0.2424	0.3879	-0.1085	0.0084	0.1401	0.3917	0.6565
湖南	-0.3182	-0.2426	-0.2190	0.1756	-0.3890	-0.3295	-0.0702	0.4133	0.4255

续表

地区	2005 年	2006 年	2007 年	2008 年	2009 年	2010 年	2011 年	2012 年	2013 年
广东	0.5787	0.5706	0.9095	1.0815	0.1597	0.2999	0.6879	0.9539	1.3614
广西	-0.5726	-0.6044	-0.5590	-0.4450	-0.6116	-0.5575	-0.4892	-0.5238	-0.5428
海南	-0.7336	-0.7303	-0.7277	-0.7282	-0.7302	-0.7263	-0.7252	-0.7267	-0.7141
重庆	-0.3765	-0.3244	-0.3377	-0.2129	-0.4660	-0.5233	-0.0570	-0.2010	-0.2194
四川	0.0384	0.2828	0.7357	0.6374	0.0903	0.4730	0.7423	0.8691	0.7589
贵州	-0.6279	-0.5677	-0.5648	-0.5805	-0.6283	-0.5573	-0.5662	-0.5653	-0.4695
云南	-0.6566	-0.6281	-0.5721	-0.4681	-0.5743	-0.5533	-0.5741	-0.4406	-0.3539
陕西	0.1118	0.0869	0.4090	1.0125	-0.0371	0.0879	0.2601	0.6302	0.7387
甘肃	-0.6229	-0.6074	-0.5768	-0.5659	-0.6105	-0.5362	-0.4818	-0.4449	-0.4938
青海	-0.7309	-0.7176	-0.7102	-0.7091	-0.7243	-0.6985	-0.7154	-0.7131	-0.6916
宁夏	-0.6857	-0.7057	-0.6711	-0.6717	-0.7122	-0.7096	-0.6930	-0.6775	-0.6847
新疆	-0.6969	-0.6909	-0.6534	-0.6203	-0.7052	-0.6890	-0.7066	-0.6868	-0.6748

注：表中正负表明该地区耦合度在所有地区中的相对高低。

将每年全国、东部、中部、西部得分取平均值，可得到全国、东部、中部、西部的耦合度得分（见表 4-33）。可以发现，东部地区远远高于中部、西部地区，中部地区高于西部。

表 4-33　全国与东中西部地区耦合度得分

地区	2005 年	2006 年	2007 年	2008 年	2009 年	2010 年	2011 年	2012 年	2013 年
全国	-0.1196	-0.0076	0.0811	0.1727	-0.2487	-0.1616	-0.0358	0.0905	0.2289
东部	0.3880	0.5691	0.6694	0.7886	0.1074	0.2244	0.4240	0.6042	0.8919
中部	-0.3015	-0.1821	-0.1085	-0.0545	-0.3737	-0.3021	-0.2292	-0.0715	0.0148
西部	-0.4949	-0.4573	-0.3693	-0.2778	-0.5139	-0.4455	-0.3550	-0.3053	-0.2783

为了更好地观察耦合度在 2013 年的地区间差异，可用由高到低的柱状图显示 2013 年各地竞争度得分（见图 4-19）。可见，北京、江苏、上海位居前三位；宁夏、青海、海南位居后三位。

为进一步科学地把握耦合度的分级特征，对 2013 年各地耦合度进行系统聚类，运用聚类分析的树状图（见图 4-20），将全国各地耦合度划分为四个层次，

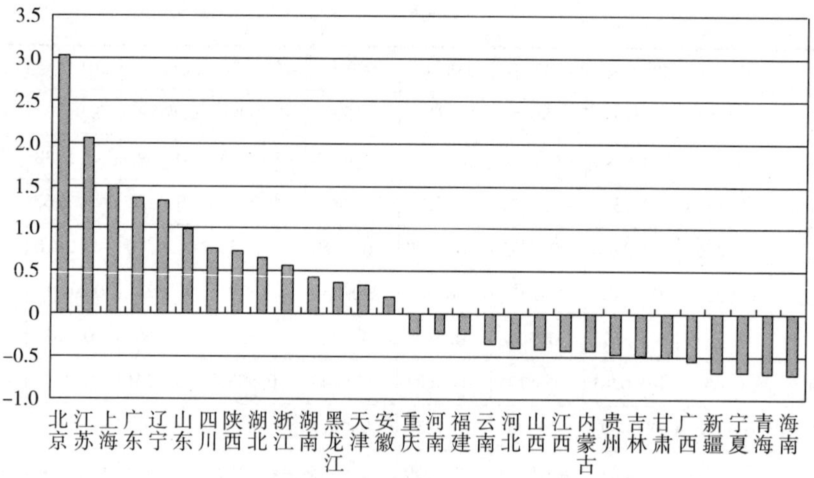

图 4－19　2013 年各地耦合度得分

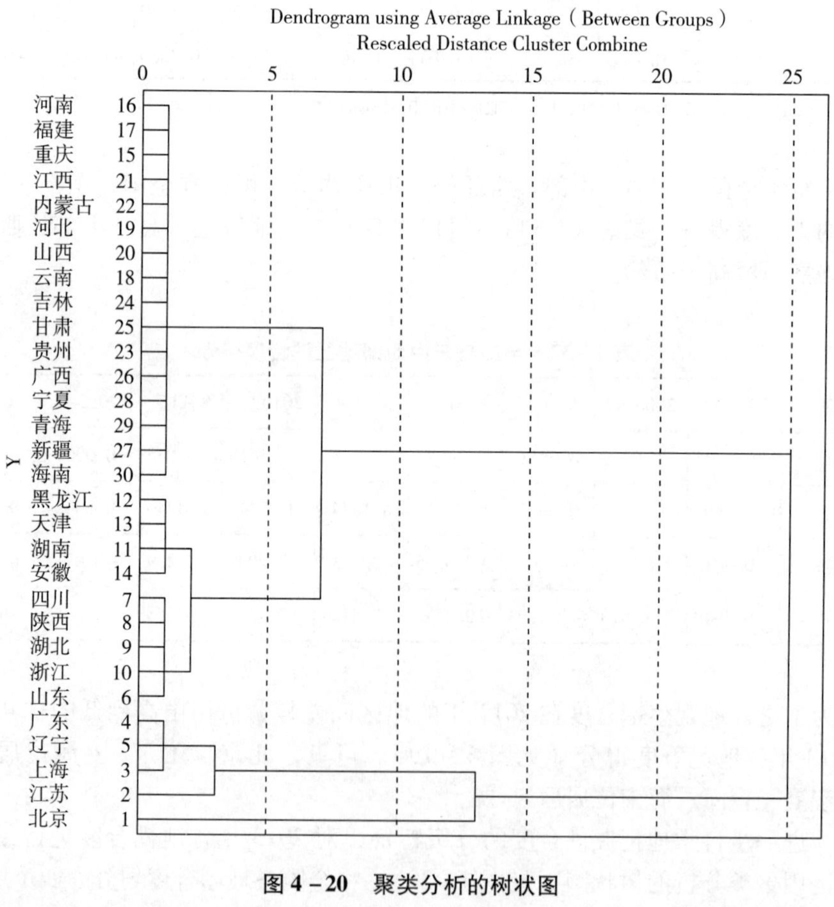

图 4－20　聚类分析的树状图

依次表示地区耦合度由大到小的群组特征。

第一层次：北京；

第二层次：江苏、上海、广东、辽宁；

第三层次：山东、四川、陕西、湖北、浙江、湖南、黑龙江、天津、安徽；

第四层次：重庆、河南、福建、云南、河北、山西、江西、内蒙古、贵州、吉林、甘肃、广西、新疆、宁夏、青海、海南。

第三节　区域创新能力的测度与分析

区域创新能力 INNO，可用各地发明专利申请授权数来表征。虽然有专门研究区域创新能力测度方法的少量文献采取了复杂的指标体系测量区域创新能力，但是，国内外众多学者在非专门研究测度方法的大量文献中，普遍采用专利数来表征区域创新能力。因此，本书遵循研究惯例，采用专利数来表征区域创新能力（并且，中国省级地区专利数据，比起其他指标数据更具可靠性、稳定性、易得性、连续性）。在发明专利、实用新型专利、外观设计专利中，本书采用质量最高的发明专利数来表征区域创新能力，更能反映区域创新能力的本质要求；在专利申请数与授权数中，本书采用经专利局审查确认合格的授权数，能更好地反映区域创新能力状况。总之，鉴于以上考虑，本书采取各地发明专利申请授权数来表征区域创新能力。

数据来源于《中国科技统计年鉴》（2006～2014）。本章将原始数据按时间顺序依次排列，形成数据矩阵，然后对数据进行 Z 值标准化，以标准化的数值作为区域创新能力得分，可得各地的区域创新能力得分表（见表 4－34）。

表 4－34　各地的区域创新能力得分

地区	2005 年	2006 年	2007 年	2008 年	2009 年	2010 年	2011 年	2012 年	2013 年
北京	0.3075	0.4095	0.6619	1.0968	1.8011	2.3407	3.5688	4.6888	4.8347
天津	-0.4058	-0.3522	-0.3004	-0.1831	-0.1098	-0.0990	0.0582	0.2680	0.2194
河北	-0.5089	-0.4994	-0.4850	-0.4621	-0.4248	-0.3556	-0.2202	-0.0982	-0.0785
山西	-0.5328	-0.5239	-0.5257	-0.4960	-0.4479	-0.4121	-0.3135	-0.2654	-0.2562
内蒙古	-0.5807	-0.5780	-0.5749	-0.5696	-0.5596	-0.5376	-0.5107	-0.4568	-0.4621
辽宁	-0.3588	-0.3270	-0.2857	-0.2078	-0.0824	0.0133	0.2254	0.4382	0.4006

续表

地区	2005年	2006年	2007年	2008年	2009年	2010年	2011年	2012年	2013年
吉林	-0.5036	-0.4884	-0.4871	-0.4555	-0.4174	-0.4000	-0.2904	-0.1902	-0.2131
黑龙江	-0.4994	-0.4579	-0.4308	-0.4119	-0.3062	-0.2089	-0.0929	0.0293	-0.0180
上海	-0.0814	0.0887	0.2504	0.5131	0.9703	1.1990	1.8019	2.3854	2.1921
江苏	-0.2802	-0.1776	-0.0227	0.3159	0.7928	1.2892	2.2970	3.6639	3.8080
浙江	-0.3146	-0.2320	-0.0246	0.2531	0.6603	1.0789	1.7954	2.4358	2.3223
安徽	-0.5439	-0.5349	-0.5231	-0.4779	-0.3974	-0.3143	-0.0738	0.1997	0.5086
福建	-0.5428	-0.5249	-0.5181	-0.4671	-0.3898	-0.2846	-0.0951	0.1763	0.1668
江西	-0.5691	-0.5652	-0.5602	-0.5491	-0.5049	-0.4984	-0.4279	-0.3719	-0.3638
山东	-0.3690	-0.3193	-0.2291	-0.1213	0.1468	0.4731	0.9332	1.3531	1.7370
河南	-0.5128	-0.4881	-0.4584	-0.4308	-0.3096	-0.2126	0.0409	0.2302	0.2278
湖北	-0.4137	-0.3816	-0.3735	-0.3036	-0.2178	-0.0740	0.2244	0.4584	0.4589
湖南	-0.4663	-0.4537	-0.4132	-0.2920	-0.1458	-0.1016	0.0787	0.2751	0.3435
广东	-0.1132	0.0354	0.3701	1.3928	2.3790	2.9932	4.1898	5.2181	4.6741
广西	-0.5696	-0.5583	-0.5570	-0.5528	-0.5207	-0.4944	-0.4397	-0.3693	-0.2660
海南	-0.5970	-0.5962	-0.5930	-0.5941	-0.5844	-0.5565	-0.5349	-0.5023	-0.4884
重庆	-0.5596	-0.5418	-0.5134	-0.4666	-0.3872	-0.3059	-0.1161	0.0314	0.0141
四川	-0.4453	-0.4287	-0.3895	-0.3209	-0.1868	-0.0270	0.2533	0.5662	0.5941
贵州	-0.5638	-0.5570	-0.5452	-0.5354	-0.5218	-0.4905	-0.4497	-0.4395	-0.4024
云南	-0.5260	-0.5131	-0.5097	-0.5057	-0.4813	-0.4350	-0.3419	-0.2644	-0.2615
陕西	-0.4894	-0.4482	-0.4079	-0.3535	-0.2536	-0.1103	0.2189	0.4500	0.4802
甘肃	-0.5759	-0.5683	-0.5591	-0.5510	-0.5468	-0.5147	-0.4613	-0.4213	-0.4000
青海	-0.6001	-0.5985	-0.5991	-0.6004	-0.5972	-0.5957	-0.5880	-0.5799	-0.5825
宁夏	-0.5959	-0.5896	-0.5980	-0.5938	-0.5928	-0.5904	-0.5794	-0.5696	-0.5581
新疆	-0.5833	-0.5783	-0.5828	-0.5849	-0.5749	-0.5567	-0.5270	-0.4865	-0.4645

注：表中正负表明该地区创新能力在所有地区中的相对高低。

将每年全国、东部、中部、西部得分取平均值，可得到全国、东部、中部、西部区域创新能力得分（见表4-35）。可以看出，东部地区远远高于中部、西部地区，中部地区高于西部。

表 4-35　全国与东中西部地区创新能力得分

地区	2005 年	2006 年	2007 年	2008 年	2009 年	2010 年	2011 年	2012 年	2013 年
全国	-0.4465	-0.4116	-0.3595	-0.2505	-0.0937	0.0404	0.3208	0.5951	0.6056
东部	-0.2967	-0.2268	-0.1069	0.1397	0.4690	0.7356	1.2745	1.8206	1.7989
中部	-0.5052	-0.4867	-0.4715	-0.4271	-0.3434	-0.2777	-0.1068	0.0457	0.0860
西部	-0.5536	-0.5418	-0.5306	-0.5122	-0.4748	-0.4235	-0.3220	-0.2309	-0.2099

为了更好地观察区域创新能力在 2013 年的地区间差异，可用由高到低的柱状图显示 2013 年各地区域创新能力得分（见图 4-21）。可见，北京、广东、江苏处于前三位，远高于其他地区；海南、宁夏、青海处于后三位。

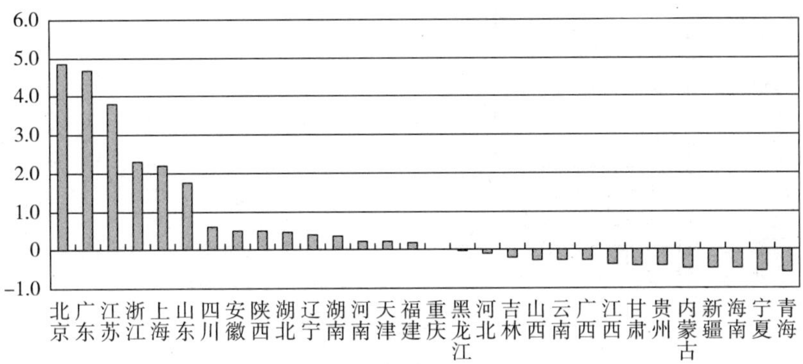

图 4-21　2013 年各地区域创新能力得分

为进一步科学地把握区域创新能力的分级特征，对 2013 年各地的区域创新能力进行系统聚类，运用聚类分析的树状图（见图 4-22），将全国各地的区域创新能力划分为三个层次，依次表示区域创新能力由大到小的群组特征。

第一层次：北京、广东、江苏；

第二层次：浙江、上海、山东；

第三层次：四川、安徽、陕西、湖北、辽宁、湖南、河南、天津、福建、重庆、黑龙江、河北、吉林、山西、云南、广西、江西、甘肃、贵州、内蒙古、新疆、海南、宁夏、青海。

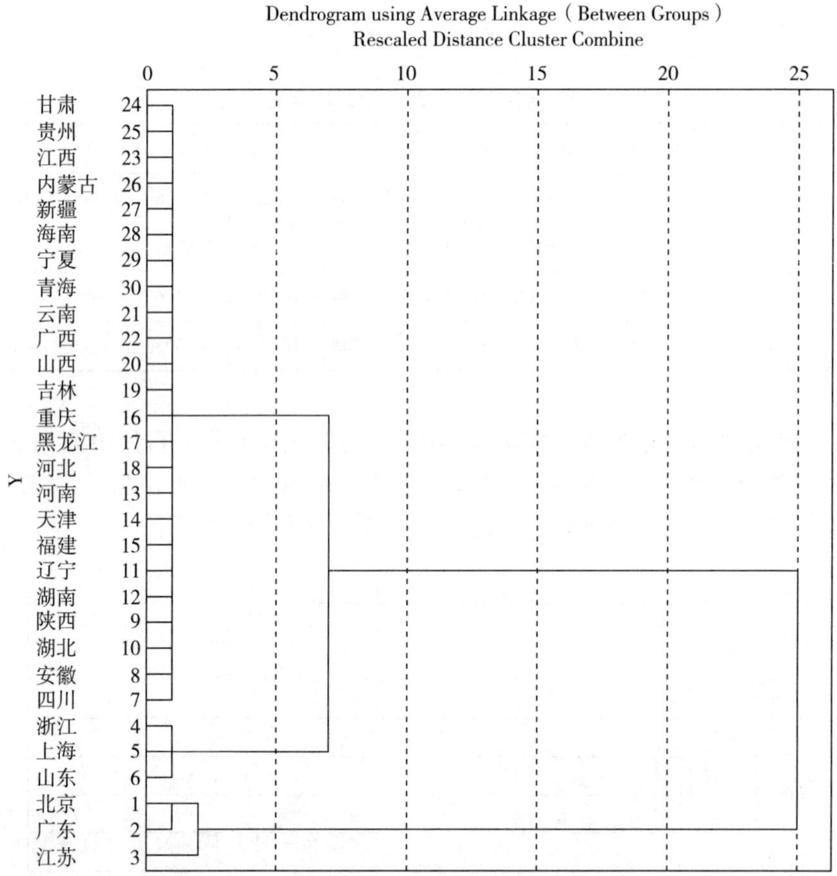

图 4－22　聚类分析的树状图

进一步，可以将第一、第二层次的省级地区称为“技术先发地区”，包括：北京、广东、江苏、浙江、上海、山东。它们具有共同的特征：从 2005～2013 年区域创新能力一直都排在全国前六名，且都是中国东部的经济发达地区。相应地，可以将第三、第四层次的地区称为“技术后发地区”，主要是我国中西部地区。

第五章　创新元高度、网络交互度对区域创新能力影响的实证分析

第一节　创新元高度综量 G 影响、网络交互度综量 D 影响、G 中介效应的计量检验

一、模型设定、数据说明

为研究创新元高度综量 G、网络交互度综量 D 对区域创新能力的影响，以及 G 在 D 与区域创新能力间的中介效应，本章提出如下检验方程：

$$INNO_{it} = C_0 + \beta_1 G_{it} + \beta_2 D_{it} + \beta_3 D_{it} \times G_{it} + \varepsilon_{it}$$

其中，C_0 表示参数项，ε_{it}表示随机误差项，i 表示各省级地区，t 表示各年。G_{it}表示创新元高度综量，D_{it}表示网络交互度综量，$INNO_{it}$表示区域创新能力。以回归分析进行计量研究的大量文献，常常采用交叉项来研究变量的中介效应。因此，本章遵循惯例，以交叉项 $D_{it} \times G_{it}$对 INNO 的影响系数来研究 G 在 D 与区域创新能力 INNO 间的中介效应。INNO、G、D、D×G 数据的直接来源是第四章的计算结果，所有数据都进行了标准化处理。根本来源是《中国高技术产业统计年鉴》（2006～2014）、《中国统计年鉴》（2006～2014）、《中国科技统计年鉴》（2006～2014）、《国家自然科学基金资助项目统计》（2005～2013）。

二、面板数据的单位根检验

运用 Eviews 6.0 对面板数据 INNO、G、D、D×G 分别采用 LLC、ADF－Fisher、PP－Fisher 三种检验方法进行单位根检验，检验结果如表 5－1 所示，可见 INNO、G、D、D×G 序列在 1% 的显著水平下都是平稳的，都不存在单位根。

表 5-1 面板数据的单位根检验结果

变量	检验方法	LLC 检验*	ADF-Fisher 检验	PP-Fisher 检验
INNO	统计值	-4.1092	136.983	116.385
	概率**	0.0000	0.0000	0.0000
G	统计值	-5.1065	114.852	157.221
	概率**	0.0000	0.0000	0.0000
D	统计值	-2.783	97.3197	139.010
	概率**	0.0027	0.0009	0.0000
D×G	统计值	-4.8902	166.710	208.098
	概率**	0.0000	0.0000	0.0000

注：*表示10%的显著水平，**表示5%的显著水平。

三、基于全国数据的计量检验

面板数据的估计分为常截距、变截距和变系数三类模型，而变系数模型与变截距模型又分为固定效应和随机效应模型。因为变系数模型一般很少采用（Greene，2003），因此面板数据的估计，主要考虑在常截距模型与变截距模型中进行选择，这要根据 F-Test 来判断；在固定效应与随机效应模型中，根据 Hausman 检验来选择。

F 检验中，计算 $F=[(SSE_r-SSE_u)/(N-1)]/[SSE_u/(NT-N-K)]$，其中，$SSE_r$ 和 SSE_u 分别表示常截距模型和变截距模型的残差平方和，N 为截面个数，T 为时间期数，K 为解释变量数。计算 $\alpha=5\%$ 显著水平下的临界值 $F_\alpha(N-1, NT-N-K)$，其中（N-1）和（NT-N-K）分别为 F 统计量分子和分母的自由度。如果 $F>F_\alpha(N-1, NT-N-K)$，则拒绝原假设 H_0，应选择变截距模型；反之，则应选择常截距模型。

F 检验中，全国 $SSE_r=37.1941$，$SSE_u=13.19877$，$F=14.85744>F_{0.05}=1.5155$（见表 5-2）。拒绝原假设 H_0，此时常截距模型所得的估计量不是最有效的估计量，应该建立变截距回归模型。

表 5-2 F 检验结果

SSE_u	SSE_r	F	$F_{0.05}(K_1, K_2)$	结论
13.19877	37.1941	14.85744	1.5155	建立变截距模型

下面进行 Hausman 检验，就全国的 G、D、D×G 对区域创新能力的影响进

行 Hausman 检验，由检验结果可知（见表 5－3）：P 值为 0.0000＜0.05，所以拒绝原假设（原假设：是随机效应），应采用固定效应模型。

表 5－3　Hausman 检验结果

检验总结	卡方统计值	卡方统计量的自由度	P 值
截面随机效应	96.707842	3	0.0000

所以最终采用固定效应的变截距模型。因截面样本数大于时期数，故以截面加权估计法 CSW（Cross-Section Weights）消除截面异方差影响。回归结果如表 5－4所示：

表 5－4　模型估计结果

	系数	T	P
截距项	－0.2003	－10.0999	0.0000
G	0.7776	25.4569	0.0000
D	0.3468	8.7332	0.0000
D×G	0.2024	9.6483	0.0000
拟合度	0.9572		
调整拟合度	0.9515		
F 统计量	165.7639		
F 统计量的概率	0.0000		

全国变截距固定效应模型的 R^2 达到了 0.9572，表明模型对区域创新能力的解释能力达到了 95% 以上，并且模型整体上在 1% 水平上显著，各影响系数均在 1% 的水平上显著。这说明，G、D 都是推动区域创新能力提升的显著因素。在全国范围内，G 每上升一个单位，创新能力提高 0.7776 个单位，D 每上升一个单位，创新能力提高 0.3468 个单位。G 的影响大幅高于 D 的影响，这是因为网络交互度是区域创新网络单元之间互动、单元与网络外部之间互动，相对于创新元本身的机能与质量而言，属于外因，因而网络交互度的作用效果当然极大地依附于创新元高度这个内因。网络交互度再高，如果创新元本身素质低，对区域创新能力的促进效果也就无法明显，换言之，如果当地学研机构低素质、当地产业是低技术产业、当地企业都是清一色国企、当地创新元缺乏创新激情与执着，在这样的创新网络中，网络单元再如何交互对创新能力提升也无济于事。

D×G 是推动区域创新能力提升的显著因素。在全国范围内，D×G 每上升一个单位，创新能力提高 0.2024 个单位。可见，创新元高度综量 G 在网络交互度综量 D 与区域创新能力间的中介效应，是显著且重要的。

所以，根据以上实证结果，可以得出如下判断：

假设 Ha_0——创新元高度综量 G 正向影响区域创新能力，已得到全国数据的支持。

假设 Hb_0——网络交互度综量 D 正向影响区域创新能力，已得到全国数据的支持。

假设 Hc_0——创新元高度综量 G 在网络交互度综量 D 与区域创新能力间起中介作用，已得到全国数据的支持。

四、基于东中西部地区数据的计量检验

如表 5－5 所示，F 检验中，东部地区 $SSE_r = 15.8058$，$SSE_u = 5.7332$，$F = 14.9338 > F_{0.05} = 1.9440$；中部地区 $SSE_r = 10.5224$，$SSE_u = 3.8995$，$F = 14.8002 > F_{0.05} = 2.1639$；西部地区 $SSE_r = 11.3872$，$SSE_u = 5.1041$，$F = 10.4635 > F_{0.05} = 1.9440$。三地数据都拒绝原假设 H_0，这时常截距模型所得的估计量不是最有效的估计量，应建立变截距回归模型。

表 5－5　F 检验结果

	SSE_u	SSE_r	F	$F_{0.05}$（K_1，K_2）	结论
东部	5.7332	15.8058	14.9338	1.9440	建立变截距模型
中部	3.8995	10.5224	14.8002	2.1639	建立变截距模型
西部	5.1041	11.3872	10.4635	1.9440	建立变截距模型

下面进行 Hausman 检验，就东部、中部、西部 G、D、D×G 对区域创新能力的影响，进行 Hausman 检验，由检验结果可知（见表 5－6）：P 值为 0.0000 < 0.05，所以拒绝原假设（原假设：是随机效应），则东部、中部、西部都应采用固定效应模型。

表 5－6　东中西部 Hausman 检验结果

检验总结	卡方统计值	卡方统计量的自由度	概率
东部截面随机效应	21.682997	3	0.0000
中部截面随机效应	24.822745	3	0.0000
西部截面随机效应	100.073507	3	0.0000

所以，最终采用固定效应的变截距模型。因中部地区截面样本数小于时期数，采用不相关回归法 SUR（Seemingly Unrelated Regressi on），而东部、西部地区截面样本数大于时期数，所以采取截面加权估计法 CSW（Cross-Section Weights）。回归结果如表 5－7 所示：

表 5－7　模型估计结果

	东部			中部			西部		
	系数	T	P	系数	T	P	系数	T	P
截距项	－0. 1744	－6. 7318	0. 0000	－0. 0672	－9. 6117	0. 0000	－0. 2133	－6. 7869	0. 0000
G	0. 8642	20. 1646	0. 0000	0. 8754	99. 2406	0. 0000	0. 7185	11. 1587	0. 0000
D	0. 2971	4. 9198	0. 0000	0. 2349	19. 0182	0. 0000	0. 4477	4. 4379	0. 0000
D × G	0. 1900	6. 7966	0. 0000	0. 0892	14. 5675	0. 0000	0. 2411	7. 1193	0. 0000
拟合度	0. 9657			0. 9994			0. 9498		
调整拟合度	0. 9605			0. 9993			0. 9422		
F 统计量	184. 2025			10030. 9600			123. 7756		
F 统计量的概率	0. 0000			0. 0000			0. 0000		

东部变截距固定效应模型的 R^2 达到了 0. 9657，表明模型对东部地区创新能力的解释能力达到了 96% 以上，并且模型整体上在 1% 水平上显著，各影响系数均在 1% 的水平上显著。在东部范围内，G 每上升一个单位，创新能力提高 0. 8642 个单位，D 每上升一个单位，创新能力提高 0. 2971 个单位，可见，对于东部地区而言，G 的影响大幅大于 D 的影响。D × G 每上升一个单位，创新能力提高 0. 1900 个单位，可见，对于东部地区而言，D × G 是区域创新能力不可忽视的重要影响因素。

中部变截距固定效应模型的 R^2 达到了 0. 9994，表明模型对中部地区创新能力的解释能力达到了 99% 以上，并且模型整体上在 1% 水平上显著，各影响系数均在 1% 的水平上显著。在中部范围内，G 每上升一个单位，创新能力提高 0. 8754 个单位，D 每上升一个单位，创新能力提高 0. 2349 个单位。可见，对于中部地区而言，G 的影响大幅大于 D 的影响。D × G 每上升一个单位，创新能力提高 0. 0892 个单位。对于中部地区而言，D × G 是区域创新能力的显著影响因素。

西部变截距固定效应模型的 R^2 达到了 0. 9498，表明模型对西部地区创新能力的解释能力达到了 94% 以上，并且模型整体上在 1% 水平上显著，各影响系数均在 1% 的水平上显著。在西部范围内，G 每上升一个单位，创新能力提高

0.7185 个单位，D 每上升一个单位，创新能力提高 0.4477 个单位，可见，对于西部地区而言，G 的影响大幅大于 D 的影响。对于西部地区而言，D×G 每上升一个单位，创新能力提高 0.2411 个单位，D×G 是区域创新能力不可忽视的重要影响因素。

通过三个地区横向比较可知，三地都是 G、D 影响显著、G 影响大幅高于 D，并且创新元高度综量 G 在网络交互度综量 D 与区域创新能力 INNO 之间的中介效应都是显著的。这些与全国计量检验的结论一致。

所以，根据以上实证结果，可以得出如下判断：

Ha_0——创新元高度综量 G 正向影响区域创新能力，已得到东部、中部、西部数据的支持。

Hb_0——网络交互度综量 D 正向影响区域创新能力，已得到东部、中部、西部数据的支持。

Hc_0——创新元高度综量 G 在网络交互度综量 D 与区域创新能力间起中介作用，已得到东部、中部、西部数据的支持。

第二节　创新元高度分量 U、I、P、R 对区域创新能力影响的计量检验

一、模型设定、数据说明

为了研究学研高度 U、产业高度 I、产权活力 P、创新倾向 R 对区域创新能力的影响，本章提出如下检验方程：

$$INNO_{it} = C_0 + \beta_1 U_{it} + \beta_2 I_{it} + \beta_3 P_{it} + \beta_4 R_{it} + \varepsilon_{it}$$

其中，C_0 表示参数项，ε_{it}表示随机误差项，i 表示各省级地区，t 表示各年。U_{it}表示学研高度，I_{it}表示产业高度，P_{it}表示产权活力，R_{it}表示创新倾向，$INNO_{it}$表示区域创新能力。INNO、U、I、P、R 数据直接来源是第四章的计算结果，所有数据都进行了标准化处理。根本来源是《中国高技术产业统计年鉴》（2006～2014）、《中国统计年鉴》（2006～2014）、《中国科技统计年鉴》（2006～2014）、《国家自然科学基金资助项目统计》（2005～2013）。

二、面板数据的单位根检验

运用 Eviews 6.0 分别对面板数据 INNO、U、I、P、R 进行单位根检验，采用

LLC、ADF－Fisher、PP－Fisher 三种检验方法，结果如表 5－8 所示，可见 INNO、U、I、P、R 序列在 1% 的显著水平下都是平稳的，都不存在单位根。

表 5－8　面板数据的单位根检验结果

变量	检验方法	LLC 检验	Fisher-ADF 检验	PP-Fisher 检验
INNO	统计值	－4.1092	136.983	116.385
	概率**	0.0000	0.0000	0.0000
U	统计值	－19.3219	105.375	52.2875
	概率**	0.0000	0.0001	0.0067
I	统计值	－3.38391	109.803	153.787
	概率**	0.0004	0.0000	0.0000
P	统计值	－3.38453	176.732	229.957
	概率**	0.0004	0.0000	0.0000
R	统计值	－12.7412	92.4861	137.046
	概率**	0.0000	0.0027	0.0000

注：** 表示 5% 的显著水平。

三、基于全国数据的计量检验

如表 5－9 所示，F 检验中，全国 $SSE_r = 35.0048$，$SSE_u = 9.6801$，$F = 21.2901 > F_{0.05} = 1.5157$。拒绝原假设 H_0，此时常截距模型所得的估计量不是最有效的估计量，应该建立变截距回归模型。

表 5－9　F 检验结果

	SSE_u	SSE_r	F	$F_{0.05}$（K_1，K_2）	结论
全国	9.6801	35.0048	21.2901	1.5157	建立变截距模型

下面进行 Hausman 检验，就全国的 U、R、P、I 对 INNO 的影响进行 Hausman 检验，由检验结果可知（见表 5－10）：P 值为 $0.0000 < 0.05$，所以拒绝原假设（原假设：是随机效应），则应采用固定效应模型。

表 5－10　Hausman 检验结果

检验总结	卡方统计值	卡方统计量的自由度	P 值
截面随机效应	196.534446	4	0.0000

所以最终采用固定效应的变截距模型。因截面样本数大于时期数，故以截面加权估计法 CSW（Cross-Section Weights）消除截面异方差影响。回归结果如表5－11所示：

表5－11　模型估计结果

	系数	T	P
截距项	-0.0247	-7.3872	0.0000
U	0.8087	20.3446	0.0000
R	0.2538	8.6350	0.0000
P	0.0620	2.8579	0.0046
I	0.5876	12.0491	0.0000
拟合度	0.9628		
调整拟合度	0.9576		
F 统计量	185.0327		
F 统计量的概率	0.0000		

全国的变截距固定效应模型的 R^2 达到了0.9628，表明模型对区域创新能力的解释能力达到了96%以上，并且模型整体上在1%水平上显著，各影响系数均在1%的水平上显著。这说明U、R、P、I都是推动区域创新能力提升的显著因素。在全国范围内，U每上升一个单位，区域创新能力提高0.8087个单位；R每上升一个单位，区域创新能力提高0.2538个单位；P每上升一个单位，区域创新能力提高0.0620个单位；I每上升一个单位，区域创新能力提高0.5876个单位。可见，在全国范围内，U的影响最大，I影响其次，R影响较弱，P影响最弱。

这说明，就我国整体来说，在创新元高度二级指标中，学研高度U对区域创新能力的影响最大。因为，当我国提出向创新驱动转型的战略时，政府大幅提高的就是对高校与科研机构的投入，这促使学研高度迅速提升，直接提升了区域创新能力；并且政府日益要求学研机构强化对企业的研发支持，这使学研机构对区域创新能力的间接影响也日益增大，而各地企业还处于投资驱动向创新驱动转型的过渡期，知识积累不足，高校与科研机构作为纯知识元，在自主创新的过程中对区域创新能力的影响就更为凸显。

产业高度I对区域创新能力的影响也是很大的，仅次于U，因为高新技术产业为区域创新能力的提升，提供了空间广阔、快速扩张的极佳科技创新实验场。

创新倾向R对区域创新能力的提升，起着第三位但仍很重要的作用。这是因为创新元的创新倾向越高，学研机构与集群企业就越会直接为创新扫清内部制度障碍、加大资源注入，同时联合推动地方政府为区域创新推动制度变迁、加大各类创新资源的投入与汇聚。

产权活力P的影响是显著且正向的。因为民营企业的体制活力，为区域创新提供了健康、充满活力的企业基础。之所以影响系数相对其他三个因素较小，是因为民营企业对科技创新的影响受到其他因素的干扰，如果对民营经济真正给予与国企、外企同等的待遇，那么影响系数可能会明显增大。

所以，根据以上实证结果，可以得出如下判断：

Ha_1——学研高度U正向影响区域创新能力，已得到全国层面数据的支持。

Ha_2——产业高度I正向影响区域创新能力，已得到全国层面数据的支持。

Ha_3——产权活力P正向影响区域创新能力，已得到全国层面数据的支持。

Ha_4——创新倾向R正向影响区域创新能力，已得到全国层面数据的支持。

四、基于东中西部地区数据的计量检验

如表5-12所示，F检验中，东部地区 $SSE_r = 15.1768$，$SSE_u = 4.1552$，$F = 22.2811 > F_{0.05} = 1.9454$；中部地区 $SSE_r = 9.1313$，$SSE_u = 3.0191$，$F = 17.3528 > F_{0.05} = 2.1665$；西部地区 $SSE_r = 5.9147$，$SSE_u = 3.0840$，$F = 7.7102 > F_{0.05} = 1.9454$。三地数据都拒绝原假设 H_0，这时常截距模型所得的估计量不是最有效的估计量，应建立变截距回归模型。

表5-12　F检验结果

	SSE_u	SSE_r	F	$F_{0.05}$（K_1，K_2）	结论
东部	4.1552	15.1768	22.2811	1.9454	建立变截距模型
中部	3.0191	9.1313	17.3528	2.1665	建立变截距模型
西部	3.0840	5.9147	7.7102	1.9454	建立变截距模型

下面进行Hausman检验，就东部、中部、西部的U、R、P、I对INNO的影响，进行Hausman检验，由检验结果可知（见表5-13）：P值为 $0.0000 < 0.05$，所以拒绝原假设（原假设：是随机效应），则东部、中部、西部都应采用固定效应模型。

表 5 - 13　东中西部 Hausman 检验结果

检验总结	卡方统计值	卡方统计量的自由度	概率
东部截面随机效应	58.6937	4	0.0000
中部截面随机效应	32.4244	4	0.0000
西部截面随机效应	47.2912	4	0.0000

所以最终采用固定效应的变截距模型。中部地区截面样本数小于时期数，所以采用不相关回归法 SUR（Seemingly Unrelated Regressi on），而东部、西部地区截面样本数大于时期数，所以采取截面加权估计法 CSW（Cross-Section Weights）。回归结果如表 5 - 14 所示：

表 5 - 14　模型估计结果

	东部			中部			西部		
	系数	T	P	系数	T	P	系数	T	P
截距项	0.0000	0.0011	0.9992	-0.0018	-0.0978	0.9224	0.0000	-0.0001	0.9999
U	0.8192	8.8448	0.0000	0.4483	24.4089	0.0000	0.8057	8.7995	0.0000
R	0.3007	3.9857	0.0001	0.1455	22.2009	0.0000	-0.0346	-0.8008	0.4255
P	0.0343	1.4424	0.1529	0.3796	34.5484	0.0000	0.2597	8.3280	0.0000
I	0.6823	8.3958	0.0000	0.2029	18.6316	0.0000	0.4241	7.8299	0.0000
拟合度	0.9708			0.9698			0.9591		
调整拟合度	0.9660			0.9643			0.9523		
F 统计量	199.7679			175.2663			140.6760		
F 统计量的概率	0.0000			0.0000			0.0000		

东部变截距固定效应模型的 R^2 达到了 0.9708，表明模型对东部地区创新能力的解释能力达到了 97% 以上，并且模型整体在 1% 水平上显著。各影响系数除 P 外，均在 1% 的水平上显著。在东部范围内，U 每上升一个单位，区域创新能力提高 0.8192 个单位；R 每上升一个单位，区域创新能力提高 0.3007 个单位；P 每上升一个单位，区域创新能力提高 0.0343 个单位，只是显著性水平略不足；I 每上升一个单位，区域创新能力提高 0.6823 个单位。可见，对于东部而言，U 的影响最大，I 影响其次，R 影响再次之，P 影响最弱。

中部变截距固定效应模型的 R^2 达到了 0.9698，表明模型对中部地区创新能力的解释能力约为 97%，并且模型整体在 1% 水平上显著。各影响系数均在 1% 的水平上显著。在中部范围内，U 每上升一个单位，区域创新能力提高 0.4483

个单位；R 每上升一个单位，区域创新能力提高 0.1455 个单位；P 每上升一个单位，区域创新能力提高 0.3796 个单位；I 每上升一个单位，区域创新能力提高 0.2029 个单位。可见，对于中部而言，U 的影响最大，P 影响其次，I 影响较弱，R 影响最弱。

西部变截距固定效应模型的 R^2 达到了 0.9591，表明模型对西部地区创新能力的解释能力达到 95% 以上，并且模型整体在 1% 水平上显著。各系数除 R 以外，均在 1% 的水平上显著。西部范围内，U 每上升一个单位，区域创新能力提高 0.8057 个单位；R 上升对区域创新能力的影响不显著；P 每上升一个单位，区域创新能力提高 0.2597 个单位；I 每上升一个单位，区域创新能力提高 0.4241 个单位。可见，对于西部而言，U 的影响最大，I 影响其次，P 影响再次，R 影响不显著。

通过三个地区的横向比较可知，在学研高度方面：三个区域的学研高度对区域创新能力的影响都是第一位的，这与基于全国数据的计量结果是一致的。在产业高度方面：在东部地区，产业高度的影响虽是第二位，但也很大（与学研高度的影响相差不多）；而中西部地区的产业高度影响系数却显著低于东部地区，这是因为我国的高新技术产业集中于东部地区，因而高新技术产业通过知识翼与价值翼对东部地区创新的影响更为显著。在产权活力方面：东部地区的产权活力影响不显著，而中西部地区的产权活力影响显著。因为东部民营经济的创新活动受外资企业的挤出效应明显；而在中西部地区，外资相对不发达，民营经济受外企挤出效应的制约不大，因而民营经济的影响相对东部而言更大、更显著。在创新倾向方面：东部、中部地区创新倾向的影响显著，且东部地区影响大于中部地区影响，因为东部、中部地区，尤其东部地区的创新元乃至地方政府更为重视自主创新，使创新元具有较好的创新环境，因而具有较高的创新热情；西部地区的创新倾向影响不显著，这说明西部地区创新元所处创新环境有待于优化，以激发创新热情。

所以，根据以上实证结果，可以得出如下判断：

Ha_1——学研高度 U 正向影响区域创新能力，已得到东部、中部、西部地区数据的支持。

Ha_2——产业高度 I 正向影响区域创新能力，已得到东部、中部、西部地区数据的支持。

Ha_3——产权活力 P 正向影响区域创新能力，已得到中部、西部地区数据的支持。

Ha_4——创新倾向 R 正向影响区域创新能力，已得到东部、中部地区数据的支持。

第三节　网络交互度分量 W、J、H 对区域创新能力影响的计量检验

一、模型设定、数据说明

为了研究开放度 W、竞争度 J、耦合度 H 对区域创新能力的影响，本章提出如下检验方程：

$INNO_{it} = C_0 + \beta_1 W_{it} + \beta_2 J_{it} + \beta_3 H_{it} + \varepsilon_{it}$

其中，C_0 表示参数项，ε_{it}表示随机误差项，i 表示各省级地区，t 表示各年。W_{it}表示开放度，J_{it}表示竞争度，H_{it}表示耦合度，$INNO_{it}$表示区域创新能力。INNO、W、J、H 的数据直接来源是第四章的计算结果，所有数据都进行了标准化处理。根本来源是《中国统计年鉴》(2006 ~ 2014)、《中国科技统计年鉴》(2006 ~ 2014)。

二、面板数据的单位根检验

运用 Eviews 6.0 分别对面板数据 INNO、W、J、H 进行单位根检验，采用 LLC、ADF - Fisher、PP - Fisher 三种检验方法，结果如表 5 - 15 所示，可见 INNO、W、J、H 序列在 1% 的显著水平下都是平稳的，都不存在单位根。

表 5 - 15　面板数据的单位根检验结果

变量	检验方法	LLC 检验	ADF-Fisher 检验	PP-Fisher 检验
INNO	统计值	-4.1092	136.983	116.385
	概率**	0.0000	0.0000	0.0000
W	统计值	-5.24272	114.423	158.787
	概率**	0.0000	0.0000	0.0000
J	统计值	-1.29879	100.257	159.561
	概率**	0.0070	0.0005	0.0000
H	统计值	-15.8587	111.738	95.4160
	概率**	0.0000	0.0000	0.0014

注：** 表示 5% 的显著水平。

三、基于全国数据的计量检验

如表5－16所示，F检验中，全国 $SSE_r = 69.6912$，$SSE_u = 26.3815$，$F = 13.4164 > F_{0.05} = 1.5155$。拒绝原假设 H_0，此时常截距模型所得的估计量不是最有效的估计量，应该建立变截距回归模型。

表5－16　F检验结果

	SSE_u	SSE_r	F	$F_{0.05}$（K_1，K_2）	结论
全国	26.3815	69.6912	13.4164	1.5155	建立变截距模型

下面进行Hausman检验，就全国的W、J、H对INNO的影响进行Hausman检验，由检验结果可知（见表5－17）：P值为0.0000＜0.05，所以拒绝原假设（原假设：是随机效应），则应采用固定效应模型。

表5－17　Hausman检验结果

检验总结	卡方统计值	卡方统计量的自由度	概率
截面随机效应	123.281582	3	0.0000

所以最终采用固定效应的变截距模型。因截面样本数大于时期数，故以截面加权估计法CSW（Cross-Section Weights）消除截面异方差影响。回归结果如表5－18所示：

表5－18　模型估计结果

	系数	T	P
截距项	0.0084	2.9080	0.0040
J	0.8043	11.2365	0.0000
W	0.9159	11.6102	0.0000
H	0.0962	2.5841	0.0104
拟合度	0.9089		
调整拟合度	0.8966		
F统计量	73.8861		
F统计量的概率	0.0000		

全国的变截距固定效应模型的 R^2 达到了 0.9089，表明模型对区域创新能力的解释能力达到了 90% 以上，并且模型整体上在 1% 水平上显著。各影响系数均在 1% 的水平上显著。这说明 J、W、H 都是推动区域创新能力提升的显著因素。在全国范围内，J 每上升一个单位，区域创新能力提升 0.8043 个单位；W 每上升一个单位，区域创新能力提升 0.9159 个单位；H 每上升一个单位，区域创新能力提升 0.0962 个单位。可见，在全国范围内，W 的影响最大，J 的影响稍次，H 的影响最弱。

开放度影响之所以最大，是因为我国各地总体上尚处于在技术吸收基础上的二次创新模式阶段，外部知识、信息、资金、物质的输入，很大程度上推动着各地区域创新能力的提升。竞争度影响之所以也较大，是因为竞争给创新元带来生存与发展的压力，激励地区学研机构与集群企业致力于自主创新。耦合度虽然有正面影响，但比起开放度、竞争度的影响明显小很多，这是因为我国各地知识基础尚不够前沿、深厚，网络单元耦合带来知识碰撞与创造的效应尚不够强。

所以，根据以上实证结果，可以得出如下判断：

Hb_1——开放度 W 正向影响区域创新能力，已得到全国层面数据的支持。

Hb_2——竞争度 J 正向影响区域创新能力，已得到全国层面数据的支持。

Hb_3——耦合度 H 正向影响区域创新能力，已得到全国层面数据的支持。

四、基于东中西部地区数据的计量检验

如表 5 - 19 所示，F 检验中，东部地区 $SSE_r = 30.8450$，$SSE_u = 10.8607$，$F = 15.6405 > F_{0.05} = 1.9440$；中部地区 $SSE_r = 23.0618$，$SSE_u = 13.4777$，$F = 6.1968 > F_{0.05} = 2.1639$；西部地区 $SSE_r = 26.2563$，$SSE_u = 11.5086$，$F = 10.8924 > F_{0.05} = 1.9440$。三地数据都拒绝原假设 H_0，这时常截距模型所得的估计量不是最有效的估计量，应建立变截距回归模型。

表 5 - 19　F 检验结果

	SSE_u	SSE_r	F	$F_{0.05}$（K_1，K_2）	结论
东部	10.8607	30.8450	15.6405	1.9440	建立变截距模型
中部	13.4777	23.0618	6.1968	2.1639	建立变截距模型
西部	11.5086	26.2563	10.8924	1.9440	建立变截距模型

下面进行 Hausman 检验，对东部、中部、西部的 J、W、H 对 INNO 的影响，进行 Hausman 检验，由检验结果可知（见表 5 - 20）：P 值为 0.0000 < 0.05，所以拒绝原假设（原假设：是随机效应），则东、中、西部都应采用固定效应模型。

表 5－20　东中西部 Hausman 检验结果

检验总结	卡方统计值	卡方统计量的自由度	概率
东部截面随机效应	33.2410	3	0.0000
中部截面随机效应	22.2244	3	0.0001
西部截面随机效应	47.2349	3	0.0000

所以最终采用固定效应的变截距模型。中部地区截面样本数小于时期数，所以采用不相关回归法 SUR（Seemingly Unrelated Regressi on），而东部、西部地区截面样本数大于时期数，所以采取截面加权估计法 CSW（Cross-Section Weights）。回归结果如表 5－21 所示：

表 5－21　模型估计结果

	东部			中部			西部		
	系数	T	P	系数	T	P	系数	T	P
截距项	0.0000	－0.0001	0.9999	0.0000	－0.0003	0.9997	0.0000	0.0005	0.9996
J	0.8181	5.2528	0.0000	1.0095	16.8690	0.0000	1.4842	8.8265	0.0000
W	0.8535	7.3462	0.0000	0.3200	20.0060	0.0000	0.1874	5.9418	0.0000
H	－0.0107	－0.1567	0.8759	0.2478	15.2681	0.0000	0.2796	2.6607	0.0093
拟合度	0.9011			0.9738			0.9156		
调整拟合度	0.8859			0.9695			0.9027		
F 统计量	59.5569			226.4664			70.9283		
F 统计量的概率	0.0000			0.0000			0.0000		

东部变截距固定效应模型的 R^2 达到了 0.9011，表明模型对东部地区创新能力的解释能力达到了 90% 以上，并且模型整体上在 1% 水平上显著。各影响系数除 H 外均在 1% 的水平上显著。东部范围内，J 每上升一个单位，区域创新能力提高 0.8181 个单位；W 每上升一个单位，区域创新能力提高 0.8535 个单位；H 每上升一个单位，区域创新能力变化不显著。可见，对于东部而言，W 的影响最大，J 的影响也很大，但比 W 的影响稍小，H 的影响不显著。

中部变截距固定效应模型的 R^2 达到了 0.9738，表明模型对中部地区创新能力的解释能力达到了 97% 以上，并且模型整体在 1% 水平上显著。各影响系数均在 1% 的水平上显著。中部范围内，J 每上升一个单位，区域创新能力提高 1.0095 个单位；W 每上升一个单位，区域创新能力提高 0.3200 个单位；H 每上升一个单位，区域创新能力提高 0.2478 个单位。可见，对于中部而言，J 的影响最大，W 的影响其次，H 的影响最弱。

西部变截距固定效应模型的 R^2 达到了 0.9156，表明模型对西部地区创新能力的解释能力达到了 91% 以上，并且模型整体在 1% 水平上显著。各影响系数均在 1% 的水平上显著。西部范围内，J 每上升一个单位，区域创新能力提高 1.4842 个单位；W 每上升一个单位，区域创新能力提高 0.1874 个单位；H 每上升一个单位，区域创新能力提高 0.2796 个单位。可见，对于西部而言，J 的影响最大，H 的影响其次，W 的影响最弱。

通过三个地区的横向比较可知，在竞争度方面，三个地区的竞争度影响系数都是很大的，因为生存与发展的压力在这三类地区都是巨大的，都激励着学研机构与集群企业致力于自主创新。在开放度方面，东部地区开放度的影响要大幅高于中西部地区，这是因为东部地区属于我国开放的最前沿地区，在知识吸收方面比中西部地区要更为便利。在耦合度方面，东部地区耦合度的影响，不如中西部地区，甚至在统计上不显著，这是因为东部地区自主创新对开放度与竞争度特别依赖，这使得耦合度的重要性，反而不如中西部地区。

所以，根据以上实证结果，可以得出如下判断：

Hb_1——开放度 W 正向影响区域创新能力，已得到东部、中部、西部地区数据的支持。

Hb_2——竞争度 J 正向影响区域创新能力，已得到东部、中部、西部地区数据的支持。

Hb_3——耦合度 H 正向影响区域创新能力，已得到中部、西部地区数据的支持。

第四节　G 中介效应分量 W × G、J × G、H × G 效应的计量检验

一、模型设定、数据说明

为了研究 G 中介效应 D × G 对区域创新能力影响的分量——W × G、J × G、H × G 对区域创新能力的影响，本章提出如下检验方程：

$$INNO_{it} = C_0 + \alpha_1 G_{it} + \alpha_2 D_{it} + \alpha_3 J_{it} \times G_{it} + \varepsilon_{it} \quad \text{Ⅰ}$$

$$INNO_{it} = C_0 + \beta_1 G_{it} + \beta_2 D_{it} + \beta_3 W_{it} \times G_{it} + \varepsilon_{it} \quad \text{Ⅱ}$$

$$INNO_{it} = C_0 + \gamma_1 G_{it} + \gamma_2 D_{it} + \gamma_3 H_{it} \times G_{it} + \varepsilon_{it} \quad \text{Ⅲ}$$

其中，C_0 表示参数项，ε_{it}表示随机误差项，i 表示各省级地区，t 表示各年。G_{it}表示创新元高度综量，D_{it}表示网络交互度综量，$INNO_{it}$表示区域创新能力。以回归分析进行计量研究的大量文献，常常采用交叉项来研究变量的中介效应。因此，本章遵循惯例，以交叉项 $J_{it} \times G_{it}$、$W_{it} \times G_{it}$、$H_{it} \times G_{it}$对 INNO 的影响系数来研究 G 分别在 J、W、H 与区域创新能力 INNO 间的中介效应。INNO、G、D、J×G、W×G、H×G 的数据直接来源是第四章的计算结果，所有数据都进行了标准化处理。根本来源是《国家自然科学基金资助项目统计》（2005～2013）、《中国高技术产业统计年鉴》（2006～2014）、《中国统计年鉴》（2006～2014）、《中国科技统计年鉴》（2006～2014）。

二、面板数据的单位根检验

运用 Eviews 6.0 分别对面板数据 INNO、G、D、J×G、W×G、H×G 进行单位根检验，采用 LLC、ADF－Fisher、PP － Fisher 三种检验方法，结果如表 5－22 所示，可见 INNO、G、D、W×G、J×G、H×G 序列在 1% 的显著水平下都是平稳的，都不存在单位根。

表 5－22　面板数据的单位根检验结果

变量	检验方法	LLC 检验	ADF-Fisher 检验	PP-Fisher 检验
INNO	统计值	－4.1092	136.983	116.385
	概率**	0.0000	0.0000	0.0000
G	统计值	－5.1065	114.852	157.221
	概率**	0.0000	0.0000	0.0000
D	统计值	－2.78303	97.3197	139.010
	概率**	0.0027	0.0009	0.0000
W×G	统计值	－6.35117	152.935	164.729
	概率**	0.0000	0.0000	0.0000
J×G	统计值	－5.24745	126.161	181.160
	概率**	0.0000	0.0000	0.0000
H×G	统计值	－4.52755	135.705	159.059
	概率**	0.0000	0.0000	0.0000

注：** 表示 5% 的显著水平。

三、基于全国数据的计量检验

如表 5－23 所示，F 检验中，J×G 所在检验方程 Ⅰ 的 $SSE_r = 40.6414$，

$SSE_u = 14.9422$，$F = 14.0558 > F_{0.05} = 1.5155$；W×G 所在检验方程Ⅱ的 $SSE_r = 34.3639$，$SSE_u = 13.8342$，$F = 12.1277 > F_{0.05} = 1.5155$；H×G 所在检验方程Ⅲ的 $SSE_r = 40.3619$，$SSE_u = 14.3284$，$F = 14.8486 > F_{0.05} = 1.5155$。都拒绝原假设 H_0，此时全国 J×G、W×G、H×G 的常截距模型所得的估计量不是最有效的估计量，都应该建立变截距回归模型。

表 5－23　F 检验结果

	SSE_u	SSE_r	F	$F_{0.05}$（K_1，K_2）	结论
J×G	14.9422	40.6414	14.0558	1.5155	建立变截距模型
W×G	13.8342	34.3639	12.1277	1.5155	建立变截距模型
H×G	14.3284	40.3619	14.8486	1.5155	建立变截距模型

下面进行 Hausman 检验，分别就全国的 J×G、W×G、H×G 对区域创新能力的影响，进行 Hausman 检验，由检验结果可知（见表 5－24）：P 值都为 0.0000 < 0.05，所以拒绝原假设（原假设：是随机效应），全国 J×G、W×G、H×G 则都应采用固定效应模型。

表 5－24　全国 J×G、W×G、H×G Hausman 检验结果

检验总结	卡方统计值	卡方统计量的自由度	P 值
J×G 截面随机效应	126.350787	3	0.0000
W×G 截面随机效应	108.152793	3	0.0000
H×G 截面随机效应	130.270476	3	0.0000

所以最终采用固定效应的变截距模型。因截面样本数大于时期数，故以截面加权估计法 CSW（Cross-Section Weights）消除截面异方差影响。回归结果如表 5－25所示。

全国的变截距固定效应模型Ⅰ的 R^2 达到了 0.9410，表明模型Ⅰ对区域创新能力的解释能力达到了 94% 以上，并且模型整体上在 1% 水平上显著。各影响系数均在 1% 的水平上显著。这说明 J×G 是推动区域创新能力提升的显著因素，在全国范围内，J×G 每上升一个单位，创新能力提高 0.1531 个单位。另外，G 每上升一个单位，创新能力提高 0.7613 个单位，D 每上升一个单位，创新能力提高 0.5700 个单位。

表 5-25　模型估计结果

	全国 I			全国 II			全国 III		
	系数	T	P	系数	T	P	系数	T	P
截距项	-0.1328	-7.6869	0.0000	-0.1195	-7.6370	0.0000	-0.1059	-4.8870	0.0000
G	0.7613	20.0438	0.0000	0.8173	22.9084	0.0000	0.8608	20.2950	0.0000
D	0.5700	11.2631	0.0000	0.4673	10.0567	0.0000	0.4817	9.2859	0.0000
J×G	0.1531	6.9646	0.0000	—	—	—	—	—	—
W×G	—	—	—	0.1250	6.8575	0.0000	—	—	—
H×G	—	—	—	—	—	—	0.1117	4.2356	0.0000
拟合度	0.9410			0.9490			0.9375		
调整拟合度	0.9330			0.9421			0.9291		
F 统计量	118.0822			137.8794			111.1599		
F 统计量的概率	0.0000			0.0000			0.0000		

全国的变截距固定效应模型Ⅱ的 R^2 达到了 0.9490，表明模型Ⅱ对区域创新能力的解释能力达到了 94% 以上，并且模型整体上在 1% 水平上显著。各影响系数均在 1% 的水平上显著。这说明 W×G 是推动区域创新能力提升的显著因素，在全国范围内，W×G 每上升一个单位，创新能力提高 0.1250 个单位。另外，G 每上升一个单位，创新能力提高 0.8173 个单位，D 每上升一个单位，创新能力提高 0.4673 个单位。

全国的变截距固定效应模型Ⅲ的 R^2 达到了 0.9375，表明模型Ⅲ对区域创新能力的解释能力达到了 93% 以上，并且模型整体上在 1% 水平上显著。各影响系数均在 1% 的水平上显著。这说明 H×G 是推动区域创新能力提升的显著因素，全国范围内 H×G 每上升一个单位，创新能力提高 0.1117 个单位。另外，G 每上升一个单位，创新能力提高 0.8608 个单位，D 每上升一个单位，创新能力提高 0.4817 个单位。

所以，根据以上实证结果，可以得出如下判断：

Hc_1——创新元高度 G 在开放度 W 与区域创新能力间起中介作用，已得到全国数据的支持。

Hc_2——创新元高度 G 在耦合度 H 与区域创新能力间起中介作用，已得到全国数据的支持。

Hc_3——创新元高度 G 在竞争度 J 与区域创新能力间起中介作用，已得到全国数据的支持。

四、基于东中西部地区数据的计量检验

如表5－26所示，F检验中，东部J×G所在检验方程Ⅰ的$SSE_r = 16.1890$，$SSE_u = 5.2858$，$F = 17.5330 > F_{0.05} = 1.9440$。东部W×G所在检验方程Ⅱ的$SSE_r = 15.4608$，$SSE_u = 5.2196$，$F = 16.6776 > F_{0.05} = 1.9440$。东部H×G所在检验方程Ⅲ的$SSE_r = 18.8190$，$SSE_u = 5.4884$，$F = 20.6453 > F_{0.05} = 1.9440$。三个方程都拒绝原假设$H_0$，这时常截距模型所得的估计量不是最有效的估计量，应建立变截距回归模型。

如表5－26所示，F检验中，中部J×G所在检验方程Ⅰ的$SSE_r = 10.6451$，$SSE_u = 4.4045$，$F = 12.3471 > F_{0.05} = 2.1639$。中部W×G所在检验方程Ⅱ的$SSE_r = 10.5447$，$SSE_u = 3.9893$，$F = 14.3194 > F_{0.05} = 2.1639$。中部H×G所在检验方程Ⅲ的$SSE_r = 10.1086$，$SSE_u = 3.5596$，$F = 16.0328 > F_{0.05} = 2.1639$。三个方程都拒绝原假设$H_0$，这时常截距模型所得的估计量不是最有效的估计量，应建立变截距回归模型。

如表5－26所示，F检验中，西部J×G所在检验方程Ⅰ的$SSE_r = 15.9846$，$SSE_u = 5.4081$，$F = 16.6232 > F_{0.05} = 1.9440$。西部W×G所在检验方程Ⅱ的$SSE_r = 18.3231$，$SSE_u = 6.4219$，$F = 15.7525 > F_{0.05} = 1.9440$。西部H×G所在检验方程Ⅲ的$SSE_r = 13.8754$，$SSE_u = 5.0732$，$F = 14.7476 > F_{0.05} = 1.9440$。三个方程都拒绝原假设$H_0$，这时常截距模型所得的估计量不是最有效的估计量，应建立变截距回归模型。

表5－26　F检验结果

	SSE_u	SSE_r	F	$F_{0.05}$（K_1，K_2）	结论
东部J×G	5.2858	16.1890	17.5330	1.9440	建立变截距模型
东部W×G	5.2196	15.4608	16.6776	1.9440	建立变截距模型
东部H×G	5.4884	18.8190	20.6453	1.9440	建立变截距模型
中部J×G	4.4045	10.6451	12.3471	2.1639	建立变截距模型
中部W×G	3.9893	10.5447	14.3194	2.1639	建立变截距模型
中部H×G	3.5596	10.1086	16.0328	2.1639	建立变截距模型
西部J×G	5.4081	15.9846	16.6232	1.9440	建立变截距模型
西部W×G	6.4219	18.3231	15.7525	1.9440	建立变截距模型
西部H×G	5.0732	13.8754	14.7476	1.9440	建立变截距模型

下面进行 Hausman 检验，分别就东部、中部、西部的 W×G、J×G、H×G 对区域创新能力的影响，进行 Hausman 检验，由检验结果可知（见表 5－27）：P 都小于 0.05，所以都拒绝原假设（原假设：是随机效应），则东部、中部、西部的 W×G、J×G、H×G 对区域创新能力的影响都应采用固定效应模型。

表 5－27　东中西部 J×G、W×G、H×G Hausman 检验结果

检验总结	卡方统计值	卡方统计量的自由度	概率
东部截面随机效应	33.2651	3	0.0000
东部截面随机效应	28.0688	3	0.0000
东部截面随机效应	34.7814	3	0.0000
中部截面随机效应	22.2519	3	0.0001
中部截面随机效应	30.4447	3	0.0000
中部截面随机效应	19.1198	3	0.0003
西部截面随机效应	147.9041	3	0.0000
西部截面随机效应	115.9132	3	0.0000
西部截面随机效应	119.7764	3	0.0000

所以最终采用固定效应的变截距模型。中部地区截面样本数小于时期数，所以采用不相关回归法 SUR（Seemingly Unrelated Regressi on），而东部、西部地区截面样本数大于时期数，所以采取截面加权估计法 CSW（Cross-Section Weights）。回归结果如表 5－28、表 5－29、表 5－30 所示。

表 5－28　东部模型估计结果

	东部Ⅰ			东部Ⅱ			东部Ⅲ		
	系数	T	P	系数	T	P	系数	T	P
截距项	－0.1032	－3.7110	0.0004	－0.0888	－5.2693	0.0000	－0.1214	－3.6699	0.0004
G	0.9621	14.5428	0.0000	0.8748	16.6947	0.0000	0.9784	15.0340	0.0000
D	0.2325	2.4181	0.0177	0.3503	4.5610	0.0000	0.2369	2.5268	0.0134
J×G	0.1405	3.8444	0.0002	—	—	—	—	—	—
W×G	—	—	—	0.1106	5.3929	0.0000	—	—	—
H×G	—	—	—	—	—	—	0.1640	3.7477	0.0003
拟合度	0.9564			0.9635			0.9571		
调整拟合度	0.9498			0.9579			0.9506		
F 统计量	143.5574			172.6196			146.0240		
F 统计量的概率	0.0000			0.0000			0.0000		

表 5-29 中部模型估计结果

	中部Ⅰ			中部Ⅱ			中部Ⅲ		
	系数	T	P	系数	T	P	系数	T	P
截距项	-0.0120	-1.4266	0.1588	-0.0520	-27.1457	0.0000	-0.0629	-9.0643	0.0000
G	0.9028	69.6295	0.0000	0.8828	135.0980	0.0000	0.9037	128.6923	0.0000
D	0.3088	15.7179	0.0000	0.2729	52.8538	0.0000	0.1771	12.8504	0.0000
J×G	0.0170	2.5307	0.0140	—	—	—	—	—	—
W×G	—	—	—	0.0687	34.9298	0.0000	—	—	—
H×G	—	—	—	—	—	—	0.1195	23.8648	0.0000
拟合度	0.9984			0.9997			0.9992		
调整拟合度	0.9981			0.9996			0.9990		
F 统计量	3730.6030			19126.7700			7414.1090		
F 统计量的概率	0.0000			0.0000			0.0000		

表 5-30 西部模型估计结果

	西部Ⅰ			西部Ⅱ			西部Ⅲ		
	系数	T	P	系数	T	P	系数	T	P
截距项	-0.2206	-8.4973	0.0000	0.0396	2.3301	0.0222	-0.1782	-5.4869	0.0000
G	0.6957	11.7825	0.0000	0.9288	8.8704	0.0000	0.8419	12.7974	0.0000
D	0.6922	9.1955	0.0000	0.9913	8.1195	0.0000	0.4577	6.7364	0.0000
J×G	0.3219	8.8267	0.0000	—	—	—	—	—	—
W×G	—	—	—	0.0833	3.7148	0.0004	—	—	—
H×G	—	—	—	—	—	—	0.2028	5.8450	0.0000
拟合度	0.9613			0.9350			0.9728		
调整拟合度	0.9554			0.9251			0.9686		
F 统计量	162.4695			94.0620			233.8645		
F 统计量的概率	0.0000			0.0000			0.0000		

东部J×G所在的变截距固定效应模型Ⅰ的 R^2 达到了0.9564，表明东部模型Ⅰ对区创新能力的解释能力达到了95%以上，并且模型整体上在1%水平上显著。各影响系数均在1%的水平上显著。在东部范围内，J×G每上升一个单位，创新能力提高0.1405个单位。作为D×G对区域创新能力影响的一部分，J×G的影响是不可忽视的因素。

东部W×G所在的变截距固定效应模型Ⅱ的 R^2 达到了0.9635，表明东部模型Ⅱ对东部地区创新能力的解释能力达到了96%以上，并且模型整体在1%水平上显著。各影响系数均在1%的水平上显著。在东部范围内，W×G每上升一个单位，创新能力提高0.1106个单位，作为D×G对区域创新能力影响的一部分，W×G的影响是不可忽视的因素。

东部H×G所在变截距固定效应模型Ⅲ的R^2达到了0.9571，表明东部模型Ⅲ对东部地区创新能力的解释能力达到了95%以上，并且模型整体上在1%水平上显著。各影响系数基本在1%的水平上显著。在东部范围内，H×G每上升一个单位，创新能力提高0.1640个单位，作为D×G对区域创新能力影响的一部分，H×G的影响是不可忽视的因素。

中部J×G所在的变截距固定效应模型Ⅰ的R^2达到了0.9984，表明中部模型Ⅰ对东部地区创新能力的解释能力达到了99%以上，并且模型整体上在1%水平上显著。各影响系数均在1%的水平上显著。在中部范围内，J×G每上升一个单位，创新能力提高0.0170个单位，作为D×G对区域创新能力影响的一部分，J×G的影响具有正向的作用。

中部W×G所在的变截距固定效应模型Ⅱ的R^2达到了0.9997，表明中部模型Ⅱ对中部区域创新能力的解释能力达到了99%以上，并且模型整体上在1%水平上显著。各影响系数均在1%的水平上显著。在中部范围内，W×G每上升一个单位，创新能力提高0.0687个单位，作为D×G对区域创新能力影响的一部分，W×G的影响具有正向的作用。

中部H×G所在的变截距固定效应模型Ⅲ的R^2达到了0.9992，表明中部模型Ⅲ对中部区域创新能力的解释能力达到了99%以上，并且模型整体在1%水平上显著。各影响系数均在1%的水平上显著。在中部范围内，H×G每上升一个单位，创新能力提高0.1195个单位，作为D×G对区域创新能力影响的一部分，H×G的影响具有不可忽视的正向作用。

西部J×G所在的变截距固定效应模型Ⅰ的R^2达到了0.9613，表明西部模型Ⅰ对西部区域创新能力的解释能力达到了96%以上，并且模型整体上在1%水平上显著。各影响系数均在1%的水平上显著。在西部范围内，J×G每上升一个单位，创新能力提高0.3219个单位，作为D×G对区域创新能力影响的一部分，J×G的影响显然具有不容小觑的重要正向作用。

西部W×G所在的变截距固定效应模型Ⅱ的R^2达到了0.9350，表明西部模型Ⅱ对西部区域创新能力的解释能力达到了93%以上，并且模型整体上在1%水平上显著。各影响系数均在1%的水平上显著。在西部范围内，W×G每上升一个单位，创新能力提高0.0833个单位，作为D×G对区域创新能力影响的一部分，W×G的影响是正向的。

西部 H×G 所在的变截距固定效应模型Ⅲ的 R^2 达到了 0.9728，表明西部模型Ⅲ对西部区域创新能力的解释能力达到了 97% 以上，并且模型整体上在 1% 水平上显著。各影响系数均在 1% 的水平上显著。在西部范围内，H×G 每上升一个单位，创新能力提高 0.2028 个单位。作为 D×G 对区域创新能力影响的一部分，H×G 具有不容忽视的正向作用。

所以，根据以上实证结果，可以得出如下判断：

Hc_1——创新元高度 G 在开放度 W 与区域创新能力间起中介作用，已得到东部、中部、西部数据的支持。

Hc_2——创新元高度 G 在耦合度 H 与区域创新能力间起中介作用，已得到东部、中部、西部数据的支持。

Hc_3——创新元高度 G 在竞争度 J 与区域创新能力间起中介作用，已得到东部、中部、西部数据的支持。

第六章　基于创新元高度、网络交互度提升区域创新能力的路径

从第五章的实证检验可知，创新元高度、网络交互度对区域创新能力都有着显著的正向影响。因此，为了提升区域创新能力，各地区应同时致力于提升创新元高度、网络交互度。从第五章的实证检验进一步可知，创新元高度对区域创新能力的影响比网络交互度的影响更大，而且在网络交互度对区域创新能力影响中起着中介作用。无怪乎全国很多地区虽在提升开放度、耦合度、竞争度方面做出了一定努力，但是提升区域创新能力的效果却比较有限，因为它们忽略了创新元高度这个更为重要的因素：要么将区域产业锁定于传统产业，要么桎梏着民营企业的发展，要么对提升学研高度缺乏新的思路，要么对创新元的创新倾向无法有效激发。创新元高度不足的地区怎能显著提升区域创新能力？因此，为了提升区域创新能力，在关注网络交互度的同时，各地更应着力提升创新元高度这个关键特征。

哲学中两点论和重点论统一的原理，要求我们在面对主要矛盾和次要矛盾的关系时，坚持两点论和重点论的统一。坚持两点论，需要对创新元高度、网络交互度同时关注。坚持重点论，需要着重抓住创新元高度这个主要矛盾，而非主次不分、平均使力。因此，本书在思考基于创新元高度、网络交互度的区域创新能力提升路径时，提出“以提升创新元高度为主线，体现开放、竞争、耦合原则”的方针。

综上所述，本书给出提升区域创新能力的以下建议（各建议与创新元高度、网络交互度的逻辑关系如图6－1所示）：①为提升学研高度，可力推“大院名校汇流”；②为提升产业高度，可创新驱动式发展战略性新兴产业；③为提升产权活力，可大力发展民营科技企业；④为提升创新倾向，需培育良好的创新环境、提供足够的创新支持，这就需要塑造“创新企业家政府”（同时它也是以上三个举措的保障）。在四大建议的每条结尾，都对技术先发与后发地区的对策区别进行了分析；据第四章第三节的测定与分析结果，技术先发地区都是我国东部的经

济发达地区，技术后发地区主要是中西部地区，所以本章技术先发与后发地区的对策区别近似地对应着我国东部地区与中西部地区的对策区别。

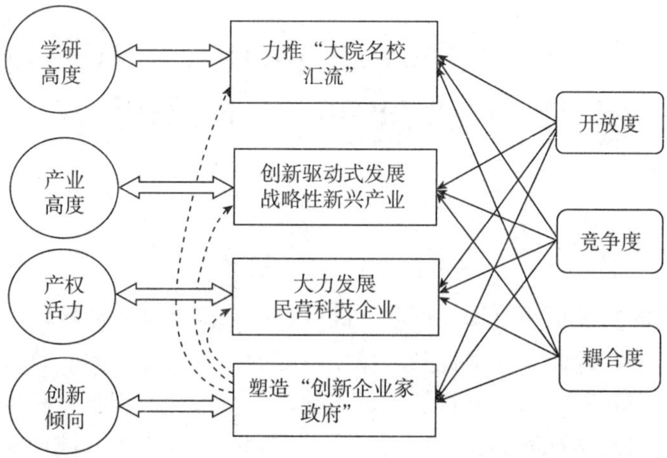

图 6－1　四大建议与创新元高度、网络交互度的逻辑关系

第一节　力推“大院名校汇流”

为提升区域创新能力，就需要提升学研高度。提升学研高度，有内源式发展学研机构与外源式发展学研机构两种方式。内源式发展，就是培育本土学研机构；外源式发展，就是“大院名校汇流”。水文学中，降雨水流从它产生的高位地点沿斜坡向低位河槽汇聚的过程称为坡地汇流。类似地，科教资源相对低丰裕度地区从众多相对高丰裕度地区将大院名校密集式引流、汇聚到本地的过程，本书称之为“大院名校汇流”。

培育本土学研机构是重要的，各地当然应给予重视；但是，仅仅局限于培育本土学研机构的发展方式，可能会遭遇创新能力极限的天花板。以下以“本土学研机构创新能力的成长上限模型”来说明这个问题（见图 6－2）。当区域创新系统加大对本土学研机构的投入（包括企业、政府对学研机构，学研机构对自身的投入），这会使学研机构创新能力增强，创新能力的提升会促进区域经济的成长，而区域经济成长会进一步激发区域创新系统加大学研机构研发投入力度，从而形成一个正反馈环。本地学研机构创新能力的提升，经过一段时间的增长后，终将遭遇本土创新能力极限的问题，因为，①如果仅通过本土学研机构的自我人才更新、自我知识更新的方式，在有限的时间内，难以克服自身能力的先天不足与能力极限，当原有技术路线S曲线的末端来临时，这会造成本土创新空间的日益萎缩。②更为重要的是，当科技领域出现重大突破性创新，新兴科技产业处于萌芽状态时，特别需要一流学研机构来捕捉重大创新机遇，我国技术后发地区本土学研机构难以承担这个任务，即使是我国技术先发地区的本土学研机构在世界级突破性科技创新的高门槛面前，创新能力也是有所不足的。此时若仅依靠本土学研机构，就会导致本土创新空间的萎缩。创新空间日益减少，进而导致创新难度不断增大，它们的创新能力则会进一步受到抑制。因而，形成创新能力增速衰减的一个负反馈环。总之，当图6－2左边的正反馈环使学研机构创新能力不断增长，最终触发图右边的负反馈环时，创新能力的增速最终将衰减到零，从而形成本地学研机构的能力天花板。

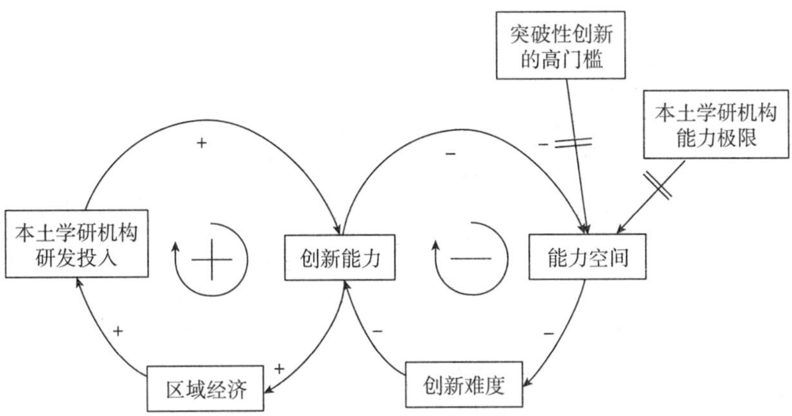

图6－2　本土学研机构创新能力的成长上限模型

这个成长上限模型的杠杆解就是：吸引域外一流学研机构迁入，从而打破本地学研机构的能力天花板、跨越突破性创新的高门槛。“大院名校汇流”既是提升学研高度的战略、提升区域创新网络开放度的战略，也是“政创”深度耦合的战略。这要求地方政府在重视本地培育的同时，还要高度重视“大院名校汇流”；将内源、外源两种方式并举，从而形成提升学研高度的最佳策略组合。

深圳、苏州、无锡等地开放性、密集式招引汇聚大院名校的成功实践，值得高度关注与借鉴。深圳汇聚了含中科院、清华、北大、香港大学、香港中文大学等53所国内外知名院校；苏州汇聚了中科院、清华、浙大、武大、南大、西交大、中科大、川大、同济、东南大学、新加坡国立大学等十几所知名院校；无锡汇聚了清华、上海交大、电子科大、南大、东南大学等十多所知名院校。这是三个先锋城市的新趋向，若非如此它们恐无法破茧成蝶地实现区域创新能力发展佳绩。

如何从高丰裕度地区密集式招引、汇聚大院名校，以实现创新驱动发展？此问题研究具有较强的理论意义与实践价值，但迄今尚无对此进行理论探讨的文献，这成为本书创新点之一。

以下拟基于新制度经济学、复杂性科学、战略管理学、组织生态学，多维分析嵌入型大院名校对区域创新能力发展的吸引子效应、“深苏锡”汇流大院名校的特点、汇流双边逆向选择问题的规避、汇流中技术前景不确定性的处理、汇流相关制度变迁的系统性策略，以期为各地汇流大院名校提供参考。

一、嵌入型大院名校对区域创新能力发展的吸引子效应

为实现区域创新能力提升与创新驱动发展，深圳最早发现嵌入型大院名校的战略价值，敏而好学的苏州、无锡从深圳创举中顿悟并旋即追随。在科研投入高额累积之下，大院名校应用型科技成果日益丰富、今非昔比，存在强烈的转化需求。在区域创新能力提升的过程中，嵌入型大院名校起到怎样的战略作用？

在区域创新的混沌系统中，嵌入型大院名校成为强大的空间“吸引子”。①它是科技精英的空间吸引子。它契合协同创新潮流，为当地搭建更高端的科技创新平台，以品牌引力场，吸引、汇聚国内外科技精英。②它是风险资本的空间吸引子。以其一流创新资源的高度稀缺性与强大的科技实力，为当地科技创新的内驱动力与发展潜力作背书，从而帮助当地释出可置信承诺，吸引域外大量一流风险资本投身于区域创新能力发展进程。③它是部委资源的空间吸引子。从社会学角度看，在科技创新的社会网络中，大院名校处于中心节点，与国家有关部委节点存在密布的强连接，对当地吸引部委资源起关键作用。

“深苏锡”的大院名校汇流有着先发优势，且处于循环累积的正反馈环中，正成为大院名校首选地。但此趋势小荷才露角，其他地区若敏锐感知、敏捷追随，势必能分享此制度创新之巨大红利。

二、“深苏锡”汇流大院名校的特点

根据深圳、苏州、无锡的成功实践，本章将大院名校落地合作形式分为黄金、白银、青铜、黑铁四个等级（见图6－3）。最高者为黄金级：在当地设立研究生院、分校，这是完全融入当地的实体化形式。次高者为白银级：在当地设立实验室、技术中心、研发中心、研究所、研究院、大学科技园，这也是实体化形式，在此级以上，科技成果将长期、系统地大量涌现。中级者为青铜级：建立

（院士）工作室、（博士后）流动站，这是柔性引进的半实体化形式，时间不够长、稳定性不够强。最低者为黑铁级：企业从院校购买专利或技术服务，特点为短期、不稳定、碎片化。“深苏锡”汇流突出实体化（有固定场所、大型设备、常驻高级科技人员与充足资金）的中高级形式，并达到全国罕见的黄金级高度。引进研究生院或分校，是汇流进入最高境界的标志（教育部对分校普通高等教育不会轻易放开），唯其如此，大院名校才能全方位、深度参与本土 SECI 循环，并根植与融入当地区域创新网络。

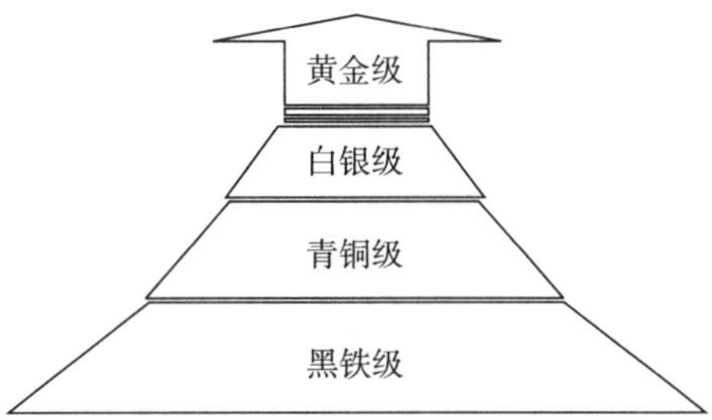

图 6－3　大院名校落地合作形式

在汇流时间与逻辑顺序上，汇流特点是：先易后难，逐级跃迁：从黑铁级入手，相对简便易行，待与院校的关系网络日趋成熟，逐级跃迁到青铜、白银乃至黄金级。这样，各地与大院名校的联盟，可实现从低层次“单一项目、短期突击型”向高层次“系统化、长期稳定型”的转变。

从域内园区级别看，国家级园区可争取白金级，例如，深圳大学城有清华、北大、哈工大研究生院，无锡高新区国家传感网大学科技园内有东南大学分校。省级及以下园区，宜争取青铜级或白银级。

三、汇流双边逆向选择问题的规避

在汇流过程中，地方政府与大院名校相互信息不对称，易导致双边逆向选择问题，使双方纵使优秀也可能无法达成合作。规避双边逆向选择的途径，是正确实施信号传递或信息甄别。

（一）院校被逆向选择问题的规避

汇流大院名校过程中，各院校具有私有信息：有的院校在地方发展方向上并无真正高水平研究力量，毕竟即使名院校也难称雄所有领域；有的尽管基础研究强大但应用研究缺乏市场竞争力；有的四处扩张而超出自身创新能力边界。对院校这些私有信息，地方政府知之不多。若有这些院校鱼目混珠，就易导致在地方所需方向上有强大应用研究实力、有合作意愿与精力的大院名校，在地方政府视野中被逆向淘汰，无法牵手成功。

地方政府相应信号甄别的措施包括：①检索院校发明专利以弥补信息缺口，以找出在地方发展方向上拥有最强实力的院校。同时，不能被新型专利和外观设计专利数量迷惑，毕竟有些院校限于专业实力或走此捷径。②圈定真正的大院名校。因为他们的专利较有质量保障，即使同是发明专利，也有核心与非核心、关键与非关键技术的高下之分。更何况，发明专利中有不少是无市场价值的低层次专利。大院名校的口碑就为地方政府提供了研判发明专利质量的可靠信号。例如，无锡“7+1”官产学研合作模式中“7+1”（清华、北大、南大、东大、复旦、上交大、同济加中科院）就较好地保证了发明专利的质量。③请院校派出常驻核心科技人员并作一定资源投入（如可能的话）。如院校不愿或无法派出核心科技人员，就无法显示合作诚意，若勉强合作反倒耽误了与其他有诚意院校的合作。地方政府当然不会依赖院校资金投入，所以院校投入资金多少这不是问题，关键是这显示出院校方合作诚意，出资较多者一般来说合作意愿较强。对并无合作诚意或过度扩张的院校而言，这将是一个有效的信号甄别措施。

（二）地方政府被逆向选择问题的规避

地方政府私有信息包括：有的地方并无高技术产业基础，有的并无有强烈意愿而属单纯跟风，有的虽有意愿但战略执行能力欠佳。对这些私有信息，大院名校了解有限。若有这些地方政府鱼目混珠，就可能会使有实力、有强烈意愿与强大执行力的地区遭逆向淘汰，无法与大院名校牵手成功。

对此，地方政府可采取正确的信号传递措施。①向大院名校展示现有或在建的大规模、先进的创新载体、孵化器、加速器、中试基地等，这些信号非有强烈意愿、强大能力的地方不能提供，成为可置信承诺。②提供本地高技术产业强大基础的书面与视频资料，或邀请院校前来参观，这是大院名校乐于前来从事科技转化的前提条件，也是有条件地区自证的重量级筹码。③汇流关键行动需地区最高官员（省市委书记、省市长）亲自领队。时间稀缺的地方首脑频频主动上门邀约，才可发出可置信承诺。若非如此，何以证明当地诚意？何以保证日后合作中地方高官会积极出面、排忧解难？况且，大院名校大都具有较高行政级别，985 高校中有 32 所为副部级，7 所为厅级，中科院、中国工程院为正部级。没有地方高官到访，大院名校也无重视的必要（毕竟去行政化是个缓慢过程）。当然，中低级官员的联系工作，可起前期铺垫、过程连缀的作用，只是到签约与其他决定性环节，非省市委书记与省市长亲力亲为不可。

四、汇流中技术前景不确定性的处理

各技术路线前景的不确定性，对大院名校科研产生巨大影响，从而进一步影响当地对嵌入型院校的选择与资源扶持。如何克服这种不确定性，成为汇流决策的重大事项。

（一）开展“接天连地”的预测与定向

大院名校汇流之前，有必要进行世界技术创新潮流的判断与预测，这样有助于本地捕捉外界技术创新的重大机遇，从而确定本地的发展方向。汇流大院名校一定要符合本地发展方向。苏州为大力发展纳米技术产业，大力引进中科院苏州纳米所、中科大、东大等十余家纳米研究所和实验室。无锡为发展物联网而正吸引 15 所高校及科研院所入驻。为降低各技术路线前景的不确定性并正确决定新兴产业技术方向，就需“接天连地”的预测与定向。这由三方互动而成：世界“产业和科技精英组”、本地“产业和科技精英组”、地方官员。国际精英作用是“接天”，前瞻性发现全球产业/科技趋势，有助于摆脱本地利益集团对发展路径的锁定，如无锡在 2006 年聘请了国际知名机构进行预测与定位；本地精英作用是“连地”，它作为本地先进产业 & 科技力量参与定向，可使决策不超出本地能力半径；地方官员，则兼顾国际产业/技术趋势与本地能力约束，综合决定发展方向。

（二）汇流从“R 策略”演变到“K 策略”

在复杂动态的技术与经济环境中，预测可降低不确定性，但不可消灭不确定性。人的有限理性更使预测本身都具有不确定性。新兴产业分支行业与产业链不同环节，常分处在不同的生命阶段，这体现了产业与技术复杂性。尤其是处于产业形成期或成长期前段的技术、产业、行业、环节具有较高的不确定性，即居于组织生态学中的变化快速无常的细纹理（Fine-Grained）环境中，地方政府可在有所侧重的同时，采用生态学的“R 策略”——适度多元引进大院名校，对它们进行资源扶持时适度多元化，以保有冗余能力（Excess Capability）来规避不确定性带来的风险。当进入不确定性大幅降低的成长期的中后段，即居于组织生态学中的变化缓慢的细纹理（Coarse-Grained）环境中，采用生态学“K 策略”，重点支持优势技术路线的院校，捕捉最佳机遇（见图 6－4）。

（三）适度抑制技术路线“富者愈富”现象

从提高区域创新网络竞争度的角度考虑，有必要使不同的技术路线在本地区处于公平竞争的状态，从而使最佳技术路线最终得以脱颖而出。因为技术产业化进展速度具有不确定性，彼得·圣吉“富者愈富”动力学基模，可能会使具有远大前景的技术路线反遭淘汰。①后进入当地的较优技术可能会得不到足够的当地资源支持而被淘汰。在不同院校的技术路线竞争中，先进入的较劣技术会在地方资源支持下，率先进入“高支持→高收入”的正反馈环，而后进入的较优技术所需资源却被越来越多地抽血，进入“低支持→低收入”的恶性正反馈环，最

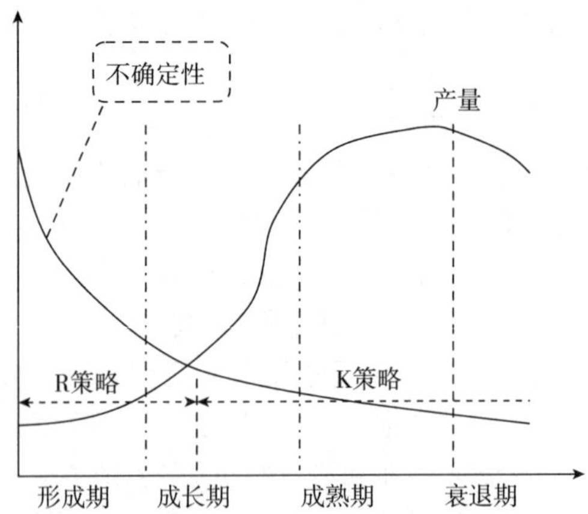

图 6-4　不确定性、R-K 策略与新兴产业生命周期

终使后进的较优技术被挤出。院校进入的先后顺序，具有很大不确定性，这种逆向淘汰现象可能频频出现，应规避这种情况。②同时进入当地的不同院校的技术路线，有些路线前途远大却有着较长蛰伏期，在它们显现出超强市场竞争力之前，可能已被“富者愈富”基模淘汰了。哪些是前途远大的，这个问题往往超出人的理性认知范围，因而具有很大的不确定性，也应规避这种情况。

因此，为规避“富者愈富”基模带来的院校技术路线低效竞争的弊端，地方政府可采取以下策略：①在决策给不同院校技术路线的资源支持力度时，不单纯以短期市场销售收入增长为指标。对具有潜力的技术路线保留必要的资源支持。②对市场化进展快的院校技术路线，更多考虑引导风险投资给予市场化支持，而对市场化进展较慢但有远大前程的院校技术路线，在一定时期内可更多地从地方财政上给予扶持。

五、汇流相关制度变迁的系统性策略

从 GDP 导向的招商引资路径转换为大院名校汇流以提升区域创新能力，需要启动与大院名校汇流相关的制度变迁，可采取以下系统性策略。

（一）从强制性变迁过渡到诱致性变迁

依附于 GDP 主义路径的各强大既得利益集团，将当地锁定于低效的诺斯路径依赖Ⅱ（卢现祥，2003）。由下而上的诱致性制度变迁无法克服这些阻力。因此，在制度变迁启动初期，地方政府高层应打破利益藩篱，推动强制性制度变迁，强力推行有利于汇流的相关制度，走上高效率的诺斯路径依赖Ⅰ（卢现祥，2003）。但是，强制只能是一定时期的过渡状态。当制度变迁已启动、优质区域创新环境已塑造，就有必要采用诱致性制度变迁，使大院名校与相关各方进入自组织状态。

（二）化解当地院校对汇流的阻力

对大院名校汇流，当地院校的抵触情绪将很强烈，因为引进的大院名校对他们会形成生存与发展的极大压力，严重挤压其既有利益空间。汇流决策的制定与执行，又部分地依靠当地院校对产业技术方向的预判与其科技人脉关系。这就形成了现实矛盾。因而，地方政府在推动汇流时，要特别注意化解当地院校对汇流的阻力，具体而言可以：其一，推进汇流时对地方院校给予利益补偿，如承诺不减少地方财政对当地院校的投入，甚至在今后若干年内大幅增加投入；其二，对当地关键院校的领导人要进行耐心细致的说服、劝导，必要时承诺给予其更合适的职业生涯安排。

（三）使相关制度“意愿供给”等于“实际供给”

根据既定目标函数和约束条件，地方政府高层形成汇流蓝图与具体操作规则，这是制度的意愿供给。中下级官员、企业与其他利益集团的目标函数与约束条件与高层往往有差异，例如关于教育用地与商业用地的地租差额，夕阳行业大企业担心既得政策红利转移而致力于寻租，这将导致制度意愿供给与实际供给不一致：下级政府可能会对汇流相关文件“改头换面”“曲解规则”，机会主义式地实施新政。各地可采取以下对策：在汇流相关领域破除信息不对称，加强监察力度与扩大监察面，强化上级机构的派出巡视制度，强化电子政务信息公开，对行政过错加大惩处力度。

（四）防范汇流相关制度“供给过剩”

对大院名校汇流而言，现存制度有些是多余的，有些过时无效但仍在发挥作用，这就是制度供给过剩（卢现祥，2003），原因是中下级官员的政治创租与抽租（McChesney，1998）或利益集团的管制俘获（Stigler，1971）。对此，低丰裕度地区政府的对策可有：①尽量削减汇流相关审批环节，铲除寻租空间（确需审批的也应大大缩短时间）；②率先在汇流相关领域建立逐年缩短的政府部门权力清单制与逐年缩短的负面清单管理制；③在汇流相关领域，率先推进商事登记改革，率先推进大院名校创新创业孵化的工商注册便利化；④在引入竞争机制的前提下，加大政府购买创新创业服务的力度。

（五）促进汇流的开放、竞争、耦合

汇流制度设计可遵循如下耗散与协同原则：①为配合汇流，应同时开放性地引进科技精英、创新载体与服务、新兴产业的企业、风险资本，以全面开放促外界输入的平权化。②维护具有异质技术路线的院校的多元化并存。维持内部差异性，系统才能远离平衡态，才能进入自组织演化。③应建立大院名校间、院校与其他主体间的非线性互动平台与机制，以促使系统演化为有序耗散结构。④建立高效竞合机制。通过竞争机制，使各院校力量优胜劣汰；通过合作机制，使系统不受干扰地让某些优势自发自主形成更大优势。

六、技术先发与后发地区汇流策略的区别

技术先发地区具有较为雄厚的财力，并且已经具有一定的科技基础，其高校与研究机构在国际科技界有着广泛人脉，因此可以重点吸引国际一流的高校与科研机构，如哈佛、斯坦福、麻省理工、加州理工、剑桥、牛津。但如果考虑到位居世界第二的中国 GDP 威胁，美国可能会阻碍本国高校到中国办分校或研究院，技术先发地区可把重点放在欧洲高校，因为欧洲出于世界大国关系的平衡考虑，欧洲国家会对中国比较友好，因此剑桥、牛津、伦敦大学学院、瑞士联邦理工学院、慕尼黑大学等世界一流高校可能较易延引至我国技术先发地区。技术先发地区在我国创新布局中是重中之重，因此这些地区可以借助中央领导出访的时机，以国家合作的形式，争取这些名校的引进。如果整体引进有困难，也可采取合作办学、办研究院的过渡形式。引进学研机构宜限于自然科学领域，这样在引进时中外政府部门合作起来会比较顺畅。

技术后发地区的财力有限且科技基础相对薄弱，其高校与研究机构在国际科学界的人脉有限，所以可考虑吸引二线的国际高水平的高校与研究机构，如加拿大的多伦多大学、澳大利亚的墨尔本大学、新加坡国立大学、加拿大的不列颠哥伦比亚大学（其中新加坡国立大学在苏州成立新加坡国立大学苏州研究院），或国内顶尖、具有世界水准的高校与研究机构（如香港大学、香港科技大学、清华大学、北京大学、中科院、中国工程院等）。这需要技术后发地区争取到教育部及相关部委的大力支持。

第二节　创新驱动式发展战略性新兴产业

要提升区域创新能力，就需要提升产业高度；要提升产业高度，就需进一步发展高新技术产业。战略性新兴产业，本质上是高新技术产业的升级版，是驱动与支撑中国经济根本转型与质变升级的新兴产业群组。因此，在现阶段，要进一步发展高新技术产业，就一定要重点发展战略性新兴产业。鉴于战略性新兴产业肩负的“弯道超车”的历史重任，一定要坚持创新驱动式发展新兴产业，而不能再次坠入投资驱动陷阱。

一、战略性新兴产业是高新技术产业的升级版

2010 年 10 月国务院首定战略性新兴产业范围为：节能环保、新一代信息技术、生物、高端装备制造、新能源、新能源汽车、新材料。本书认为，战略性新兴产业是对高新技术产业的继承与升级。

因为，按 2008 年《国家重点支持的高新技术领域》界定，高科技产业涵盖电子信息、生物与新医药、航空航天、新材料、高技术服务、新能源及节能、资源与环境、高新技术改造传统等产业。战略性新兴产业与之相比，高新技术改造传统产业中的第六分支——汽车技术独立出来，并将内容从“发动机零部件、关键零部件、零部件前端技术、汽车电子”巨变为“动力电池、驱动电机和电子控制、插电式混合动力汽车、纯电动汽车、燃料电池汽车”。电子信息升级为新一代信息，增加了新一代移动通信、下一代互联网、物联网、云计算等内容。航空航天扩展为高端装备制造，增加了轨道交通设备与海洋工程设备。高技术服务中的“文化创意”移到“新一代信息技术”中，而“新能源与节能”“资源与环境”重新编排成“新能源产业”与“节能环保产业”。“生物与新医药”改名成“生物产业”，内容变化不大，“新材料”保留。可见，战略性新兴产业的本质是对高新技术产业的继承与升级。

这要求各地为提升产业高度而发展高新技术产业时，应重点发展战略性新兴产业。在推进新兴产业发展时，要继承高技术产业的有效政策，更要侧重产业政策的创新驱动新特征。

二、创新驱动式发展战略性新兴产业的必要性

不同于我国原支柱产业的投资驱动，战略性新兴产业的发展要强调创新驱动。唯有如此，它才能促成我国对发达国家“弯道超车”的巨大战略机遇。当前，我国的战略性新兴产业有不少行业与世界发达国家差距并不大，甚至个别行业处于并驾齐驱的状态。如果仍然采取过去投资驱动的发展模式，那就会陷入过去处于“微笑曲线”底部的尴尬境地，会失去借助战略性新兴产业实现弯道超车的伟大意义。

可用“新兴产业投资驱动的舍本逐末模型”来说明投资驱动的弊端（见图 6－5）。各地如果采取只注重产能投资的策略，开始时会使新兴产业规模扩大，进而提升销售量，从而促进销售利润的增长，这会激发企业的投资热情，刺激当地企业进一步提升产能投资。这形成一个正反馈环。但是，过大的产能投资会挤占研发投资，进而抑制本地新兴产业的技术位势的提升，从而产品处于低档次状态，这会导致较低利润率。只是，在新兴产业发展初期，低利润率对销售利润的

负面影响会被销量的增长所掩盖，地方产业界仍然可以看到喜人的收入增长。随着产业发展逐步进入成熟期，国际、国内市场逐渐趋于饱和，投资驱动的地区会发现，市场饱和会使得即使加大投资，销售量也无法再增长，于是，利润率窘境会摆在地方产业界的面前，地方产业界会想到降低产能投资而提高研发投资，可是此时新兴产业发展也经历了较长过程，发达国家已悄然形成了高高的技术壁垒，当地已经无法提升技术位势了，因此产品档次无法提升，进而利润率无法提升。在销量增长乏力、利润率无法提升的背景下，当地产业利润持续下降，进而产能投资、研发投资双双降低，当地产业进入了停滞乃至衰退的恶性循环。因此，我们有必要特别强调战略性新兴产业的创新驱动发展。

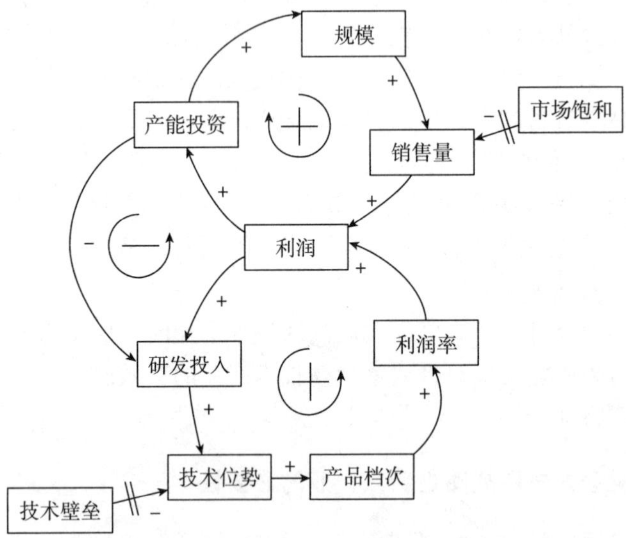

图 6-5　新兴产业投资驱动的舍本逐末模型

三、战略性新兴产业的投资驱动陷阱——以物联网为例

我国战略性新兴产业的发展，正在遭受投资驱动的极大困扰。下面以物联网为例进行说明，物联网（Internet of Things，IOT）是通过传感设备按协议连接各种网络进行信息交换和通信，以实现智能化识别、定位、跟踪、监控和管理的网络。有关研究宣称，物联网是中国与发达国家几乎站在同一起跑线的领域，但实际情况却没有如此乐观。从专利申请的国际比较看，据美国专利商标局（USPTO）专利库数据，在美申请相关专利的 73 个国家（地区）的 4 万余件专利中，中国仅相当于美国的 2.2%、日本的 3.6%、韩国的 7.3%。可见，我国各地物联网技

术创新能力远落后于发达国家与地区。

从研发投入的国际比较看，鉴于物联网统计体系尚不完善且缺乏直接数据，物联网研发投入数据的横向比较，可参考电子信息产业研发数据（电子信息产业研发的重要方向就是物联网，其研发投入强度近似于物联网），也即采用《中国高技术产业统计年鉴》中“广播、电视及通信设备制造业”（或“电子及通信设备制造业”）、“办公、会计和计算机制造业”（或“电子计算机及办公设备制造业”）等相关数据。中国广播、电视及通信设备制造业 R&D 经费占工业总产值比例为 0.75%，远低于美国（10.69%）、法国（7.94%）、日本（7.61%）、德国（4.46%），中国办公、会计和计算机制造业的该比例为 1.81%，也远低于美国（15.72%）、法国（12.24%）、日本（8.90%）、英国（7.56%）、德国（6.28%）。可见中国物联网研发投入强度远不如发达国家。（物联网国内专利申请量排名前五者依次为：广东、北京、上海、江苏、浙江。五地专利申请量占国内总量的比例超过 60%，组成物联网创新第一军团，代表着中国最高水准。）从技术先发省域信息产业 R&D 经费占工业总产值比例分项来看：电子及通信设备制造业的该比例依次为广东 2.6%、北京 2.0%、浙江 1.9%、上海 1.5%、江苏 1.0%，电子计算机及办公设备制造业的该比例依次为浙江 4.3%、北京 2.9%、江苏 0.7%、广东 0.7%、上海 0.1%。可大致推断，发达省域物联网研发投入强度远低于发达国家水平。甚至从整体看，发达省域竟与全国平均相差不多（尤其是电子及通信设备制造业）。这种投入强度怎能支撑技术先发省域领军物联网产业自主创新呢？技术先发地区尚且如此，那么技术后发地区的自主创新又能有多大投入力度呢？

与此同时，物联网投资与产能方面，各地对此不遗余力。以技术先发省域为例，物联网投资额（近似参考电子及通信设备制造业、电子计算机及办公设备制造业的投资额，因为电子信息产业投资的重要方向就是物联网）方面，发达省域占全国比重与排名依次为：江苏（26.1%，第 1）、广东（11.3%，第 2）、北京（4.2%，第 9）、上海（3.8%，第 10）、浙江（3.3%，第 11）。可见，先发省域居全国上游，合计占全国 48.7%。这与研发投入强度与全国均值无显著差异的情况迥然不同。投资高歌猛进相应的是技术先发省域物联网产能竞争的白热化，先发省域在产能扩张方面非常激进。总之，先发省域在物联网投资与产能扩张方面领先全国，尤其江苏与广东更是遥遥领先，因此产能快速过剩局面恐难免。

从各地战略性新兴产业规划的产能数据不难看出，各地对巨额投资与产能扩张最为在意，对数量的重视度远高于创新与效益。这种现象的关键原因是什么？

在欧美金融危机后的世界经济长波收缩期中，我国出口难以维持高增长且消费增长空间有限。为确保 GDP 增长，各地投资饥渴更甚于危机之前，在战略性新兴产业领域也是如此，这是在原有 GDP 数量型政绩观下的必然选择。这是因为：一方面，上级政府隐性担保使地方政府与国企旱涝保收，加之预算软约束，从而投资越来越大、“政绩”越来越好。这使地方政府与国企缺乏自主创新动力。另一方面，地方政府项目的委托—代理问题或将导致寻租空间，并且缺乏对创新绩效与经济效益的考核，或即使考核也多是软问责。因此，部分地区对技术尚不成熟的项目匆忙投资、匆匆进入量产阶段；甚至“搭车投资”，对战略性新兴产业概念偷梁换柱，使其无所不包，以攫取公共资源（如专项资金、土地）——毕竟战略性新兴产业是原高新技术产业的升级，与原产业链有诸多交界，鱼目混珠的机会主义现象还屡见不鲜。因而，GDP 政绩导向的地方政府与国企具有强大的投资冲动。

地方政府与国企具有的强大投资冲动，使国企深度介入新兴产业，易造成超出“适度过剩”的“超级过剩”，诱致低端环节恶性竞争并导致多输，高昂沉没成本迫使地方财政与信贷力挺，于是阻滞了产业生态的新陈代谢，砍断质量、利润、产能的正反馈循环，最终导致高端与创新型企业被逆淘汰，这对各地新兴产业尤为不利。社会资金供给总量是有限的，强大的投资冲动，挤出了新兴产业的民营科技企业与民间机构的创新投入，这使高效创新力量式微。这样，战略性新兴产业的创新驱动要么失败、要么失血，最终各地将锁定于较劣技术。

综上所述，包括技术先发省域在内的我国各地战略性新兴产业发展，仍倾向于沿袭投资驱动之路。其后果是，各地可能与“弯道超车”的战略机遇擦肩而过，继续陷落于全球价值链的价值洼地。因此必须采取有力措施扭转这种可悲的局面。

四、战略性新兴产业创新驱动发展的系统性路径

（一）实施赶超型研发战略

各地若要通过战略性新兴产业实现弯道超车，就要实施赶超型研发策略。其一，提升研发投入强度。再不能像过去一样回避核心技术的自主研发，应大幅提高研发经费占新兴产业总产值的比例，至少要达到发达国家的平均水平，同时争取实现（应用导向的）基础研究的突破。其二，在当地实施较为激进的知识产权保护，并对申请技术标准（尤其国际标准）给予大力支持，重奖成为国际标准组织主席、主任单位的组织。

（二）打破投资驱动的体制惯性

其一，下决心去除地方政府与国企的预算软约束与隐性担保，在防范全局性金融风险的前提下，让市场自然出清，从而让创新力量主导新兴产业的发展。其二，在战略性新兴产业领域加大反腐力度，营造廉洁“飞地”，以削减域内寻租

空间。其三，调整政治态势以利于从外部汇集创新资源。新兴产业创新驱动的资源是有限的，新来者对在位者难免形成挤出效应。因此在招引与扶持嵌入型高端创新人才、大学/研究机构时，本地人员与机构会极力排斥；在招引与扶持嵌入型卓越创新服务与中介机构时，本地机构会极力阻挠。如要克服这些阻力，就要重新构造当地政治格局，使支持创新驱动的各方合力相对于持反对立场的利益集团而言具有明显优势。可从创新驱动的先进地区（如深圳、苏州、无锡）调入一定数量的高官，将持消极、反对甚至阻挠态度的当地官员调离；并在当地选拔与培训支持创新驱动的中层干部。只有这样，外向集聚创新资源才有可能。当然，这需支付一定的政治补偿。

（三）打造高端创新人才云集地

其一，鉴于竞争与开放原则，使主管教育与科技的省域正职官员、省属高校正职校长、国有科研院所正职领导，在全国乃至全球范围竞争选拔，且应基于真实学术能力。这是新兴产业自主创新能力飞跃的根本前提之一。其二，引进高端创新人才要有针对性。一是引进来源地的针对性，如在物联网方面，要基于物联网发明专利分析，选择到物联网技术领先的国家与地区进行定点招聘。二是高端创新人才的来源机构要有针对性，高端人才在国内主要集中于研究型高校（尤其985）与中科院、中国工程院等机构，在国外集中于世界名校与著名研究机构，招引人才要瞄准这些机构。三是产业链环节的针对性，识别新兴产业链关键环节，针对这些环节加大高端人才引进力度。其三，完善新兴产业创新人才激励机制，创造条件鼓励高校高端研发人才到新兴产业的企业兼职，对科技人员技术入股给予更优惠条件，并且扫除股权实现过程的障碍，同时，鉴于房地产泡沫严重的现实，应优先为新兴产业高端创新人才提供人才用房，以降低其居住成本，使其安居乐业。

（四）优化新兴产业资本投入

可从创投、银行信贷、财政投入、项目遴选等四方面来优化。其一，充分发挥创投的创新威力：一是借鉴“深苏锡”经验，在初期以“看得见的手”高效运营国有创投企业，如无锡创投、苏州创投、深圳高新投与创新投；当市场机制日益健全、示范性盈利样本不断涌现，转而大力招引外部一流创投，引进全球风投，促使其专业知识与技能的本土溢出，以高效挖掘、扶助新兴产业明日之星。二是塑造创业板上市的市场竞争性。鉴于企业上市的行政审批现状，各地除了为本地企业力争更多上市机会，更应使本地新兴产业风投项目上市严格遵循域内市场竞争原则，杜绝创租、寻租行为，从而激发 VC、PE 对真正有远大前程的新兴产业项目的投资热情。其二，在国内上市存在逆向选择问题而在海外上市难度较大，在此条件下，充分发挥银行信贷作用，这成为极重要的务实选择：一是给予新兴产业民营企业足够信贷支持，可设置对民营企业信贷的比例下限；二是杜绝各级政府对新兴产业国企的隐性担保。对效益差、前景堪忧的国企项目不予贷款。其三，争取中央财政支持，向中央部委争取对本省域新兴产业创新项目的更大投入，以累积各项财政支持为巨大创新优势。其四，优先投资自主创新项目，严格剔除伪新兴产业项目。为防寻租，可严格执行省外或海外技术专家匿名评审制。

（五）打造卓越的创新服务体系

卓越的创新服务体系，是新生企业的卓越助产士，是产学研各方交易、合作研发的高级润滑剂，是技术预测与市场需求追踪的得力助手。打造卓越创新服务体系，可像“深苏锡”那样，极为慷慨地免费提供加速器、孵化器、种子基金等创新公共物品，极为细致地支持与推动全方位、贴身定制的服务体系建设（这涵盖了人才、营销、管理、研发、财会、法务等方面）。

（六）据耗散与协同论促新兴产业自组织

基于从普里戈金与哈肯数学模型中抽象出的耗散与协同方法论（吴彤，2001），在促成新兴产业系统创新驱动发展的自组织时，应注意：①外界输入平权化。各地应有通盘考虑，同步、开放性招引大院名校、高端创新人才、卓越创新服务企业、新兴科技企业、创新型官员。②外界输入达到阈值。开放性引进的规模要超过阈值。地方政府确定阈值时，可借鉴深圳、苏州、无锡的历史经验，考虑对竞争性地区的输入强度的超越，并结合本地区特点。③使系统远离平衡态。只有远离平衡态，自组织演化才有内在动力。要远离平衡态，各类主体内部的异质性就要强，这可通过对各主体的多元化引进与扶持来实现。注意保持大学与研究机构、科技人才、科技企业的来源地与所处技术路线的适度多元化，同时保持创新服务企业所有制性质与运营方式的适度多元化。④促进非线性互动。只有非线性体系才能演化成为有序的耗散结构。应尽快建立并高效运作各类主体的交流合作机制。这包括嵌入型大学与研究机构联合会、科技精英俱乐部、新兴民营科技企业协会、创新服务联盟、政产学研资介合作论坛等机制，不一而足。⑤激活公平竞争。优化竞争机制，以促进优胜劣汰。这需打破形形色色的市场垄断与行政垄断，而这又进一步需要以壮士断腕的决心厉行“反腐纠风”“简政放权”。

（七）戒除房地产泡沫对产业创新的抑制效应

世界经济总体呈下行趋势。康德拉季耶夫长波理论认为，一个约 25 年的扩张期会导致一个近似长度的收缩期。由美国牵引的、始于 1983 年的长波扩张期终结于 2008 年美国次贷危机，世界或步入长波收缩期，这是系统涨落的必然趋势。次贷危机、欧债危机的次第演绎深化，就反映了这个宏大的过程。此间，世界各大经济体纷纷卷入纷繁不断的麻烦与冲突，因此中国出口遭遇增长极限。加之中国内需因某种刚性难以实质性启动，因此中国 GDP 增长被迫减速。在此背景下，推动房地产健康平稳发展从而保住固定资产投资，成为地方政府推动经济增长的一个选项。

但是应注意到，我国各地房价收入比明显高于国际标准 3 ~ 6 的区间。严重的房地产泡沫对各地新兴产业创新发展釜底抽薪，形成巨大的抑制效应：房地产价格的日益提高，全面抬高科技人才的生存成本，这迫使高端人才逃离北上广，甚至逃离我国，使新兴产业高端人才缺失；房地产泡沫使房地产投机回报远远大于创新回报，而使新兴产业的创新失去吸引力，甚至暴利预期使新兴产业常规发展都严重失血；房地产泡沫，通过比价效应推高民生必需品价格，严重抬高生产成本，迫使新兴产业举步维艰。

所以，各地要真正下定决心戒除房地产泡沫对产业创新的抑制效应：化解房地产泡沫，让房价回归理性；斩断各地对土地财政的过分依赖。同时，鉴于次贷危机对美国乃至世界的重创，各地出台房地产刺激政策时要慎之又慎，要把握好力度，应对房地产及其衍生金融产品保持高度警觉，要将风险控制的要求提到前所未有的高度。

五、技术先发与后发地区新兴产业战略的区别

技术先发地区的高新技术产业的制造基础较为雄厚，因此可以重点发展新兴产业的高端环节或在世界上率先进行链条升级，应致力于关键技术与核心技术的突破，甚至寻求应用导向基础研究的突破。借助自身对中央部委的较大影响力，借助国家的力量力争拓宽欧美市场，通过部委力量打破全国其他地区或明或暗的地域壁垒。鉴于自身特别巨大的房地产泡沫，应该在用地方面给予新兴产业企业极大优惠，在公租房、人才用房等方面给予极大的优先保障。

技术后发地区的高新技术产业的制造基础较为薄弱，因此适合发展新兴产业的中端环节，或及时跟进技术先发地区的链条升级，应该致力于配套技术、辅助技术的进步。借助国家力量，争取打开发展中国家市场，在自身的优势行业方面特别加强与中央部委合作、打破地域壁垒。

第三节　大力发展民营科技企业

为提升区域创新能力，就需要提升区域产权活力；要提升区域产权活力，就

需要大力发展民营企业（以下简称“民企”）。在现阶段发展民营企业的关键，就是要大力发展民营科技企业。民营科技企业（以下简称“民科”），是相对国企而言的科技企业。它是指主要从事技术密集型产品的研究、开发、生产与销售等活动，技术收入或科技新产品销售收入较多，研发支出占销售总收入的比重较大，拥有自主技术或专利的民营企业。民科企业多为通过民营企业转成的科技型企业，或是由国企培育出的科技型子公司，或是企业、高校、科研院所的科技人员创建的科技型企业。民营科技企业，是区域创新驱动的积极执行者，是科技人才、科技资本等的卓越配置者，是产学研合作的积极推动者。所以，各地要提升区域创新能力，就要大力发展民营科技企业。

一、发展民企的关键是民营科技企业

外企为维护自身技术优势而严控技术溢出，并无意愿成为本土创新主力；国企因委托代理问题、预算软约束、垄断、领导人任用等弊端而缺乏技术创新动力。因此，既有充沛的创新动力又有强大的制度活力的民科企业，可以成为创新主力军。我国的民科企业在不断发展壮大，正在成为区域科技创新的主力军。对按登记注册类型分规上工业企业专利（2013 年）统计发现（见表 6－1），在专利申请数方面，私营企业∶外商投资企业∶国有企业 =7.55∶2.87∶1；在发明专利申请数方面，私营企业∶外商投资企业∶国有企业 =5.44∶3.01∶1；在有效发明专利数方面，私营企业∶外商投资企业∶国有企业 =7.11∶4.14∶1。在广东、江苏、浙江等地，尤其在深圳、无锡、杭州等地一批著名民科企业引领着各地的高新技术产业的发展。以广东省为例，民科企业已经成为广东省高新技术产业加速发展的主力军。尤其深圳著名的“四个 90%”所立足的就是民科企业——如华为、朗科、比亚迪、海王等。

表 6－1　按登记注册类型分规上工业企业专利（2013 年）　　单位：件

注册类型	专利申请数	发明专利申请数	有效发明专利数
国有企业	23124	9319	10508
私营企业	174650	50653	74757
外商投资企业	66367	28044	43487

资料来源：《中国科技统计年鉴》（2014）。

本章认为，要提升区域创新网络的产权活力，当然要发展民营经济，但发展的重点是民科企业，而不是一般性的低技术民营企业。这可用“低技术民营企业发展的成长上限模型”来解释（见图 6－6）。民营企业的低技术投资，短期内会带来民营企业收入的提升，收入提升又会进一步激发民营企业的低技术投资，这是一个正反馈环。随着民营企业收入的不断累积，民营企业在传统行业中的规模会不断增大。但是，在低技术产品的红海中，市场空间与利润空间是有限的，低技术民营企业的扩张，必然最终会对国企的生存空间与利润空间产生越来越大的威胁，直到某一个时点，国企会通过各种途径对民企的进一步发展施以阻力，从而限制了民企收入的进一步增长，这是一个负反馈环。随着时间推移，国企对民企的阻力会越来越强，于是低技术民营企业收入增长趋于停滞，最终会遭遇成长上限。这种困境的杠杆解，就是民营企业走科技创新之路，转型为民科企业。民科企业的高技术投资，会带来高技术产品规模、收入与利润的增长。这种科技创新红利可以为国企所分享，受到国企抵触的阻力就会大幅降低甚至消失，因此民科企业规模的扩张，比较不容易受到国企压制。因此成长上限会很大程度消失，如民营科技企业典范——华为的成长事实上实现了与诸多国企的共赢。

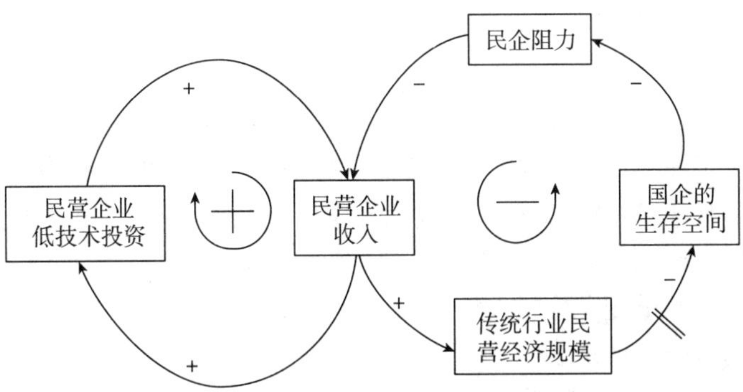

图6－6 低技术民营企业发展的成长上限模型

二、民营科技企业发展中存在的问题

在现阶段，各地民科企业发展势头是好的，但还存在一些问题，主要有以下几方面：

（一）无法享受与国企平等的待遇

民企无法享受与国企平等的待遇，这是较普遍的现象。一是部分行业准入问题进展缓慢，某些垄断企业游说政府抬高行业准入门槛来排挤民企，如在电力、金融、广电、通信、邮政等领域，民企进入时遭遇“玻璃门”“旋转门”和“弹簧门”。二是政府某些部门在实际工作上对民企持不太信任的态度，有意无意、直接间接地限制了民企发展。如科技三项费用仅给国企与国有科研院所，而不给民科企业；在项目立项、科技贷款等方面也有着类似情形。

（二）融资渠道不畅

民科企业的“民营”与“科技”的双重特性使其融资难度加倍。在银行信贷方面，一是民企不平等待遇导致融资难。民企贷款满足率大幅低于全国均值，是最难获得银行贷款的群体。因此，民科企业发展主要依靠自我积累和民间借贷，甚至地下钱庄；二是民科企业的科技特性所衍生的较大风险与不确定性，使民科企业无法从保守的银行体系获得借贷。例如，超过半数的杭州民科企业无法得到银行贷款。在直接融资方面，民科企业的风投渠道也并不畅通，一些好的技术项目难以找到投资方，形成产业化瓶颈。民科企业由于规模、效益等指标原因，在A股上市尚属难事。

（三）社会化服务支撑不力

比起国企，民科企业特别需要优质、高效的创新创业及其他社会化服务，但是各地对民科企业的服务尚为滞后，体系还不健全，在人才引进、人员培训、信息咨询、技术服务、政策指导、管理咨询、企业诊断等方面，对民科企业缺乏优质、高效的服务，使民科企业，尤其中小民科企业，在遭遇难题时常求助无门、孤立无援。

（四）部分企业治理结构有缺陷

部分民科企业有着治理结构的问题。一是高度集中的私有产权与“家长制”决策方式，不利于科技人员长期、协力创业。二是部分国有单位创立的民科企业，产权模糊、机制不活，难以适应市场竞争。三是部分民科企业的管理尚处于初级阶段，制度不够规范、健全，缺乏清晰的发展目标与有效的发展战略。以上缺陷阻碍着民科企业的成长。

（五）人才资源不足、引才阻力较大

人才，尤其是科技人才，是民科企业成长的最重要因素之一。但令人遗憾的现实是民科企业人才流动非常频繁，较难引进人才。主要原因之一是民科企业尤其中小民科企业，实力不强，难以满足科技人才所需薪酬待遇与福利，仅一套房子就会难倒一大片民科企业。导致民科企业对科技人才常常求贤若渴，却心有余而力不足。主要原因之二是部分民科企业文化与管理模式，难以吸引、留住科技人才，常常出现人才批量流失的现象。

（六）部分民科企业创新能力不足

部分民科企业技术层次偏低、创新能力较弱。在高新技术领域的高档次、有规模的民科企业尚不多。有资料显示，我国民科企业产品平均知识含量低于15%，这导致其发展空间有限。部分民科企业成长至一定阶段后，面临发展的困局，甚至存在淘汰出局的风险。

三、发展民营科技企业的对策

民科企业大发展，是提升各地创新网络产权活力的关键所在，会为区域创新能力发展带来巨大的推进力。对于促进民科企业的发展，本章有如下建议：

（一）把战略性新兴产业作为民科企业主战场

与传统行业相比，战略性新兴产业的成长空间更为广阔，新兴行业层出不穷、纷至沓来，衰败行业低垂的成长曲线不断被飙升的新行业成长曲线所取代，这使民营科技企业群不易为过时技术所束缚，从而民营科技企业可在不断自我颠覆与自我超越中实现跨越发展的可持续性。因此，民营科技企业，应积极投身战略性新兴产业这个主战场，而非仅局限在传统行业。例如，苏州在《关于促进民营企业创新发展的工作意见》（2012 年）中明确提出，鼓励民企大力发展战略性新兴产业，推行“新兴产业倍增计划”，促使民营经济中新兴产业的比重逐年提升。反之，如果民科企业排斥与战略性新兴产业的结合，它对区域创新能力将难有大的贡献。例如，虽然宁波在民企数量、资产规模，名牌产品等方面与深圳、苏州、无锡互有高下，但在发明专利方面，宁波远低于深圳、苏州、无锡，这是因为宁波民企多从事服装、农业等传统行业，而深圳、苏州、无锡集中在电子信息等战略性新兴产业。

（二）为民科企业提供高效融资

从提升网络耦合度的角度考虑，应优化银行信贷融资服务、股权融资服务、债权融资服务，为民科企业提供资金保障。①优化银行信贷。为银行与民科企业搭建沟通桥梁，便利民科企业获得银行贷款。鼓励银行开展知识产权质押融资，落实民科中小企业贷款风险补偿政策。由担保公司参与组建民科企业再担保机构，设立民科企业再担保专项基金。②优化股权融资。促使民科企业通过资本运营扩大规模。支持民科企业上市。大力发展风投，推动风投机构与担保机构共建天使投资基金，吸引各类股权投资基金来到本地。引导民间资本投资于成长性好的中小民科企业。③强化债权融资。以贴息与补贴担保费等方式支持民科企业通过各类新型融资手段实现融资。

（三）营造平等竞争的政策环境

其一，各地要克服诱惑与阻力扶持民科企业大发展，以放水养“龙”的豁达心态扶持民科企业大发展，要在当地政治安排中提升民科企业的话语权。要有政治担当，不沉迷于与国企隐性担保相随的投资驱动与 GDP 政绩；需克服本地国企强大阻力，有魄力、有毅力坚决让国企到市场中经风雨、练筋骨。其二，从提升网络竞争度的角度考虑，废除对民科企业的各种不合理规定，打碎“弹簧门”“玻璃门”和“表面迎进去，实际推出来”的“旋转门”，放宽民间投资领域限制，坚持“非禁即入”原则，支持民科企业加快进入传统垄断行业和领域，不单对民资设置附加条件。其三，切实给民科企业以国企、外企同等待遇，坚持权利平等、机会平等、规则平等，为他们提供大力度、无歧视的支持，进一步加快简政放权，降低门槛、强化服务。通过以上措施，才能激发出市场活力，让民科企业在公平竞争的环境中加快发展，才能让民科企业安心创业、放心干事、专心经营、舒心发展。

（四）加快技术创新服务体系建设

从提升网络耦合度的角度考虑，要大力发展服务与中介机构，为民科企业提供优质服务。为民科企业尤其中小民科企业提供人才引进、培训、信息、管理、营销、投融资、产权交易、法务等服务，以满足民科企业发展的需要。尤其要强化孵化器对民科企业的助推功能，以此为突破口，逐步完善创业孵化的环境，完善创业辅导制度，提升孵化器配套服务的能力。目前，多数孵化器尚停留于政府投资建设、资助运营的政府主导模式阶段，未来要着重探索企业化运作模式，特别是形成风投与孵化器有效结合的模式。另外，根据中小民科企业科技创新的共性需求，将省级以上公共技术服务平台对它们开放，为其提供优质、低成本的技术服务。

（五）优化民科企业产权与治理结构

其一，当民科企业发展到一定规模时，就需由自然人产权制逐步转变为法人产权制度，对所有权和经营权进行两权分离，由投资人管理转向职业经理人管理。民科企业可积极引入包括国资、外资在内的多种经济成分。其二，现阶段我国国企改革的混合所有制改革大方向，为民科企业的发展提供了机遇。拥有核心技术的民科企业，往往缺乏渠道、资本、商誉、生产场地等，通过参与国企改革，走混合所有制道路，有利于上述困难的解决。例如，深圳的民间资本自 20 世纪 90 年代起就踊跃参与国企重组，华为在 1993 年与国内邮电部门合资成立莫贝克公司，不仅获得了资金支持，而且更重要的是开拓了邮电系统的市场。

（六）保障民科企业人才待遇

在海外和国内招聘活动中，有针对性地协助民科企业引进所需高层次人才。在人才用房、工作用房方面，对民营企业一视同仁，保证民科企业员工的用房额度。推进民科企业专业技术人员的职称评审，将民科企业员工职称申报工作纳入企业等级考评；专业技术人员选拔为国家级、省级专家时，民科企业人员享受同等待遇，保证名额，不得歧视。

（七）支持民科企业的创新努力

其一，从提升网络耦合度考虑，应支持民科企业与高校、科研院所进行产学研深度互动，支持民科企业组建产业技术联盟；发挥知识产权交易所的功能，加快科技成果向生产力的转化。其二，支持民科企业建立工程中心（实验室）、博士后工作站等各类研发机构新载体。支持民科企业申报各类国家有政策倾斜的项目、企业称号，如国家科技创新重大专项、科技创新领军企业等。其三，从提升网络开放度考虑，支持民科企业注册国际专利、打造国际品牌，支持有条件的民科企业收购国外研究机构、品牌、营销网络、生产基地，参与建立与产业创新相关的国际联盟。

四、技术先发与后发地区发展民营科技企业的对策区别

技术先发地区的科技基础较为深厚，其民营科技企业可致力于战略性新兴产业的新产业链、关键产业链节或高端价值环节。应发挥地区财力雄厚的优势，集中更多的民间资本成立风投，以助推民科企业的发展，应集中更多银行信贷资源扶持民科企业，以更大的财政投入扶持民营科技企业。发挥先发地区科技人才的优势，形成更多优秀科技项目，并使之进入孵化器。利用先发地区广泛的国际交往优势，民科企业可走国际化发展道路，努力开拓国际市场，加强与国际顶尖高校与研究机构的交流。利用本地 985 高校与一流科研机构集中的优势，促成民科企业与国内顶尖高校的产学研深度合作。

技术后发地区的科技基础较为薄弱，民营科技企业应致力于新兴产业中端产业链节或中端价值环节。考虑到地区财力有限，应主要吸引域外风投进入本地，以助推民科企业的发展，集中有限的银行信贷资源扶持核心民营科技企业，将有限的财政力量注入核心民科企业。因为本地的一流学研机构相对匮乏，地方政府应积极牵线搭桥，搭建本地民科企业与域外一流学研机构合作的桥梁。

第四节　塑造“创新企业家政府”

要提升区域创新能力，就要提升创新元高度，而这进一步需要地方政府具有较强的创新偏好。因为：①为提升区域创新能力，就需要提升创新元的创新倾向。根据期望理论（Expectancy Theory）公式“激励力量 M = 期望值 E × 效价 V”可知，创新元创新倾向被激发程度的大小，是创新元对实现科技的创新期望值 E 与实现创新所能带来效价 V 的乘积。创新期望值 E 的提高，需要创新环境的营造、创新制度的变迁、创新资源的供给；获得资金回报的效价 V，需要有效的专利保护。这些在很大程度上取决于地方政府的创新偏好。换言之，要提升创新元的创新倾向，就需要地方政府有较强的创新偏好。②为提升区域创新能力，也需

要提升学研高度、产业高度、产权活力，若地方政府没有创新偏好，就无法为学研机构、战略性新兴产业、民营科技企业提供优质的创新环境、创新制度、创新资源，也就无法提升学研高度、产业高度、产权活力。换言之，提升学研高度、产业高度、产权活力，也需要地方政府有较强的创新偏好。

总之，为提升区域创新能力，就需要地方政府具有较强的创新偏好。具有较强创新偏好的“企业家政府”，可简称为“创新企业家政府”（Innovative Entrepreneurial Government，IEG）。因此，本章提出要塑造“创新企业家政府”——它是一种新式的服务型政府，是致力于创新驱动发展的、具有企业家精神的、部分借鉴企管方法的服务型政府。

“创新企业家政府”，既是本书从深圳、苏州、无锡的最新实践中提炼、界定的新概念，也是西方“企业家政府”理论在中国的创新浪潮中演化出的新生事物。20 世纪 90 年代奥斯本与盖布勒的“企业家政府”理论，将始于 20 世纪 70 年代末的西方新公共管理运动推入高潮，也铸就了深圳、苏州、无锡具有“招商偏好的企业家政府”（以下简称“招商企业家政府”）在 90 年代的优秀成绩。但此后它们一度遭遇“成长上限”而苦苦寻求艰难转型。从创新偏好视角改造与升华“企业家政府”理论，并探寻区域创新能力与新兴产业规模协同跨越发展之路，成为突破成长上限的新思路。深圳、苏州、无锡政府正是借由“创新企业家政府”，才破茧成蝶地实现了创新发展佳绩。以下探讨创新企业家政府内涵与特点、金三角支点、创新企业家政府的塑造战略，以期为各地推动区域创新能力发展提供参考。

一、创新企业家政府的内涵与特点

企业家政府，不是将政府改造成企业或让政府完全像企业一样去运作，也不是盲目地把企业管理论简单移植到政府管理，更绝非让政府像企业主那样去追求政府机构自身利益的最大化而置公共利益于不顾。综合国内外观点，本书认为：企业家政府是指将企业管理技术和方法（基于效率与效益考虑、有选择性地）引入政府（部分）公共管理活动中以改造传统官僚体系的、具有企业家精神的服务型政府。其根本目的是有效率与效益地、更好地为居民、企业与社会提供服务。

相应地，“创新企业家政府”，是指将主要资源高效服务于创新驱动区域发展的企业家政府，也即致力于创新驱动发展的、具有企业家精神的、部分借鉴企管方法的服务型政府。与之对照的概念“招商企业家政府”，是指使主要资源与行为服务于区域招商引资活动的企业家政府。两者都对“官僚制政府”辩证地进行了否定，前者是后者的质变进化版。

奥斯本与盖布勒认为企业家政府具有十方面的特征。本书认为，鉴于中国国情，企业家政府特征主要可从六方面考察：机遇把握、顾客意识、绩效评价、制度变革、竞争机制、权力分配。创新企业家政府与招商企业家政府、官僚制政府比较，有着显著特征（见表6－2）。

表6－2　创新企业家政府等三类政府对比

比较项目	官僚制政府	招商企业家政府	创新企业家政府
机遇把握	迟钝与刚性	善捕捉产业转移机遇	善捕捉新兴产业创新机遇
顾客意识	长官意识	以域外客商为关键顾客	以创新人才/企业为关键顾客
绩效评价	效率/效益盲视	招商引资效率/效益	科技创新与新兴产业并驱效率/效益
制度变革	制度惰性	招商引资驱动	以科技创新与新兴产业协同跨越发展为驱动
竞争机制	行政垄断	招商引资服务的竞争化	协同跨越发展服务的竞争化
权力分配	授权稀缺	招商引资部门具有较大权威	为创新人才与企业服务的部门具有较大权威

资料来源：笔者自行整理而成。

以深圳、苏州、无锡政府为例。在机遇把握方面，地方政府一扫官僚制的迟钝与刚性，在招商型政府阶段捕捉 IT 产业国际转移大机遇，然后在创新型政府阶段捕捉战略性新兴产业创新大机遇；在顾客意识方面，两地政府，摒弃官僚制的长官意识，在招商型政府阶段以域外客商为关键顾客，在创新型政府阶段以创新人才/企业为关键顾客；在行政绩效评价方面，拒绝官僚制的效率/效益盲视，在招商型政府阶段注重招商引资效率/效益，在创新型政府阶段注重科技创新与新兴产业并驱的效率/效益；在区域制度变革方面，打破官僚制的制度惰性，在招商型政府阶段突出招商引资驱动，在创新型政府阶段突出以科技创新与新兴产业协同跨越发展为驱动；在竞争机制方面，打破官僚制的行政垄断，在招商型政府阶段力推招商引资服务的竞争化，在创新型政府阶段力推协同跨越发展服务的竞争化；在权力分配方面，改变官僚制对关键部门授权稀缺状态，在招商型政府阶段对招商引资部门充分授权，使该部门具有较大权威，在创新型政府阶段对为创新人才与企业服务的部门充分授权，使该部门具有较大权威。

二、创新企业家政府的“金三角”支点

在企业战略管理学领域，20 世纪 80 年代诞生的企业能力理论逐步演化为两

个相互独立又互为补充的学派，即能力学派和资源学派。能力学派强调以生产经营中的特有能力为出发点，来制定和实施竞争战略，尤以普拉哈拉德、哈默的核心能力观与蒂斯的动态能力观为代表。资源学派认为，组织是独特资源的结合体，战略管理要最大限度地培育和发展企业独特的战略资源，沃纳菲尔特的企业资源学说、德姆塞茨的知识基础论，科利斯等的资源基础竞争论等是其中典型观点。可见，资源与能力是组织战略的两大基点。据此，本书认为，创新企业家政府的两个要素，分别是 IEG 能力、IEG 资源。

但是，IEG 能力与 IEG 资源并非 IEG 的充分条件，所缺即 IEG 动机，在实践中大多数地区皆如此。动机，是激发和维持个体活动并驱使该活动指向某目标的心理动力或倾向，它是人类大部分行为的基础（Weiner，1985）。人类的理性行为是在动机的刺激和不断强化下产生的。创新企业家政府，作为“组织人”，其动机不仅是 IEG 行为的起点和推动力，而且是克服 IEG 行为困难的心理保障。IEG 动机，能激发 IEG 能力养成、IEG 资源整合。因此，基于上述分析，本文提出“IEG 金三角支点模型”（见图 6－7），认为创新企业家政府（IEG）的三大支点为 IEG 动机、IEG 能力、IEG 资源。

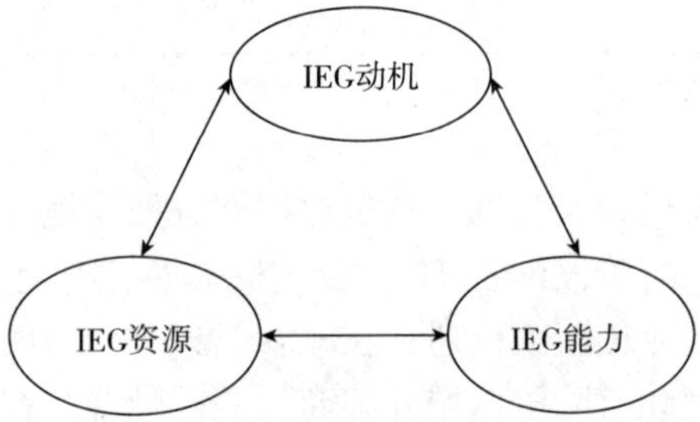

图 6－7　IEG 金三角支点模型

（一）IEG 支点Ⅰ是 IEG 动机

IEG 动机即着力促进本地创新能力与战略性新兴产业规模协同跨越发展的动机。它取决于“创新要素与资源要素的成本比”与创新“互补性资产”。①创新要素与资源要素的成本比需降至阈值。成本比高于阈值时，地方政府创新动机不足。当经济发展到一定阶段，资源成本（如深圳可用土地面积稀缺、无锡太湖环境恶化导致的成本）日渐高企时，比值会降低；创新要素从发达国家向中国不断扩散、转移，使地区吸纳创新要素的成本日益降低，比值亦会降低。当比值跌破阈值后，充分利用创新要素的行为日益具有经济性，因此（深苏锡等）地方政府就会产生强烈的 IEG 动机。②创新“互补性资产”规模增长到阈值。蒂斯认为熊彼特租金的获得需要互补性资产（如生产制造、销售渠道、服务体系）的支持。它使创新具有低成本、高效率、高收益、异质性等特征。区域创新能力发展的互补性资产便是新兴产业。在跨越式发展之初，深圳、苏州、无锡巨大 IT 产业规模与市场份额，为创新链与 SECI 螺旋提供了坚实的互补性资产。

（二）IEG 支点Ⅱ是 IEG 资源

IEG 资源包括与 IEG 适配的官员、资本、社会网络。①官员方面，具有企业家精神的、偏好创新的地方官员团体（尤其地方高层），是推动协同跨越发展的设计师与主导者。深圳是中国改革开放的第一扇窗，无锡是中国民族工商业发祥地之一，皆为企业家高度群集之地，创新企业家的精神、思维模式深深嵌入当地官员的心智模式中，所以深圳、苏州、无锡官员与 IEG 完美适配。②资本方面，IEG 需要强大的产业资本与金融资本作为后盾。深圳、苏州、无锡雄厚的产业资本，成为协同跨越发展的内生力量；深圳金融居内地第一阵营，而苏州、无锡金融资本的活力也得益于江苏整体经济实力。充沛的资本给深圳、苏州、无锡 IEG 以强大支持。③社会网络方面，IEG 需要强大社会网络，以获取巨大的网络租金，以利于政策资源、资本、科技人才等聚集，它包括与上级政府的网络，与国内外科技界、产业界的网络。深圳、苏州、无锡具有高端、优质的正式与非正式网络。

（三）IEG 支点Ⅲ是 IEG 能力

Teece（2007）把动态能力划分为“感知机会和威胁的能力”“捕捉机会的能力”以及“增强、整合、保护和必要时重构企业显性或隐性资产以维持竞争力的能力”。相应地，IEG 能力包括机遇感知能力、机遇捕捉能力、资源重整能力。机遇感知能力，是指 IEG 跨越技术和市场边界进行扫描、搜寻和探索，从非均衡市场中敏锐地发掘可盈利的潜在价值的能力。若缺失该能力，深圳未必从事 IT、电动汽车行业，无锡未必从事物联网产业；机遇捕捉能力，是指 IEG 根据环境与自身条件来制定和执行正确战略的能力，从深圳、苏州、无锡跨越历史看，其战略具有很强的前瞻性与可操作性；资源重整能力，是指 IEG 针对新的增长机遇重新配置资源，将资源投入最佳用途以得到高投入产出率的能力，深圳、苏州、无锡在跨越发展时推出的资源重新配置举措都具有很大力度。

三、创新企业家政府的塑造战略

IEG 是区域创新能力与新兴产业规模协同发展的灵魂。如何打造 IEG？本书认为，地方政府应打造三个系统：动力系统（发动机）、战略系统（舵）、执行系统（传动系）。

（一）打造动力系统

依附于招商企业家政府的既得利益集团会试图锁定招商型增长路径，当地方政府要转型成 IEG 时，需要克服强大阻力，形成强大动力。

（1）选择 GDP 增速难继的两个（或以上）地区为 IEG 先行区。GDP 增速倒逼下的先行区推进 IEG 变革的机会成本较低，获得制度变迁红利较大，因而变革动力充足；之所以选两个或以上地区，是从提升创新网络竞争度的角度考虑的结果，这样做会驱动多地政府在服务科技创新方面努力竞争、相互促进，从而提高 IEG 政府的效率与效益。同时这样也便于同类地区考核与激励以提高 IEG 效率。如江苏省选择无锡、苏州、南京三地。当 IEG 先行区取得成功后，可在辖区范围内适度扩大 IEG 变革范围，但并非全辖区普遍推行，这是由于创新资源有限性下的集群效应与地方经济异质性与梯度性。

（2）选择高新技术产业基础深厚的地区为 IEG 先行区。从提升区域创新网络耦合度的角度考虑，在创新链中基础研究若要最终转化为创新商品，需要高新技术产业作为“互补性资产”，从而使 IEG 政府的强烈创新倾向得到高新技术产业的有力支撑。越是深厚的产业基础，越能为科技创新提供需求牵引、“实验室”与资源。此基础既是区域循环累积的历史结果，又是产业升级的逻辑前提。深圳、苏州、无锡区域创新能力跨越式发展之初皆具有此基础。

（3）上级政府作为“联合企业家”。IEG 作为制度变迁的第一行动集团，需 IEG 上级政府（上级地方政府或上级职能部门）作为“联合企业家”，也即第二行动集团，以支持 IEG 政府的变革。如科技部、发改委、工信部等中央部委与江苏、广东省政府对深圳、苏州、无锡 IEG 的鼎力支持，包括制度变革先行权与资源倾斜。

（4）营造 IEG 适配力量主导当地政治生态的格局。要打造 IEG，就要对当地政治生态进行根本性调整，使招商型官企集团淡出决策，促使与 IEG 适配的官、产、学、研、金、介力量占绝对优势。可考虑将 IEG 领导层从对标区域批量调入，将逆 IEG 高官员调离，形成明显的政治优势，并从本地选用 IEG 中层官员。

（二）打造战略系统

IEG 需战略系统来把握方向，它包括机遇识别子系统与资源定向子系统。

（1）构造机遇识别子系统。基于区域创新网络开放度的考虑，应构造机遇识别子系统，这样有助于地区获得外界技术创新的重大机遇与信息。科技创新机遇识别，是 IEG 成功的基础。优秀的机遇识别系统由三方构成：国际“产业—科技精英团”，本土“产业—科技精英团”，IEG 地方官员。国际精英团的作用是前瞻研判全球产业—科技趋势，它不受本地路径羁绊，可客观发掘大机遇；本地精英团，为本地集团中的最先进力量，引领本地创新发展潮流。IEG 官员，兼顾国际大机遇识别与本地产业—技术基础，以国际精英意见为主、本地精英意见为辅，作出综合决策（否则会锁定在原有低能级轨道）。优秀的机遇识别系统是

"深苏锡"共同特征。

（2）构造资源定向子系统。对协同跨越发展机遇识别之后，需要适配资源。瞄准机遇审视现有资源与机遇所需资源之间的缺口，重新定向资源——或内部挖掘，或重复利用，或借用资源，或结盟资源。关键是突破利益锁定。在科技人才、研发组织、民营企业、风投机构、科技服务中介的引入方面，因本地资源有限性，在位者对后来者会天然地采取敌视态度与行为。资源定向系统一定要克服这些阻力。在上文所述 IEG 适配力量主导当地政治生态的条件下，资源重新定向才有可能，尽管如此，仍需准备做出一定的补偿。

（三）打造执行系统

执行扭曲或低效，往往导致战略失败。塑造 IEG，除充足动力与睿智战略，还需强大、高效的执行力。从深圳、苏州、无锡实践经验来看，优质的执行系统需从绩效考核、行政问责、流程再造三方面打造。

（1）创新 IEG 绩效考核方式。绩效考核决定官员仕途，所以在官员"经济人"利益函数中极为关键。上级政府对下级政府实施创新导向的考核才能塑造 IEG。创新导向考核的关键是，将战略性新兴产业与区域创新能力（以发明专利表征）放在考核的突出位置，而淡化 GDP 考核。上级政府对 IEG 类官员考核可单列比较，并以其他省域同类地区业绩为参照。并给 IEG 官员以政治与仕途担保的可置信承诺。

（2）强化 IEG 行政问责。我国地方政府低效的一个重要原因是问责不力，违法、违规或不作为成本过低，过错行为畸变为有利可图甚至受鼓励的行为。要塑造 IEG，就必须对偏离区域创新能力发展目标的行为加大追查力度，并厉行问责，从而使 IEG 资源配置趋于帕累托最优。深圳、苏州、无锡推行的绩效问责，更是行政问责 2.0 版，对"庸懒散虚奢"等"不求有功，但求无过"的行为严肃问责，不再"高举轻落"走过场。这些举措值得借鉴。

（3）推行 IEG 政府流程再造。IEG 政府流程再造，是指在引入企业现代业务流程再造理念和方法的基础上，以科技创新与新兴产业利益相关者需求为中心，对政府部门组织机构、服务流程进行彻底、全面的重构，谋求区域创新能力的显著提高。一是在相关领域尽量减少审批环节，铲除寻租空间，充分发挥"市场的决定性作用"。确需审批的也大大缩短审批时间。二是以"流程便捷化、行为规范化、过程人性化、品质标准化"为目标进行全程再造，健全岗位责任制、服务承诺制、限时办结制、办事跟踪制、否定报备制、首问负责制、导办制等有效制度。三是结合流程再造，重点在 IEG 相关领域突进电子政务，以提高 IEG 行政效率、增强透明度、规避政府失灵。

四、技术先发与后发地区 IEG 塑造战略的区别

鉴于技术先发地区与中央部委间有着比后发地区更高的社会资本，先发地区可以争取中央对本地创新考核的优先试点与 GDP 考核的适度宽容，以赢得时间从容地实现从投资驱动向创新驱动的真正转型。更高的社会资本，也可使技术先发地区能从中央部委争取到更多的创新资源投入，以利于 IEG 政府塑造。技术先发地区有着过去积累的雄厚财力，有着与国际科技界的广泛联系，因此先发地区可着力延请国际顶级的科学家、工商巨子加入本地机遇识别系统，以使本地 IEG 政府在发现创新机遇方面具有全球领先的顶级智慧。

技术后发地区的高新技术产业的制造基础相对薄弱，后发地区 IEG 政府需要先耐心走完过去先发地区所走过的路，通过大力承接高新技术产业制造环节的方式，获得创新互补性资产，为后续创新能力的提升提供基础。因此，在引进企业时不能泥沙俱下，而是要特别向高新技术产业倾斜。技术后发地区的财力与国际科技界的人脉关系也不如先发地区，因此可争取延请国内顶尖的科学家与工商精英加入本地机遇识别系统，以使本地 IEG 政府在发现创新机遇方面具有国内领先的杰出智慧。

第七章　结论与展望

第一节　研究结论

提升区域创新能力以推动创新驱动发展，是各地现阶段的关键战略，这需要优化区域创新网络特征。本书提出的新概念“创新元高度”，为区域创新网络特征范畴增添了新的维度；创新元高度、网络交互度对区域创新能力影响机理的分析框架以及相应建议，为各地优化区域创新网络特征以提升区域创新能力，提供了理论新视点与实践新支点。本书基本思路是：先阐述创新元高度、网络交互度影响区域创新能力的机理，再基于相关变量得分实证检验机理，最后提出相应建议。通过以上理论研究和实证分析，本书得出如下研究结论。

（一）在创新元高度、网络交互度、区域创新能力的测度与分析方面的研究结论

基于时序全局因子分析法，对创新元高度综量G，创新元高度分量U、I、P、R，网络交互度综量D，网络交互度分量W、J、H，区域创新能力等进行测度与分析。①在创新元高度综量G方面，基于各地得分可发现，东部远远高于中西部，中部高于西部。可将2013年各地创新元高度综量G划分为四个层次，第一层次：江苏、北京、广东；第二层次：上海、浙江、山东；第三层次：湖北、天津、辽宁、四川、河南、陕西、安徽、湖南、福建、河北、重庆；第四层次：其他地区。创新元高度分量学研高度、产业高度、产权活力、创新倾向等，基于各地得分可发现，都是东部高于中部，中部高于西部。②在网络交互度综量D方面，基于各地得分可发现，东部远远高于中西部，中部高于西部。可将2013年各地网络交互度综量D划分为五个层次，第一层次：北京、江苏、广东；第二层次：上海；第三层次：山东、浙江、辽宁；第四层次：湖北、四川、陕西、湖南、天津、安徽、黑龙江、福建、河南；第五层次：其他地区。网络交互度分量开放度、竞争度、耦合度等，基于各地得分可发现，都是东部高于中部，中部高于西部。③在区域创新能力 INNO 方面，基于各地得分可发现，东部远远高于中西部，中部高于西部。可将 2013 年全国各地的区域创新能力划分为三个层次，第一层次：北京、广东、江苏；第二层次：浙江、上海、山东；第三层次：其他地区。

（二）在创新元高度、网络交互度对区域创新能力影响的实证分析方面的研究结论

（1）在创新元高度综量 G 影响、网络交互度综量 D 影响、G 中介效应的计量检验方面：①在全国范围内，G、D 都是推动区域创新能力提升的显著因素。G 的影响要大幅高于 D 的影响，这是因为网络交互是区域创新网络单元之间互动、单元与网络外部之间互动，相对于创新元本身的机能与质量而言，属于外因，因而网络交互度的作用效果当然极大地依附于创新元高度这个内因。②创新元高度综量 G 在网络交互度综量 D 与区域创新能力间的中介效应，是显著且重要的。③在东中西部地区，都是 G、D 影响显著、G 影响大幅高于 D，并且 G 在 D 与区域创新能力之间的中介效应都是显著的。

（2）在创新元高度分量 U、I、P、R 对区域创新能力影响的计量检验方面：①在全国范围内，U、R、P、I 都是推动区域创新能力提升的显著因素。在全国范围内，U 的影响最大，I 影响其次，R 影响较弱，P 影响最弱。这说明，就我国整体来说，学研高度 U 的影响最大。因为，当我国提出向创新驱动转型的战略时，政府大幅提高的就是对高校与科研机构的投入，这促使学研高度迅速提升，直接提升了区域创新能力，并且政府日益要求学研机构强化对企业的研发支持，这使学研机构对区域创新能力的间接影响也日益增大，而各地企业还处于投资驱动向创新驱动转型的过渡期，知识积累不足，高校与科研机构作为纯知识元，在自主创新的过程中对区域创新能力的影响就更为凸显。产业高度 I 的影响也是很大的，仅次于 U，因为高新技术产业为区域创新能力的提升，提供了空间广阔、快速扩张的极佳科技创新实验场。创新倾向 R 的影响，起着第三位但仍很重要的作用。这是因为创新元的创新倾向越高，学研单位与集群企业就越会直接为创新扫清内部制度障碍、加大资源注入，同时联合推动地方政府为区域创新推动制度变迁、加大各类创新资源的投入与集聚。产权活力 P 的影响是显著且正向的。因为民营企业的体制活力，为区域创新提供了健康、充满活力的企业基础。之所以影响系数相对其他三个因素较小，是因为民营企业对科技创新的影响受到其他因素的干扰，如果对民营经济真正给予与国企、外企的同等待遇，那么影响系数可能会明显增大。②对于东部而言，U 的影响最大，I 影响其次，R 影响再次之，P

影响最弱。对于中部而言，U 的影响最大，P 影响其次，I 影响较弱，R 影响最弱。对于西部而言，U 的影响最大，I 影响其次，P 影响再次，R 影响不显著。

（3）在网络交互度分量 W、J、H 对区域创新能力影响的计量检验方面：①在全国范围内，J、W、H 都是推动区域创新能力提升的显著因素。在全国范围内，W 的影响最大，J 影响稍次，H 影响最弱。开放度影响之所以最大，是因为我国各地总体上尚处于在技术吸收基础上的二次创新模式阶段，外部知识、信息、资金、物质的输入，很大程度上推动着各地区域创新能力的提升。竞争度影响之所以也较大，是因为竞争给创新元带来生存与发展的压力，激励地区学研机构与集群企业致力于自主创新。耦合度虽然有正面影响，但比起开放度、竞争度的影响明显小很多，这是因为我国各地知识基础尚不够前沿、深厚，网络单元耦合带来知识碰撞与创造的效应尚不够强。②对于东部而言，W 的影响最大，J 影响也很大但比 W 影响稍小，H 影响不显著。对于中部而言，J 的影响最大，W 影响其次，H 影响最弱。对于西部而言，J 的影响最大，H 影响其次，W 影响最弱。

（4）在 G 中介效应分量 W×G、J×G、H×G 效应的计量检验方面，无论是在全国层面，还是在东部、中部、西部层面，J×G、W×G、H×G 都是推动区域创新能力提升的显著因素。

（三）基于创新元高度、网络交互度提升区域创新能力的路径研究结论

以提升创新元高度为主线，体现开放、竞争、耦合原则，对区域创新能力的提升路径有如下研究结论：

（1）为提升学研高度，可力推“大院名校汇流”。指出嵌入型大院名校具有的吸引子效应，探讨“深苏锡”汇流大院名校的特点，分析汇流双边逆向选择问题的规避，研究汇流中技术前景不确定性的处理，提出汇流相关制度变迁的系统性策略，并对技术先发与后发地区汇流策略做出区分。

（2）为提升产业高度，可创新驱动式发展战略性新兴产业。指出战略性新兴产业是高新技术产业的升级版，分析创新驱动式发展战略性新兴产业的必要性，揭示战略性新兴产业的投资驱动陷阱，给出战略性新兴产业创新驱动发展的系统性路径。并对技术先发与后发地区新兴产业战略做出区分。

（3）为提升产权活力，可大力发展民营科技企业。指出发展民企的关键是民营科技企业。揭示民营科技企业发展中存在的问题，提出发展民营科技企业的对策，并对技术先发与后发地区发展民营科技企业的对策做出区分。

（4）为提升创新元的创新倾向，需要培育良好的创新环境与提供足够的创新支持，这就需要塑造“创新企业家政府”（它也是其他三举措的保障）。指出创新企业家政府的内涵与特点、分析创新企业家政府的“金三角”支点，提出

创新企业家政府的塑造战略，并对技术先发与后发地区 IEG 塑造战略做出区分。

第二节 研究展望

本书得出了有一定理论价值和实践意义的研究结论。但限于研究时间、资料数据和学识水平等因素，本书还存在一些不足，有待今后进一步研究。

（1）研究样本所处的层次有待进一步拓展。本书研究的样本是我国省级区域，虽然在省级区域层面上所有假设基本都得到验证，但是没有在其他层次的中观区域层面上给予检验。例如，在地市层面上就有必要对假设进行验证，看是否依然成立；而且各省域按技术先发与后发地区进行分组后，假设是否依然成立，有待检验。在国际层面上，假设是否仍然成立或需要做有关修正，有待深入探讨，因为在国际样本中创新元高度概念中的产权活力概念似乎是可淡化处理的背景性因素。

（2）对典型案例地区的研究有待进一步深入。虽然本书假设在全国 30 个省级区域、东部、中部、西部地区都得到了实证检验，并获得了一些有益的启示，但是对典型地区的研究有待进一步深化。因为，包括深圳、苏州、无锡在内的一些科技创新先锋地区作为典型案例地区，其创新行动特色鲜明，正在形成创新驱动发展的新模式，这些地区的创新行动与其区域特点密切相关，只有经由单独、专门的研究才能发现更深层次的、超出本书所涉内容的新因素。这是值得下一步着力研究的方向。

（3）对策建议有待于根据我国技术赶超新态势进一步优化。我国各地的区域创新能力在不断提升，与发达国家的技术差距正在不断缩小，甚至在局部趋于追平甚或超越发达国家。本书基于创新元高度、网络交互度的区域创新能力提升的建议，今后如果能在这个大背景下进行优化与适配，那么对地区创新实践的参考价值就会更大，这也是值得关注的研究方向。

参考文献

［1］ Furman J. L. , Porter M. E. , Stern S. The Determinants of National Innovative Capacity［J］. Research Policy, 2002, 31 (6): 899 - 933.

［2］ M. Riddel, R. K. Schwer. Regional Innovative Capacity with Endogenous Employment: Empirical Evidence from the U. S. ［J］. The Review of Regional Studies, 2003, 33 (1): 73 - 84.

［3］ Tura T. , Harmaakorpi V. Social Capital in Building Regional Innovative Capability［J］. Regional Studies, 2005, 39 (8): 1111 - 1125.

［4］ Gonzάlez-Pernía J. L. , Peña-Legazkue I. , Vendrell-Herrero F. Innovation, Entrepreneurial Activity and Competitiveness at a Sub-national Level［J］. Small Business Economics, 2012, 39 (3): 561 - 574.

［5］ 柳卸林，胡志坚. 中国区域创新能力的分布与成因［J］. 科学学研究，2002 (5): 550 - 556.

［6］ 黄鲁成. 关于区域创新系统研究内容的探讨［J］. 科研管理，2000，21 (2): 43 - 48.

［7］ 吴林海. 中国科技园区域创新能力理论分析框架研究［J］. 经济学家，2001 (3): 106 - 111.

［8］ 邵云飞，谭劲松. 区域技术创新能力形成机理探析［J］. 管理科学学报，2006，9 (4): 1 - 11.

［9］ H. Bracayk, P. Cooke, R. Heidenreoih. Regional Innovation Systems［M］. London: UCL. Press, 1998: 1218.

［10］ R. Camagni. Local Milieu, Uncertainty and Innovation Networks: Towards a New Dynamic Theory of Economic Space, in CAMAGNIR［Z］. Innovation Networks: Spatial Perspectives, 1991: 121 - 142.

［11］ P. Cooke. Regional Innovation Systems, Clusters and the Knowledge Economy［J］. Industrial and Corporate Change, 2001 (10): 945 - 975.

[12] M. Sakakibara. Heterogeneity of Firm Capabilities and Cooperative Research and Development: An Empirical Examination of Motives [J]. Strategic Mananement Journal, 1997 (18): 143 - 164.

[13] B. Kogut, U. Zander. Knowledge of the Firm: Combinative Capabilities and the Replication of Technology [J]. Organization Science, 1992 (3): 383 - 397.

[14] 宋大勇．国际直接投资对区域创新能力的提升效应研究——微观机制与实证分析 [J]．软科学，2009 (6)：62 - 65.

[15] 李晓娣，赵健．跨国公司在华 R&D 投资对区域创新能力影响的实证研究——基于双对数线性知识生产函数模型的分析 [J]．科学学与科学技术管理，2010 (9)：67 - 70.

[16] 庞莹，刘志迎．FDI 对区域创新能力促进作用的比较分析——以长三角和中部六省为例 [J]．国际商务（对外经济贸易大学学报），2010 (3)：70 - 75.

[17] 桑瑞聪，岳中刚．外商直接投资与区域创新能力——基于省际面板数据的实证研究 [J]．国际经贸探索，2011 (10)：40 - 45.

[18] 王三兴，熊凌．FDI 与区域创新能力——基于省市面板数据的经验研究 [J]．山西财经大学学报，2007 (5)：32 - 37.

[19] 冉光和，徐鲲，鲁钊阳．金融发展、FDI 对区域创新能力的影响 [J]．科研管理，2013 (7)：45 - 52.

[20] 鲁钊阳，廖杉杉．FDI 技术溢出与区域创新能力差异的双门槛效应 [J]．数量经济技术经济研究，2012 (5)：75 - 88.

[21] 陈劲，陈钰芬，余芳珍．FDI 对促进我国区域创新能力的影响 [J]．科研管理，2007 (1)：7 - 13.

[22] 侯润秀，官建成．外商直接投资对我国区域创新能力的影响 [J]．中国软科学，2006 (5)：104 - 111.

[23] 徐磊，黄凌云．FDI 技术溢出及其区域创新能力门槛效应研究 [J]．科研管理，2009 (2)：16 - 25.

[24] 曹广喜．FDI 对中国区域创新能力溢出效应的实证研究——基于动态面板数据模型 [J]．经济地理，2009 (6)：894 - 899.

[25] 陈武，何庆丰，王学军．基于智力资本的区域创新能力形成机理——来自我国地级市样本数据的经验证据 [J]．软科学，2011 (4)：1 - 7.

[26] 王学军，陈武．区域智力资本与区域创新能力的关系——基于湖北省的实证研究 [J]．中国工业经济，2008 (9)：25 - 36.

[27] 陈广汉，蓝宝江．研发支出、竞争程度与我国区域创新能力研究——

基于 1998 ~2004 年国内专利申请数量与 R&D 数据的实证分析［J］. 经济学家，2007（3）：101 –106.

［28］侯鹏，刘思明. 内生创新努力、知识溢出与区域创新能力——中国省级面板数据的实证分析［J］. 当代经济科学，2013（6）：14 –24，122.

［29］高丽娜，卫平. 科技中介机构的异质性对区域创新能力的影响［J］. 中国科技论坛，2011（5）：86 –90.

［30］张振刚，李云健，陈志明. 科技服务业对区域创新能力提升的影响——基于珠三角地区的实证研究［J］. 中国科技论坛，2013（12）：45 –51.

［31］党文娟，张宗益，康继军. 创新环境对促进我国区域创新能力的影响［J］. 中国软科学，2008（3）：52 –57.

［32］岳鹄，张宗益. R&D 投入、创新环境与区域创新能力关系研究：1997 ~2006［J］. 当代经济科学，2008（6）：110 –116，126.

［33］张钢，徐乾. 知识集聚与区域创新能力：一个社会认知的视角［J］. 自然辩证法通讯，2006（6）：62 –69，112.

［34］齐亚伟，陶长琪. 环境约束下要素集聚对区域创新能力的影响——基于 GWR 模型的实证分析［J］. 科研管理，2014（9）：17 –24.

［35］刘军，李廉水，王忠. 产业聚集对区域创新能力的影响及其行业差异［J］. 科研管理，2010（6）：191 –198.

［36］侯健敏，党兴华. 研发合作及技术转移影响区域创新能力路径研究［J］. 科学学与科学技术管理，2010（9）：56 –61.

［37］杨伟，戚安邦，杨玉武. 企业技术创新主体性程度的区域差异及其对区域创新能力的影响［J］. 经济地理，2008（6）：955 –959.

［38］李淑，夏宇. 知识转移对我国区域创新能力的影响研究［J］. 科学管理研究，2012（6）：41 –44.

［39］王家庭，贾晨蕊. 中国区域创新能力及影响因素的空间计量分析［J］. 中国科技论坛，2009（12）：73 –78.

［40］魏守华，吴贵生，吕新雷. 区域创新能力的影响因素——兼评我国创新能力的地区差距［J］. 中国软科学，2010（9）：76 –85.

［41］王锐淇，张宗益. 区域创新能力影响因素的空间面板数据分析［J］. 科研管理，2010（3）：17 –26，60.

［42］石沛，蒲勇健. 中国区域创新能力的空间计量经济研究［J］. 科技与经济，2011（4）：11 –15.

［43］邵云飞，范群林，唐小我. 基于内生增长模型的区域创新能力影响因素研究［J］. 科研管理，2011（9）：28 –34.

[44] 甄峰，黄朝永，罗守贵．区域创新能力评价指标体系研究［J］．科学管理研究，2000（6）：5－8.

[45] 中国科技发展战略研究小组．2002年中国区域创新能力评价［J］．科学学与科学技术管理，2003（4）：5－11.

[46] 周立，吴玉鸣．中国区域创新能力：因素分析与聚类研究——兼论区域创新能力综合评价的因素分析替代方法［J］．中国软科学，2006（8）：96－103.

[47] 侯风华，赵国杰．我国东部省市的区域创新能力评价研究［J］．科学管理研究，2008（2）：21－23.

[48] 谢玲，屈锡华，贺昌政，肖进．区域创新能力综合集成评价研究［J］．情报杂志，2010（9）：78－82.

[49] 魏守华，禚金吉，何嬿．区域创新能力的空间分布与变化趋势［J］．科研管理，2011（4）：152－160.

[50] 曹勇，秦以旭．中国区域创新能力差异变动实证分析［J］．中国人口·资源与环境，2012（3）：164－169.

[51] 赵希男，温馨，王艳梅．基于个性优势特征分析的区域创新能力评价与分析［J］．科学学研究，2009（3）：473－480.

[52] 孙建．中国区域创新能力收敛性研究［J］．科学学与科学技术管理，2010（2）：113－117.

[53] 李习保．中国区域创新能力变迁的实证分析：基于创新系统的观点［J］．管理世界，2007（12）：18－30，171.

[54] 苏屹，李柏洲．区域创新能力的波动性研究［J］．中国科技论坛，2009（8）：33－37.

[55] 兰斯·戴维斯．经济发展理论［M］．北京：经济学译丛，1971.

[56] 彼得·德鲁克．创新与企业家精神［M］．北京：企业管理出版社，1989：35－112.

[57] Rothwell R. The Changing Nature of the Innovation Process：Implication for SMEs［A］//Oaakey R. New Technology Based Firms in the 1990s［M］. London：Paul Chapman Publishing，1994.

[58] Camagni R.，et al. Innovation Networks：Spatial Perspectives［M］. London：Beelhaven-Pinter，1991.

[59] Freeman C. Networks of Innovators：A Synthesis of Research Issues［J］. Research Policy，1991（20）：10－15.

[60] Freeman，Luc Soete. Developing Science，Technology and Innovation Indi-

cators: What We can Learn from the Past [J]. Research Policy, 2009, 38 (4): 583-589.

[61] Eeonomides N. The Economics of Networks [J]. International Journal of Industrial Organisation, 1996 (16): 673-699.

[62] Rothwell R. Successful Industrial Innovation: Critical Factors for the 1990s R&D [J]. Management, 1992, 22 (3): 221-224.

[63] Cooke P. The New Wave of Regional Innovation Networks: Analy-sis, Characteri stics and Strategy [J]. Small Business Economics, 1996, 8 (2): 159-171.

[64] 盖文启，王缉慈．论区域的技术创新型模式及其创新网络——以北京中关村地区为例［J］．北京大学学报（哲学社会科学版），1999（5）：29-36.

[65] 刘健．区域创新网络的实质及其意义［J］．当代经济研究，2006（1）：36-39.

[66] Lundavall B. National Systems of Innovation: Towards a Theory of Innovation and Interactive Learning [M]. London: Printer Publishers, 1992.

[67] Whlttington K. B., Owen-Smith J., Powell W. W. Networks, Propinquity, and Innovation in Knowledge Intensive Industries [J]. Administrative Science Quarterly, 2009, 54 (1): 90-122.

[68] Almeida P., B. Kogut. Localization of Knowledge and the Mobility of Engineers in Regional Networks [J]. Management Science, 1999 (45): 905-917.

[69] Darr E. D., Kurtzberg T. R. An Investigation of Partner Similarity Dimensions on Knowledge Transfer [J]. Organizational Behavior and Human Decision Proeesses, 2000, 82 (1): 28-44.

[70] Asheim B. T., Isaksen A. Regional Innovation Systems: The Integration of Local Sticky and Global Ubiquitous Knowledge [J]. Journal of Technology Transfer, 2002 (27): 77-86.

[71] Scott A. A New Map of Hollywood: The Production and Distribution of American Motion Pictures [J]. Regional Studies, 2002, 36 (9): 957-975.

[72] Jaffe, A. B, Trajtenberg M., Henderson R. Geographic Localization of Knowledge Spillovers as Evidenced by Patent Citations [J]. Quarterly Journal of Economics, 1998 (63): 577-598.

[73] Capello R. Spatial Transfer of Knowledge in Hi-Tech Milieux: Learning Versus Collective Learning Progress [J]. Regional Stud-ies, 1999 (33): 352-365.

[74] Cooke, Schienstock. Structural Competitiveness and Learning Region [J]. Enterprise and Innovation Management Studies, 2000 (3): 265-280.

［75］ Granovetter M. Economic Action and Social Structure：The Problem of Embeddedness ［J］ . American Journal of Sociology，1985（91）：481 –510.

［76］ Harrison B. Industrial District：Old Wine in New Bottles ［J］ . Regional Studies，1992（4）：469 –483.

［77］ Gulati Ranjay，Nohria Nitin. Strategic Networks ［J］ . Strategic Management，2000，21（3）：199 –201.

［78］ Cristina Chaminade，Jan Vang. Globalization of Knowledge Production and Regional Innovation Policy：Supporting Specialized Hubs in the Bangalore Software Industry ［J］ . Research Policy，2008，18（6）：1684 –1696.

［79］ Fiorenza Belussi，Alessia Sammarra，Silvia Rita Sedita. Learning at the Boundaries in an "Open Regional Innovation System"：A Focus on Firms Innovation Strategies in the Emilia Romagna Life Science Industry ［J］ . Research Policy，2010（39）：710 –721.

［80］ Glückler J. Economic Geography and the Evolution of Networks ［J］. Journal of Economic Geography，2007，7（5）：619 –634.

［81］ Hoekman J.，Frenken K.，Vanoort F. The Geography of Collaborative Knowledge Production in Europe ［J］ . The Annals of Regional Science，2009，43（3）：721 –738.

［82］ Balland P. A. Proximity and the Evolution of Collaboration Networks：Evidence from Research and Development Projects Within the Global Navigation Satellite System Industry ［J］ . Regional Studies，2011，46（6）：741 –756.

［83］ Gay B.，Dousset B. Innovation and Network Structural Dynamics：Study of the Alliance Network of a Major Sector of the Biotechnology Industry ［J］ . Research Policy，2005，34（10）：1457 –1475.

［84］ Knight L.，Pye A. Network Learning：An Empirically Derived Model of Learning by Groups of Organizations ［J］ . Human Relations，2005，58（3）：369 –392.

［85］ 易将能，孟卫东，杨秀苔．区域创新网络演化的阶段性研究 ［J］．科研管理，2005（5）：24 –28.

［86］ 王灏．光电子产业区域创新网络构建与演化机理研究 ［J］．科研管理，2013（1）：37 –45.

［87］ 蔡绍洪，徐和平，汪劲松，姚旻．区域集群创新网络形成发展的演进机理及特征 ［J］．贵州社会科学，2007（5）：4 –9.

［88］ 韩志丽．基于复杂性科学观的区域创新网络研究 ［J］．经济问题，

2006（9）：11－13.

［89］庞瑞芝，李鹏，李爽，张守庆．区域技术创新网络绩效评价：基于长三角、环渤海技术创新网络的三层次分析［J］．产业经济研究，2013（1）：70－78.

［90］陈莉平，黄海云．区域创新网络的运行模型及其运行过程研究［J］．福州大学学报（哲学社会科学版），2007（4）：23－26.

［91］盖文启，王缉慈．论区域创新网络对我国高新技术中小企业发展的作用［J］．中国软科学，1999（9）：102－106.

［92］张玉明，王英姿．区域创新网络与中小型科技企业成长的实证研究［J］．大连理工大学学报（社会科学版），2009（3）：8－14.

［93］关士续．区域创新网络在高技术产业发展中的作用——关于硅谷创新的一种诠释［J］．自然辩证法通讯，2002（2）：30－95.

［94］李森森，刘德胜．企业集群、区域创新网络与科技型小微企业成长［J］．东岳论丛，2014（1）：145－151.

［95］钟敏．中小企业自主创新策略分析——基于区域创新网络视角［J］．广西社会科学，2009（1）：40－43.

［96］葛传斌，池仁勇，王会龙，赵珍，杨霞．科技孵化器在催生区域创新网络形成中的作用［J］．科学管理研究，2003（6）：38－41，51.

［97］阎明宇．创新集群网络对科技企业孵化器绩效的影响研究［J］．财经问题研究，2014（8）：92－99.

［98］马鹤丹，邱国栋．科技企业孵化体系于区域创新网络的嵌入研究［J］．社会科学辑刊，2010（1）：104－107.

［99］王子龙，谭清美．区域创新网络知识溢出效应研究［J］．科学管理研究，2004（5）：87－90.

［100］巨文忠．行政边界与区域创新体系：对应与非对应［J］．科学学与科学技术管理，2004（12）：49－53.

［101］桂黄宝．区域创新网络系统内部知识溢出的市场调节机制及溢出效率分析［J］．科学学与科学技术管理，2008（4）：107－111.

［102］马鹤丹，韩晓琳．基于区域创新网络的企业知识溢出均衡研究［J］．经济问题探索，2014（10）：119－124.

［103］施建刚，唐代中．基于社会资本理论的区域创新网络研究［J］．科学管理研究，2007（5）：10－13.

［104］徐艳梅，于佳丽．结网、非线性创新与区域创新网络［J］．经济与管理研究，2010（6）：77－84.

［105］许辉．基于“政产学研资”协同创新的区域创新网络构建［J］．经济体制改革，2013（5）：57－60．

［106］夏辉，夏光．论“三区联动”创新网络与城市创新系统的对接［J］．上海经济研究，2008（4）：66－72．

［107］曹群．基于产业群的区域创新网络构建［J］．理论探讨，2005（2）：67－68．

［108］汪少华，汪佳蕾．基于产业集群的区域网络重构研究［J］．科研管理，2007（3）：47－52，69．

［109］曹瑄玮．区域创新网络在促进路径创造中的作用分析［J］．科学学与科学技术管理，2007（2）：85－89．

［110］刘健．区域创新网络的现实效应及路径选择［J］．财经科学，2006（1）：114－118．

［111］曾德明，孙佳，何文鹏，文金艳．基于元分析的网络强度与企业创新关系研究［J］．管理学报，2015（1）：103－110．

［112］蒋天颖，王峥燕，张一青．网络强度、知识转移对集群企业创新绩效的影响［J］．科研管理，2013（8）：27－34．

［113］王燕妮，张永安，樊艳萍．核型结构汽车企业垂直创新网络演化研究——基于企业间关系强度［J］．科学学与科学技术管理，2012（8）：28－35．

［114］蔡宁，潘松挺．网络关系强度与企业技术创新模式的耦合性及其协同演化——以海正药业技术创新网络为例［J］．中国工业经济，2008（4）：137－144．

［115］李浩，胡海青．网络关系强度与企业创新类型——基于不确定性环境下的实证分析［J］．华东经济管理，2014（4）：154－161．

［116］谢卫红，李忠顺，屈喜凤，王永健．网络关系强度与企业技术创新关系实证研究［J］．科学学与科学技术管理，2015（5）：62－73．

［117］郑登攀，党兴华．基于社会网络分析的技术创新网络中创新主体中心性测量研究——对波纳西茨中心度的改进［J］．系统管理学报，2010（4）：415－419，427．

［118］张晟剑，胡仁杰．企业技术创新合作网络中心度分析［J］．科技管理研究，2013（11）：14－19．

［119］钱锡红，徐万里，杨永福．企业网络位置、间接联系与创新绩效［J］．中国工业经济，2010（2）：78－88．

［120］曾德明．技术创新网络、结构与创新类型配适对企业创新绩效的影响［J］．软科学，2012（5）：1－4，9．

［121］武志伟，陈莹．关系专用性投资、关系质量与合作绩效［J］．预测，2008（5）：33－37.

［122］周立新．网络结构、关系治理与家族企业网络组织学习——基于东西部地区的实证［J］．软科学，2010（9）：87－91.

［123］张首魁，党兴华．关系结构、关系质量对合作创新企业间知识转移的影响研究［J］．研究与发展管理，2009（3）：1－7，14.

［124］徐建中，吕希琛．关系质量对制造企业团队创新绩效影响研究——业务转型外包情境视角［J］．科学学与科学技术管理，2014（9）：141－151.

［125］魏江，张妍，龚丽敏．基于战略导向的企业产品创新绩效研究——研发网络的视角［J］．科学学研究，2014（10）：1593－1600.

［126］任胜钢，胡春燕，王龙伟．我国区域创新网络结构特征对区域创新能力影响的实证研究［J］．系统工程，2011（2）：50－55.

［127］王晓娟．知识网络与集群企业创新绩效——浙江黄岩模具产业集群的实证研究［J］．科学学研究，2008（4）：874－879，867.

［128］辛晴，杨蕙馨．知识网络如何影响企业创新——动态能力视角的实证研究［J］．研究与发展管理，2012（6）：12－22，33.

［129］常红锦，仵永恒．网络异质性、网络密度与企业创新绩效——基于知识资源视角［J］．财经论丛，2013（6）：83－88.

［130］杨隽萍，彭学兵，廖亭亭．网络异质性、知识异质性与新创企业创新［J］．情报科学，2015（4）：40－45.

［131］任胜钢，吴娟，王龙伟．网络嵌入结构对企业创新行为影响的实证研究［J］．管理工程学报，2011（4）：75－80.

［132］辛晴，杨蕙馨．知识网络对企业创新影响的实证研究［J］．图书情报工作，2011（16）：72－ 76，135.

［133］于明洁，郭鹏，张果．区域创新网络结构对区域创新效率的影响研究［J］．科学学与科学技术管理，2013（8）：56－63.

［134］李向阳．基于网络化的区域科技创新研究［J］．科学管理研究，2014（6）：52－55.

［135］贺灵，单汨源，邱建华．创新网络要素及其协同对科技创新绩效的影响研究［J］．管理评论，2012（8）：58－68.

［136］陆立军，郑小碧．区域经济发展差异与创新网络联结度相关关系研究——基于对浙江省83家企业研发中心的问卷调查与实地访谈［J］．科学学与科学技术管理，2007（10）：130－134.

［137］刘家树，菅利荣，洪功翔．区域创新网络集聚系数测度及其效应分析

[J]．财贸研究，2013（3）：47－53.

［138］江静，刘志彪．提升江苏企业自主创新能力对策研究［J］．南京社会科学，2007（9）：134－141.

［139］葛亮，梅姝娥，仲伟俊．提升我国技术创新能力的主导力量研究［J］．科学学与科学技术管理，2006（7）：77－82.

［140］吴延兵．不同所有制企业技术创新能力考察［J］．产业经济研究，2014（2）：53－64.

［141］张秀峰，陈光华．企业所有权性质影响产学研合作创新绩效了吗?［J］．科学学研究，2015（6）：934－942.

［142］李长青，周伟铎，姚星．我国不同所有制企业技术创新能力的行业比较［J］．科研管理，2014（7）：75－83.

［143］孙早，宋炜．企业 R&D 投入对产业创新绩效的影响——来自中国制造业的经验证据［J］．数量经济技术经济研究，2012（4）：49－63，122.

［144］禄雪焕．FDI 对我国内资企业技术创新能力的影响——基于工业行业数据的实证研究［J］．北京工业大学学报（社会科学版），2009（3）：28－32.

［145］钟敏，贺林．我国不同创新主体的创新能力分析［J］．科学管理研究，2008（3）：1－3，7.

［146］孙晓华，周玲玲．企业异质性与产业创新能力——基于我国 36 个工业行业的实证检验［J］．产业经济研究，2010（4）：9－15.

［147］孙晓华，田晓芳．企业规模、市场结构与创新能力——来自中国 37 个工业行业的经验证据［J］．大连理工大学学报（社会科学版），2009（2）：29－33.

［148］马文聪，侯羽，朱桂龙．研发投入和人员激励对创新绩效的影响机制——基于新兴产业和传统产业的比较研究［J］．科学学与科学技术管理，2013（3）：58－68.

［149］Arrow K. Economic Wlefare and the Allocation of Resource for Invention［A］//Douglas Needham. Reading in the Economic of Industrial Organizaiton New York：Holt，Rineharet and Wintston，1970.

［150］Porter M. The Competitive Advantage of Nations［M］. New York：Free Press，1990.

［151］Geroski Paul A. Innovation，Technological Opportunity，and Market Structure［J］. Oxford Economy，1990（42）：586－602.

［152］Nickell，Steyeph，Daphne Nicolitsas，Nell Dryden. What Makes Firms Perform Well［J］. Euorpean Economic Review，1996（41）：783－796.

［153］张杰，郑文平，翟福昕．竞争如何影响创新：中国情景的新检验［J］．中国工业经济，2014（11）：56－68.

［154］王俊．需求规模、市场竞争与自主创新的实证研究［J］．科研管理，2009（6）：9－15，24.

［155］Schumpeter J. A. Theory of Economic Development［M］. Cambridge，Massachusett：Harvard University Press，1934.

［156］Aghion Philippe，Howitt P. A Model of Growth Through Creative Sestruction［J］. Econometrica，1992，60（2）：323－351.

［157］Kraft K. Market Structure，Firm Characteristics and Innovation Activity［J］. The Journal of Jndustrial Economics，1989，37（3）：323－336.

［158］Blundell R.，Griffith R.，Van Reenen J. Dynamic Count Data Models of Technological Innovation［J］. Economic Journal，1995（105）：333－344.

［159］Crepon G. Research，Innovation and Productiviry：An Econometric Analysis at the Firm Level［R］. NBER Working Paper Series，1998：66－96.

［160］Hamberg D. Size of Firm，Oligopoly，and Research：The Evidence［J］. Canadian Journal of Economics and Political Science，1964（30）：62－75.

［161］Mansfield E. Industrial Research and Technological Innovation：An Econometric Analysis［M］. New York：Norton，1986.

［162］陈泽聪，徐钟秀．我国制造业技术创新效率的实证分析——兼论与市场竞争的相关性［J］．厦门大学学报（哲学社会科学版），2006（6）：122－128.

［163］仇保兴．发展小企业集群要避免的陷阱：过度竞争所致的柠檬市场［J］．北京大学学报（哲学社会科学版），1999，36（1）：25－29.

［164］魏守华．产业集群的市场竞争以及策略研究：以嵊州领带产业为例［J］．财经论丛，2002（5）：22－27.

［165］Aghion Philippe，Bloom，Nicholas，et al. Competition and Innovation：An Inverted U Relationship［J］. Quarterly Journal of Economics，2005，20（2）：701－728.

［166］Schere F. M. Market Structure and the Employment of Scientists and Engineers［J］. American Economic Review，1980（57）：524－531.

［167］Scott J. T. Firm Versus Industry Variability in R&D Intensity，R&D，Patens，and Productivity［M］. Chicago：University of Chicago Press，1984.

［168］Levin，Cohen，Mowery. R&D Appropriablity，Opportunity，and Market Structure：New Evidencr on Some Shumpeterian Hypotheses［J］. American Economic

Review, 1985, 75 (5): 20 - 24.

[169] 田原，王宗军，王山慧. 产品市场竞争对企业技术创新影响的实证研究——基于中国上市公司的经验证据 [J]. 工业工程与管理，2013 (2): 104 - 110.

[170] 周艺艺，平新乔. 产品市场的竞争与企业研发 [J]. 产业经济评论，2007, 6 (1): 20 - 38.

[171] 高建刚. 市场结构与厂商产品创新动机研究 [J]. 产业经济评论，2009, 8 (3): 107 - 119.

[172] 千慧雄，茂亮. 异质性条件下产品创新的最优市场结构研究 [J]. 经济评论，2011 (3): 12 - 19.

[173] Etzkowitz H., Leydesdorff L. Universities and the Global Knowledge Economy: A Triple Helix of University - Industry - Government Relations [M]. London: Croom Helm, 1997.

[174] Leydesdorff L. The Triple Helix Model and the Study of Knowledge Based Innovation Systems [J]. Journal of Contemporary Sociology, 2005, 42 (1): 12 - 27.

[175] Arvanitis S., Kubli U., Woerter M. Knowledge and Technology Transfer Activities between Firms and Universiteis in Switzerland: An Analysis Based on Firm Data [J]. Industry and Innovation, 2011, 18 (4): 396 - 392.

[176] Sorin M. S. K. Drivers of National Innovation in Transition: Evidence from a Panel of Eastern European Countries [J]. Research Policy, 2009, 38 (5): 845 - 860.

[177] Reinhilde V., Bruno C. R&D Cooperation between Firms and Universities: Some Empirical Evidence from Belgian Manufacturing [J]. International Journal of Industrial Organization, 2005, 23 (5 - 6): 355 - 379.

[178] 魏景柱，刘晶，林向义. 基于产学研合作的企业自主创新能力提升机理分析 [J]. 学术交流，2010 (10): 127 - 129.

[179] 汪胜阳. 产业大学模式：产学研结合与自主创新能力提升的有效途径 [J]. 上海经济研究，2005 (12): 31 - 44.

[180] 吴友群，赵京波，王立勇. 产学研合作的经济绩效研究及其解释 [J]. 科研管理，2014 (7): 147 - 153.

[181] 陈岩，翟瑞瑞，张斌. 科技资源配置、协同效应与企业创新绩效 [J]. 财经论丛，2014 (3): 68 - 76.

[182] 王鹏，张剑波. 外商直接投资、官产学研合作与区域创新产出——基于我国十三省市面板数据的实证研究 [J]. 经济学家，2013 (1): 58 - 66.